"十二五"职业教育国家规划教材
经全国职业教育教材审定委员会审定

新时代文秘类专业系列教材

档案管理实务

DANGAN GUANLI SHIWU

（第3版）

主　编	楼淑君	钟小安
副主编	雷振华	冯荣珍
	崔广利	劳蕾蕾
参　编	狄煜宝	计大敏
	张　萍	

重庆大学出版社

内容提要

本书依托档案行业标准,从企事业单位实际档案工作任务及职业教育规律出发,结合职业教育的最新理念,按项目化形式组织教材内容,重点突出实务操作技能。全书共设计了十一个教学项目:档案与档案工作、文书档案管理、科技档案管理、人事档案管理、会计档案管理、特殊载体档案管理、档案保管工作、档案检索与统计工作、档案利用服务与编研工作、综合档案室建设与管理、档案事务所的创建,力求体现"项目导向,任务驱动"的指导思想,突出职业技能特色和创新创业能力的培养。

图书在版编目(CIP)数据

档案管理实务 / 楼淑君,钟小安主编. -- 3 版. --
重庆:重庆大学出版社,2019.12(2024.1 重印)
新时代文秘类专业系列教材
ISBN 978-7-5624-8469-1

Ⅰ.①档… Ⅱ.①楼…②钟… Ⅲ.①档案管理—高
等学校—教材 Ⅳ.①G271

中国版本图书馆 CIP 数据核字(2019)第 269182 号

新时代文秘类专业系列教材
档案管理实务
(第 3 版)

主 编 楼淑君 钟小安
副主编 雷振华 冯荣珍
崔广利 劳蕾蕾
策划编辑:唐启秀

责任编辑:夏 宇 版式设计:唐启秀
责任校对:张红梅 责任印制:张 策

*

重庆大学出版社出版发行
出版人:陈晓阳
社址:重庆市沙坪坝区大学城西路 21 号
邮编:401331
电话:(023)88617190 88617185(中小学)
传真:(023)88617186 88617166
网址:http://www.cqup.com.cn
邮箱:fxk@ cqup.com.cn(营销中心)
全国新华书店经销
重庆升光电力印务有限公司印刷

*

开本:787mm×1092mm 1/16 印张:16.5 字数:354千
2019 年 12 月第 3 版 2024 年 1 月第 14 次印刷
ISBN 978-7-5624-8469-1 定价:45.00 元

编委会

······· BIANWEIHUI ·······

总主编 孙汝建

编委会成员

王　茜	朱利萍	向　阳	孙汝建
李强华	杨群欢	时志明	吴良勤
余红平	陈丛耘	周爱荣	施　新
贾　铎	彭明福	焦名海	楼淑君

总 序

ZONGXU

用"十年磨一剑"来形容本系列教材是很恰当的,十年中本系列教材经历了以下三个阶段的历练。

2009 年,重庆大学出版社邱慧和贾曼同志来南通大学与我商谈,出版社准备出版一套文秘专业教材。我们所见略同,一拍即合。重庆大学出版社决定由我牵头在全国范围内遴选组建两百多人的编写团队,编写出版了 34 种文秘专业教材,在全国百余所院校使用后反响良好。其中 5 种教材于 2013 年被教育部作为"十二五"国家级规划教材立项。

2014 年,重庆大学出版社贾曼同志来华侨大学与我商谈,根据文秘专业教学需要,出版社准备从上述 34 种教材中遴选 27 种修订出版,我们所见略同,一拍即合。教材出版后,有 5 种教材于 2014 年被教育部正式评为"十二五"国家级规划教材。

具体书目如下:

一、教育部职业院校文秘类专业教学指导委员会规划教材(国家"十二五"规划教材 3 种)

档案管理实务(第 2 版)(国家"十二五"规划教材)

商务秘书实务(第 2 版)(国家"十二五"规划教材)

商务写作与实训(第 2 版)

秘书理论与实务(第 2 版)

秘书职业概论(第 2 版)

秘书心理与行为(第 2 版)

秘书写作实务(第 2 版)(国家"十二五"规划教材)

企业管理基础(第 2 版)

秘书岗位综合实训(第 2 版)

秘书语文基础(第 2 版)

秘书信息工作实务(第 2 版)

会议策划与组织(第 2 版)

办公室事务管理实务(第 2 版)

市场营销理论与实务(第 2 版)

人力资源管理理论与实务(第 2 版)

社会调查实务

新闻写作(第 2 版)

办公自动化教程(第 2 版)

二、高等院校文化素质教育系列教材(国家"十二五"规划教材2种)

职业礼仪(国家"十二五"规划教材)

毕业设计(论文)写作指导(第2版)(国家"十二五"规划教材)

公共关系实务(第2版)

口语交际与人际沟通(第2版)

形体塑造与艺术修养(第2版)

规范汉字与书法艺术(第2版)

实用美学与审美鉴赏(第2版)

文学艺术鉴赏(第2版)

文化产业管理概论

2019年,重庆大学出版社贾曼同志来郑州大学与我商谈,出版社准备在以上27种教材中遴选16种教材进行修订出版,我们所见略同,一拍即合。

这次修订出版的教材分为两个系列,具体书目如下:

一、新时代文秘类专业系列教材(国家"十二五"规划教材3种)

档案管理实务(第3版)(国家"十二五"规划教材)

商务秘书实务(第3版)(国家"十二五"规划教材)

商务写作与实训(第3版)

秘书理论与实务(第3版)

秘书写作实务(第3版)(国家"十二五"规划教材)

秘书信息工作实务(第3版)

会议策划与组织(第3版)

办公室事务管理实务(第3版)

人力资源管理理论与实务(第3版)

办公自动化教程(第3版)

二、新时代文化素质教育系列教材(国家"十二五"规划教材2种)

职业礼仪(第2版)(国家"十二五"规划教材)

毕业设计(论文)写作指导(第3版)(国家"十二五"规划教材)

口语交际与人际沟通(第3版)

规范汉字与书法艺术(第2版)

实用美学与审美鉴赏(第3版)

社会调查实务(第2版)

十年来,我先后担任教育部高职高专文秘类专业教学指导委员会主任委员、教育部职业院校文秘类专业教学指导委员会主任委员。目前担任中国教育学会秘书学专业委员会副理事长。作为重庆大学出版社文秘系列教材的总主编,十年中我与编写团队、出版社以及全国秘书专业教师，都非常关注教材使用的效果。为此，我还牵头主持完成了教育部课题《文秘类专业职业教育教材质量抽查》（2014JCCC033）》，不断跟踪研究如何提高文秘教材质量。

本系列教材以习近平新时代中国特色社会主义思想为指导，根据文秘专业最新国家标准和用人单位对文秘专业人才的需求，按照"工学结合、理论够用、突出实训"的原则调整大纲、遴选内容、更新案例、设置单元，突出核心知识点，实训举一反三；凡涉及国家标准的内容，如公文、标点符号、数字用法、计量单位、秘书职业标准等都采用最新国家标准；教材名称与教育部公布的文秘专业课程名称尽量一致，确保教材选用的精准性和契合度；为保持教材的延续性和生命力，根据老中青相结合的原则适度调整了修订人员；根据"互联网+"的时代特征，部分教材增加了视频、课件、图片、音频等数字资源，不断增强教材的时代感；教材开本及体例原则上不变，但封面及装帧也做了重新设计。

文秘专业系列教材的发展方向是："传统纸质教材+配套数字资源+在线教学服务平台"，这种新形态教材的开发与教学服务平台的建设，会进一步适应新时代文秘专业人才培养的需要，这也要依靠全体编写人员和各校文秘专业骨干教师的不懈努力。

孙汝建

2019 年 8 月

（作者现为郑州大学文学院特聘教授、中国教育学会秘书学专业委员会副理事长、上海师范大学汉语言文字学专业文学博士）

修订前言

XIUDING QIANYAN

本书第一版于 2010 年 8 月出版,2013 年 8 月被立项为"十二五"职业教育规划教材,第二版于 2014 年 8 月出版。为适应新时代精神要求与信息化教学需求,对教材做了适当的修改,在数字资源库建设中做了较大的补充。

一、以习近平新时代中国特色社会主义思想为指导,于"档案服务与编研"项目中增加了"红色记忆""集体记忆"等内容,将先进文化的内容融入教材。

二、主动将中华优秀传统文化融入教材的内容。增加了"老字号"档案、"诚信"档案、"匠心精神"档案等案例,便于读者更好地理解中华优秀传统文化蕴含的丰富思想观念与人文精神。

修订版的执笔人员分工如下:

楼淑君:项目一、项目二;

钟小安:项目三、项目四;

雷振华:项目五、项目六;

崔广利:项目七、项目八;

楼淑君、狄煜宝:项目九、项目十(狄煜宝为杭州档案馆原保管处处长);

楼淑君、计大敏:项目十一,训练题的设计与提供(计大敏为杭州远大档案科技有限公司总经理)

张萍:提供了部分工作案例与操作训练素材(张萍为杭州张小泉集团档案室管理人员)。

修订版由楼淑君负责统改和定稿工作。

本书作为"十二五"职业教育国家规划教材,既可作为高职高专文秘、行政管理及相关专业教材,也可作为档案管理行业培训教材及广大读者自学参考资料。

本书的修订与出版,得到了教育部高职高专文秘类行业指导委员会、重庆大学出版社的大力支持,参阅了许多作者的书籍、资料、文献和其他无法查明出处或考证的信息,在此一并谨致衷心感谢!

本书疏漏与不妥之处,诚恳欢迎读者、专家批评、指正。

编　者

2019 年 4 月

目　录

CONTENTS

项目十一　档案事务所的创建

附录

参考文献

项目一
档案与档案工作

学习目标

知识目标

了解我国档案载体形态的演变；

熟悉我国档案管理机构；

明确档案工作人员的素质要求。

能力目标

能够理解档案的含义、作用；

能够描述档案形成的条件；

能够清楚档案工作的内容与机构。

案例引入

美档案员偷卖档案渔利给我们的启示

新华社2008年1月30日消息称：美国纽约州档案管理员丹尼尔·洛雷洛于28日被控从纽约图书馆中盗取数百份档案(其中包括关于美国19世纪民间英雄戴维·克罗克特的文献、1865年承载已故总统亚伯拉罕·林肯灵柩那辆火车的时刻表等)并通过网上拍卖等方式将它们售出，获取非法收入上万美元。

洛雷洛的不法行为是被网民约瑟夫·罗米托发现的。罗米托17日在浏览在线拍卖网站电子港湾(eBay)时被一封美国副总统约翰·卡尔霍恩的亲笔信所吸引。经过查找，罗米托发现这封信属于纽约图书馆，他随即通知了这家图书馆。检查人员接到报案后立即展开调查，并在洛雷洛家中发现约400件档案和文物。

洛雷洛现年54岁，是纽约州教育部档案和记录管理专家。他从1979年起一直在纽约州档案馆工作。据纽约州司法部长办公室公开的洛雷洛"坦白书"称，洛雷洛从2002年起开始作案，除网上拍卖档案外，他还在展销会上出售赃物，并和他人易物。仅去年，洛雷洛就盗取了300~400件档案和文物。洛雷洛贩卖档案是想赚钱支付家中各项开销，尤其是女儿的信用卡欠款。

洛雷洛因此被指控犯有大规模盗窃、非法占有赃物和阴谋诈骗3项罪名。上述罪名如果成立,他将面临最多25年的监禁。

（摘自:郑慧.美档案员偷卖档案渔利给我们的启示[J].档案学研究,2008(4).)

【请你思考】

1.哪些东西属于档案？档案到底有什么价值,体现在哪里?

2.档案工作人员应该具备怎样的职业素质?

3.请仔细阅读《中华人民共和国档案法》和《中华人民共和国保守国家秘密法》,结合案例说说应该如何保守国家秘密?

理论导读 ……………………………………………………………

任务一　认识档案

一、 档案的起源与演变

≫（一）档案的起源

对于档案的起源问题,不同的学者有不同的观点,但有一点是一致的,即档案的产生与人类社会的产生有着密切的联系。关于档案的起源,归纳起来目前主要有以下三种观点:

1.结绳刻契说

用结绳、刻契、图画等原始记录方法来辅助记忆、交流思想和处理公私事务。这是原始记事方法形成的记录,也是档案的萌芽。

2.文字说

随着社会的发展,出现了文字,形成了较为完整的社会活动的记录,被人们保存下来的那些文字记录就成为档案。

3.国家说

人类出现国家之后,需要用文书作为国家内部管理和对外交往的工具,可以说从真正意义上形成了人类历史上的档案。

≫（二）档案载体形态的演变

我国历史悠长,随着时代的变迁,档案的形式包括载体、制作手段、表现方式等历经多次变化。从载体形态来看,有甲骨、金石、缣帛、简牍、纸质、胶磁等;从制作手段来看,有刀刻、笔写、印刷、复制、摄影、录音、摄像等;从表现方式来看,有文字、图表、声像等。下面仅从载体演变的角度,对我国档案的类型做一个概要介绍。

1.甲骨档案

它是以龟甲、兽骨为载体的原始记录。刻在龟甲和兽骨上的文字,被后人称为"甲骨文",主要产生于商代后期的占卜活动。它是我国现存最早的古代档案,真实地记录了我国早期历史的进程。图1-1为河南安阳殷墟出土的甲骨档案。

图1-1　甲骨档案

2.金石档案

"金"是指青铜器、铁器等,"石"是指石头。商末周初,统治阶级把重要文件和重大事项,如法律、契约、册封、赏赐等用文字铸刻在青铜器、铁器上,后来又刻写在石器或石板上保存起来,这就形成后世所称的金石档案。图1-2为金石档案,为周朝记有牧野之战经过的利簋及其铭文。

图1-2　金石档案

3.简牍档案

简牍档案是以简（竹片）和牍（木片）为载体形成的档案，出现在商代、西周时期。春秋战国时期渐多。图1-3为简牍档案。

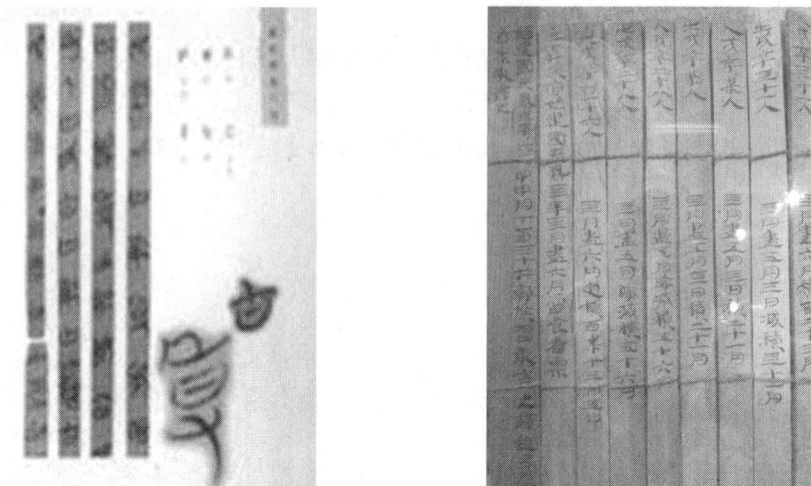

图1-3　简牍档案

4.缣帛档案

缣帛是一种丝织品，古代把重要文件书写在丝织品上，形成了缣帛档案。春秋战国时期开始出现，到秦汉以后渐多。图1-4为缣帛档案（唐律残片）。

图1-4　缣帛档案

5.纸质档案

随着社会的发展，到西汉时出现了新型的记录材料——纸，因而也出现了大量的纸质档案，引发了档案载体的第一次变革。一统天下的纸张结束了五花八门的档案载体形态。我国甘肃出土的"放马滩纸"是迄今发现的世界上最早的植物纤维纸，也是世界上最早的纸质地图实物和最早的纸质档案。

6.现代载体档案

近百年来,随着科学技术的飞速发展和巨大进步,产生了大量以磁质材料为载体的音像档案和电子档案。新型档案载体的出现,发生了档案载体的第二次变革,打破了纸张载体一统天下的格局,进入档案载体多元化的新时期。

音像档案,包括照片、录音带、唱片、录像带、电视电影等多种形式的档案。其特点是真实、形象、生动、直观。

电子档案,是指利用计算机技术形成的,以代码形式存储于特定介质上的档案。目前电子档案所用的特定介质主要有磁盘(硬磁盘、软磁盘)、磁带和光盘等。

综上所述,可以用简单图示表现我国档案形式(或称载体)的演变过程,如图1-5所示。

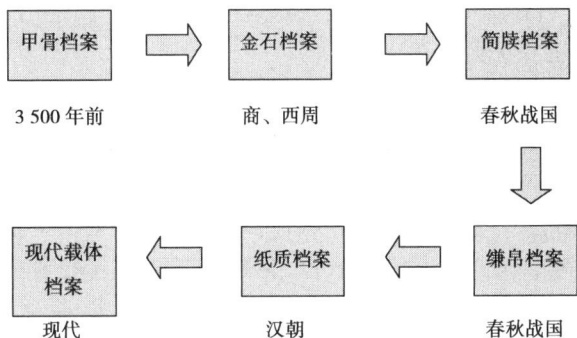

| 甲骨档案 | → | 金石档案 | → | 简牍档案 |
| 3 500年前 | | 商、西周 | | 春秋战国 |

| 现代载体档案 | ← | 纸质档案 | ← | 缣帛档案 |
| 现代 | | 汉朝 | | 春秋战国 |

图1-5　我国档案形式的演变

≫(三)档案称谓的演变

对于档案一词,我国各个朝代有着不同的称谓。

商代称"册",周代称"中",秦汉称"典籍",汉魏以后谓之"文书""文案""案牍""案卷""簿书"等,清代以后多用"档案",今统一称作"档案"。

"档",清代所编《康熙字典》将"横木框档"释为"档",即"木制框架";"案",东汉许慎所著《说文解字》将"案"释为"从木案声,几属也",即指长条形矮桌。古代官员常以之处理公务,堆放文书,由此引申,把处理一个事件的有关文书作为一案。

二、　档案的定义、作用及我国档案的组成

≫(一)档案的定义

我国1988年1月1日起实施的《中华人民共和国档案法》(以下简称《档案法》)对档案作如下表述:"档案是指过去和现在的国家机构、社会组织以及个人从事政治、军事、经济、科学、技术、文化、宗教等活动直接形成的对国家和社会有保存价值的各种文字、图表、声像等不同形式的历史记录。"

上述档案概念包括了以下四个方面的含义：档案的形成主体是国家机关、社会组织和个人；档案是有保存价值的文件；档案的实存形态是多种多样的；档案是直接形成的历史记录。

》》(二)档案的价值

档案价值是指档案对国家、社会组织或个人的有用性，表现为对档案形成者和相关单位所具有的第一价值、现实价值，以及对社会档案利用者所具有的第二价值、长远价值。从档案的属性看，档案还具有证据价值和情报价值。

1.档案的证据价值

档案的证据价值，是指档案可以成为法律、争端处理、权属确认、责任区分等活动的有效凭据。这主要缘于档案的原始记录性这一本质属性。俗语"口说无凭，立字为证"，充分说明了档案凭证的作用。

【小案例】

凭借档案维护权益

在 2007—2009 年的娃哈哈达能官司诉讼中，杭州娃哈哈集团有限公司的档案室在整个诉讼中发挥了卓有成效的作用。在诉讼过程中，档案室提供了大量合同、会议材料以及来往信函等各类档案材料数千份，将事实真相呈现在法律和民众面前，最终令"达娃之争"中关于"娃哈哈"商标所有权的问题尘埃落定，法院作出终审裁定，"娃哈哈"商标归杭州娃哈哈集团所有。

档案为核准工龄提供依据

某企业的洪先生到了办理退休的年龄，在办理有关手续时才知道自己的工龄有误。如果不能证明其参加工作的时间，他就不能全额领取退休金。但因事隔久远，相关证明材料查阅较难，洪先生试着到当地档案馆碰碰运气。工作人员了解他的详细情况后，凭着工作经验，在可能存有证明他工龄的各种材料中查找，查到并提供了劳动局1980—1987 年增加工资的审批表，为其核定工龄提供了原始依据。又因洪先生曾在1969 年随父母下放到某乡村，现在国家政策规定，下放时间也算工龄，后来在当地档案馆全宗号 429 目录号 1 卷号 29 中找到当时他随父母下放时登记的表格，为他提供了复印件并出具了证明，他的工龄又增加了五年。为此洪先生凭着这些原始资料，合法地享受到了全额退休金。

2.档案的情报价值

档案的知识性和信息性，决定了档案具有情报价值。作为过去各项社会活动实践的真实记录，为人们开展各项社会活动提供了参考借鉴的丰富资料。成语"前事不忘，后事之师""察往知今"等说明了档案的参考价值。

【小案例】

档案孕育了"东方明珠"

在建造上海东方明珠广播电视塔的过程中，为确定它的选址方案和地面设计风速，上海气象档案馆发挥了重要作用。首先，根据气象档案记载，1951—1990 年陆家嘴浦东川沙境内方圆 5 km 内 40 年没有出现过龙卷风,而且随着城市化发展,浦东地区龙卷风的影响还将有所减弱。因此,陆家嘴成了东方明珠理想的建址。其次,据有关气象档案统计,测算出陆家嘴边界内不同高度的 30 年、50 年、100 年、500 年一遇的风速,并查证了 1400—1990 年的上海大风灾害档案资料,最后上海气象档案馆建议"东方明珠"采取百年一遇的 33.3 m/s 风速为地面设计风速,它大于历史极大值仅 0.2 m/s,既安全又不浪费。

一纸档案价值多少

有一民营企业在创业初期买的小型锅炉,3 年后因生产规模扩大需要更换一台功能更大的。在处理原来的小型锅炉时,因图纸丢失,造成了不小的损失:一是难以找到买主,正规单位不敢要;二是只能按废品收购价出售,结果 20 多万元买的锅炉,只用了3 年,最后仅卖了 1.2 万元。如果有图纸最低也能卖到 8 万元。企业主感叹:这张图纸档案真贵啊,值 6.8 万元人民币!

》》（三）我国国家全部档案及其组成

关于我国国家全部档案的组织成分,1956 年 4 月 16 日国务院颁发的《关于加强国家档案工作的决定》作出了明确规定:在中华人民共和国领土范围内,各个历史时期的国家机构、社会组织以及个人形成的各种内容和载体的档案。这些成分可以分为三类:

(1)中华人民共和国时期档案。指中华人民共和国成立以来党和国家的各级各类机关、部队、团体、企事业单位以及著名人物形成的档案。

(2)革命历史档案。指五四运动到中华人民共和国成立这段时间,整个新民主主义革命时期内,中国共产党及其领导下的人民政权、革命军队、企事业单位、社会组织、革命活动家等形成的档案。

(3)旧政权档案。包括历代王朝、北洋军阀政府、国民党政府、日伪政权各时期的档案。

以上表述中的第一类为中华人民共和国成立后档案(也称现实档案),第二、三类为中华人民共和国成立前档案(也称历史档案)。

任务二　了解档案工作内容及机构

一、　档案工作的内容与基本原则

》》（一）档案工作的内容

档案工作有广义和狭义两种理解,本书侧重于对狭义的档案工作的阐述。

广义的档案工作指整个档案事业,包括档案行政管理、档案业务工作、档案教育、档案科研、档案宣传出版等。

狭义的档案工作仅指档案馆、室的具体业务工作,一般包括档案的收集、整理、鉴定、保管、统计、编目检索、编研、提供利用八个业务环节。各个环节之间互相联系又互相制约,相辅相成,组成一个完整的工作过程,档案工作人员根据实际工作经验,简单地用"收""管""用"三个字来概括。它们的关系如图 1-6 所示。

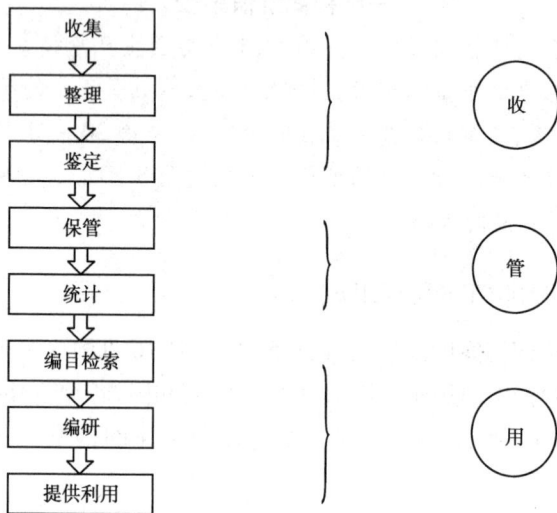

图 1-6　档案工作环节

≫（二）档案工作的性质

档案工作是一项服务性工作,主要通过管理档案和提供档案信息为各项工作提供服务。

档案工作还是一项机要性工作,这是由档案本身的特点以及档案关系国家利益、集体利益、个人利益所决定的。

≫（三）档案工作的基本原则

1.统一领导、分级管理

（1）国家全部档案由各级档案行政机构分别集中管理。首先,各机关单位的档案由档案室集中统一管理,不得分散在各个部门和个人手中保存;其次,机关档案室在规定保管期满后,必须把长期和永久保管的档案移交给各级国家档案馆集中管理,任何机关单位都不得拒绝移交;最后,一切档案未按规定程序办理批准手续,均不得任意转移、分散、销毁和买卖。

（2）全国档案工作,由各级档案行政机关统一、分层、分专业进行指导和监督。首先,国家档案事业由国家档案局负责统筹规划,组织协调,统一制度、指导、检查和监督;其次,地方各级档案局,负责对该行政区域内的档案工作进行指导、检查和监督;最后,各专业系统档案主管机关对该系统档案工作实行指导、监督和检查。

（3）实行党政档案和档案工作的统一领导、档案行政和档案业务的统一领导（即局馆合一,两块牌子,一套人马,两种职能）的体制。

2.维护档案的完整与安全

（1）维护档案的完整。所谓完整,是指档案数量和质量的统一。数量上,要求做到档案齐全,即应归档的文件材料都必须及时向本单位档案室归档,该向国家档案馆移交的档案都必须按时移交,任何单位或个人都不得拒绝归档和移交。质量上,不应归档的文件材料一份也不准归档,不该移交的档案一份也不得移交,并且归档的文件材料必须做到按照形成规律保持一定的联系性和系统性。

（2）维护档案的安全。所谓安全,包括档案的物质安全和信息安全两个方面:物质安全是指档案实体不能受到任何人为的或自然的损毁;信息安全是指档案内容的机密不被盗窃和泄露。

维护档案的完整与安全是有机的统一,完整是安全的物质基础,安全是完整的有力保证,即做到完整是安全的完整,安全是完整的安全。

3.便于社会各方面对档案的利用

这条原则体现了档案工作的根本目的,是检验档案和档案工作质量的重要标准。利用是档案工作的出发点和归宿,因此,既要反对重藏轻用,又要围绕利用做好各个环节的业务工作。

二、 档案工作机构

≫ （一）档案室

档案室是各级各类机关、单位统一管理本机关、单位档案和指导、监督、检查本机关、单位各部门档案工作的内部组织机构,是我国档案工作组织体系中最基层、最大量的业务机构。

（1）档案室主要类型:综合档案室、文书档案室、人事档案室、科技档案室、声像档案室、财会档案室、联合档案室、档案图书情报信息中心等。

（2）基本职责:集中统一管理本机关、单位档案,为本机关、单位各项工作服务,为国家积累档案文献资料。

（3）具体任务如下:①建立、健全本机关、单位的档案工作规章制度。②指导、监督本机关、单位的档案业务工作;对本单位全部档案和相关资料进行安全保管,并积极做好档案的利用工作。③做好本机关、单位档案的管理(收集、整理、鉴定、保管、统计)和服务(咨询、查阅和利用)工作。④做好档案移交工作(把具有长久保存价值的档案向档案馆移交)。

>>>（二）档案馆

1.我国档案馆的基本类型

（1）国家综合档案馆。按行政区划，有国家、省（自治区、直辖市）、地（市）、县档案馆。

中国第一历史档案馆：专门保存明清两代中央国家机关档案及皇室档案的国家级档案馆。成立于 1925 年，坐落在北京故宫西华门内。

中国第二历史档案馆：集中保管中华民国时期（1912—1949 年）各个中央政权机关及其直属机构档案的国家级档案馆。成立于 1951 年 2 月，坐落在南京市中山东路。

（2）国家专门档案馆。专门保管某一领域或特殊载体档案的档案馆，如中国照片档案馆。

（3）专业、部门档案馆。由某些专业主管机关、大中型企业、事业单位建立，如城市建设档案馆（保存城市规划、建设中的文字声像、图表等载体的文件资料），外交部、公安部、交通部等部门档案馆，杭州钢铁集团公司档案馆，北京大学档案馆等。

2.档案馆基本任务

积累并保管国家档案文献；开发档案信息资源并传播档案信息；提供原始凭证，维护历史真实面目；开展对公众的宣传教育工作；为公民的休闲提供资源利用等服务。

>>>（三）档案行政管理机构

现在我国设有各级档案局，在同级党委和政府的双重领导下，负责该行政区域档案事业行政管理工作和对下级档案事业进行指导、监督、检查等工作。我国掌管档案事务的最高机构是国家档案局。

>>>（四）新型档案机构

（1）文件中心。介于档案室与档案馆之间的过渡性档案保管机构，具有实体性、集约性、经济性、过渡性、中间性、代理性等特征。

（2）档案寄存中心。主要保存破产、拍卖、改组、兼并、股份制企业，非国有企业，一些社会团体和个人的档案。

（3）档案事务所。主要从事社会档案的咨询与管理的外包服务，或称中介服务。目前以小型民营公司为主要形式，有的也称为档案咨询与管理公司。

任务三　走近档案工作人员

档案工作人员是档案事业中最重要的决定因素，也是档案机构运行的主体。

一、档案工作人员的岗位类型

（1）档案行政人员：指在档案行政部门中任职，依法从事档案行政事务的人员。

（2）档案馆人员：指从事档案馆馆藏档案管理和提供利用等业务工作的人员。

（3）机关团体企事业单位和其他组织的档案工作人员：一般指各单位内部档案室的工作人员。

二、档案工作人员的素质要求

1.档案工作人员基本素质要求

（1）政治可靠，道德良好。

（2）知识面比较广泛。

（3）具有相当的档案管理理论知识和实践经验。

（4）熟悉本机关单位性质、职能、业务和机构设置等。

（5）生理心理素质健康。

2.档案工作人员岗位培训与上岗证书

档案工作人员的岗位培训一般由当地省档案馆与市档案馆组织，一年两次。考试时间各个地方不统一，可以咨询当地省市级档案馆或直接登录相应网站查询。

3.档案工作人员技术职务的任职条件

（1）管理员：要求初步掌握档案专业基本知识，掌握档案工作基本的方法与技能。

（2）助理馆员：要求比较系统地掌握档案专业知识、技能。

（3）馆员：要求系统地掌握档案专业知识、技能并具有一定的研究能力。

（4）高级馆员：要求全面系统地掌握档案专业知识、技能并具有较强的研究能力。

达标训练

知识训练

一、选择题（单项选择）

1.迄今我国大量发现的最早的古代档案是（　　）。

  A.陶文档案　　　　B.简牍档案　　　　C.甲骨文档案　　　　D.缣帛档案

2."档案"一词最初见于（　　）。

  A.宋代　　　　B.清代　　　　C.明代　　　　D.唐代

3.档案是在社会活动中（　　）。

  A.经过艺术加工而形成的　　　　　　B.直接形成的

C.根据需要收集编写而成的　　　　D.前人遗弃或遗留下来的档案

4.档案的最基本属性是( )。

　　A.原始记录性　　B.信息属性　　C.知识属性　　　　D.真实可靠属性

5.专门保存明清两代中央机关档案及皇室档案的是( )。

　　A.中国第一历史档案馆　　　　　B.中国第二历史档案馆

　　C.国家专门档案馆　　　　　　　D.专业档案馆

6.档案具有证据价值和( )价值。

　　A.情报　　　　　B.借鉴　　　　C.宣传　　　　　　D.维权

7.我国档案工作体系中最基层、最大量的业务机构是( )。

　　A.档案局　　　　B.档案室　　　C.档案馆　　　　　D.档案事务所

8.档案工作的根本目的是( )。

　　A.保存社会集体记忆　　　　　　B.还原历史真实面目

　　C.对档案的充分利用　　　　　　D.政权的统治武器

9.2004年4月,我国试办了全国首家文件资料服务中心的档案馆属地是( )。

　　A.江苏省南京市　　　　　　　　B.山东省青岛市

　　C.浙江省杭州市　　　　　　　　D.广东省深圳市

10.档案工作人员职业道德的特殊要求是( )。

　　A.求真务实、维护史实　　　　　B.爱岗敬业、无私奉献

　　C.忠于职守、遵纪守法　　　　　D.文明管档、优质服务

二、判断题(判断正确与否并简要阐明理由)

1.档案是人类出现时就同时诞生的一种现象和物质实体。　　　　　　( )

2.国家档案的所有权归国家所有,任何个人或集团均不得据为己有。　( )

3.我国国家档案包含了中华人民共和国成立后、革命历史时期、旧政权时期形成的全部档案。　　　　　　　　　　　　　　　　　　　　　　　　　　( )

4.图书、报刊、资料也属于档案。　　　　　　　　　　　　　　　　( )

5.统一领导、分级管理是我国档案工作的一个原则。　　　　　　　　( )

6.所有的文件都可以转化为档案。　　　　　　　　　　　　　　　　( )

7.档案内容即使有造假成分,仍然是真实的历史记录,仍然具有可靠的情报价值。

　　　　　　　　　　　　　　　　　　　　　　　　　　　　　　　( )

8.私人档案就是公民档案。　　　　　　　　　　　　　　　　　　　( )

9.档案工作包括收集、整理、鉴定、保管、编目检索、编研、统计八个环节。　( )

10.纸张的发明,引发了档案载体的第一次变革,使得五花八门的档案载体最终被纸质档案一统天下;现代新型档案载体的出现,引发了档案载体的第二次变革,打破了纸质档案一统天下的格局,再次进入档案载体多元化的新时期。　　　　　　( )

三、简述题

1.简述我国档案载体形态的演变。

2.简述纸张的出现对档案及档案工作产生了哪些影响。

3.简述我国档案工作的组织体系及其职能。

能力训练

一、阅读下面材料,思考后,说一说。

(一)陈旧档案的命运

1997 年 1 月 8 日,瑞士银行职员克里斯托弗·梅利在值夜班巡视时,无意间在银行大楼一个不太引人注目的地方发现了一堆鼓鼓囊囊的麻袋,里面装的都是要销毁的陈旧的银行表格、账本、文件等。他顺手从麻袋中抽出几本会计簿翻阅,发现里面写有 1939 年、1942 年两次以公开拍卖方式强制出售属于犹太人财产的不动产等内容。梅利认为这些账本不应当被销毁。于是,他把这些账本秘密地带出了银行大楼,交给了苏黎世以色列文化协会。不久,瑞士银行这家曾经在第一次世界大战期间保存纳粹黄金的丑闻被披露并迅速见诸报端,引起轩然大波。

瑞士这一永久中立国和其最安全、最可靠、最可信赖的金融银行的美誉受到了巨大打击。披露出来的历史材料无可辩驳地说明了第二次世界大战期间瑞士银行与纳粹密切合作,为德国纳粹洗黑钱,获取肮脏利润。他们这样姑息养奸的行径也为德国纳粹的侵略战争起到了推波助澜的作用。如果没有这些记载着"肮脏交易"的会计档案,恐怕这个历史丑闻就会石沉大海而无人知晓,即使再重新调查,也无从查起。

(改编自:胡鸿杰.办公室事务管理案例与实务[M].北京:中国人民大学出版社,2004.)

讨论:

1.这些差点被销毁的档案为什么能够揭露出瑞士银行第二次世界大战期间鲜为人知的丑闻?这说明了档案在社会进程中起到了什么样的关键作用?

2.如果发现珍贵档案,我们应该如何处置?

(二)档案界英雄——刘义权

刘义权,解放军档案馆工作人员,1971—2009 年专门从事军事档案工作。在党组织培养教育下,从普通士兵成长为党和军队档案战线上的杰出人才。

作为一名档案工作者,刘义权呕心沥血,足迹遍布全国,亲手征集和接收军事档案 83 万余件,为建设我军档案资源体系做出了突出贡献;同时刘义权还刻苦钻研,深入探索档案工作特点规律,在形成军队档案收集工作制度规范上做了许多开创性工作,被誉为"军档收集第一人";在身患绝症后,他仍牢记使命、心系大局、工作不止,顽强拼搏在中美军事档案合作一线,为军事外交大局做出了积极贡献。

刘义权作为专业档案工作者,在长期的实践中形成了对革命历史档案和档案工作的深厚情结,表现出了高度的职业道德精神和素养。档案是珍贵的不可再生的资源。在刘义权眼里,档案的安全重于一切甚至重于生命。档案整理和接收是确保档案工作质量的关键环节。刘义权作为一个"老档案",在这些工作中坚持原则,敢于较真,铁面无私,不留情面,在军队档案系统中是出了名的"死心眼"。档案工作是服务性工作,特别需要热情、周到、耐心、细致的工作态度和作风。刘义权就是一个这样的"热心肠"。几十年来,刘义权同志立足本职岗位,无私奉献,忘我工作,为党和军队档案事业做出了突出贡献,堪称全国档案战线的楷模。

讨论:

1.说说在档案工作平凡岗位上,档案人员应该如何做好本职工作。

2.档案工作虽然平淡无奇,但档案事业却是一项守望历史、传承文明的千秋功业,你是怎么认识档案事业这项工作的? 假如你将来从事档案工作,你会如何让社会与人们认可并尊重你的工作?

二、参观档案馆,撰写文章。

组织学生参观当地档案馆,认真听取档案馆工作人员的讲座,参观档案库房、档案查阅室、档案展览等并要求学生做详细记录。

要求:结合参观过程的直观认识,借助所学知识与查阅相关文献资料,每位学生撰写一篇文章,主题为"我对档案及档案工作的初步认识"。

三、对档案工作人员目前的工作状况(包括工作环境、工作条件、报酬、工作胜任度、工作满意度等情况)做个社会实际调查。

调查对象:企事业档案工作者。

调查方式:以小组为单位,采取现场走访调查、问卷调查、电话调查、网络论坛调查等方式进行。

调查成果:以小组为单位,形成一份调查报告,每一小组派一名成员在课堂上运用PPT进行综合陈述。

知识拓展 ●●

近年来,"集体记忆""社会记忆"日益成为档案领域的"高频词",受到档案人的高度关注。全世界的档案学者与档案工作者逐渐把记忆观纳入理论框架和实践范畴。在理论层面,有关档案与社会记忆的研究不断深入,"档案记忆观"的理论内涵逐渐清晰,档案、档案工作与社会记忆的关系被不断强化、深化和认同;在实践层面,基于"档案记忆观"的指导与启发,各国档案机构越来越自觉地参与社会记忆的建构、维护与传承,并将其视为自身重要的职业责任。具体表现为档案界不仅积极参与"世界记忆工程",还采取各种行动保护本国及本民族的社会记忆。可以预见,"档案记忆观"还将为档案工作者带来更多的启发,档案事业还将在"记忆"的道路上走得更远,在建构社会记忆的过程中发挥更大的作用。

俗话说:"睹物思人""见物生情",记忆的恢复需要借助外来原始资料,特别是在记忆被激发的时候。德国学者扬·阿斯曼提出:"'文化记忆'以两种形式存在:一种是潜在形式,即以档案资料、图片和行为模式中储存的知识的形式存在;另一种是现实形式,即以这些浩繁知识中——根据当今利益尺度衡量——可用部分的形式存在。"记忆由潜在形式向现实形式的转变,需要通过某种媒介、图像、话语或活动来激活、重温、强化。在社会活动中形成和遗存的档案,既是储存的记忆,也是引燃人们记忆之火的触媒。人们一旦接触档案,就会触发内在的联想与判断,勾起对过去的事物和活动的回忆与再现,打开尘封已久的历史画面。一张照片、一封家信、一份先人的手迹都能触发我们对往事的回忆。这就是档案对建构社会记忆的触发功能,这一功能源于档案的原始性和作为活动自身的产物的特性。

(摘自:丁华东,倪代川.论档案的社会记忆建构功能——以徽州历史档案为分析对象[J].档案管理,2010(4).)

德国的档案机构是如何设置的

德国的档案机构主要包括联邦档案馆、州档案馆,还有经济档案馆、大学档案馆、教会档案馆、城镇档案馆,电视台、体育、音乐等专门档案馆以及大量的私人档案馆。各个档案馆都有明确的职责范围。

联邦档案馆。联邦档案馆受德国内政部领导,它既是一个档案保管机构,也是一个负责领导总部和各分馆的行政管理机构,除设在科布伦茨的总部外,还在波茨坦、柏林、亚琛等地设有分馆。

州档案馆。德国每个州都制定有本州的档案立法,设有州档案馆,用来保存州政府的档案文件,也负责收集和保存本州的历史档案。巴伐利亚州档案馆设在慕尼黑,藏有8—20世纪的档案文件4万米。

经济档案馆,也称企业档案馆。德国大的企业或公司一般拥有自己的档案馆,有些档案馆不仅收藏本企业的档案,还收藏企业所在地区和城市的历史档案,从事档案研究活动。有些企业档案馆只为一个公司或企业服务,称为单一式经济档案馆;有些企业档案馆为一个地区内的若干公司或企业服务,称为地区经济档案馆;还有些企业档案馆带有部门特点,称为部门经济档案馆。德国建立和管理企业档案馆的经验已经引起国际档案界的重视。

档案专业组织。德国档案工作者协会是全国性综合性的档案专业组织,吸收各行各业的档案员入会,每年都召开年会,讨论档案工作的理论与实践问题。此外,联邦政府与各州档案管理机关领导会议定为每年召开两次的定期会议,对在全国范围内相互保持联系和探讨共同面临的问题起着十分重要的作用。

(摘自:李康利.德国档案工作见闻记[J].西安档案,2004(2).)

项目二
文书档案管理

学习目标 ....

知识目标

了解全宗及全宗内档案的分类；

了解文书与文书档案的基本知识；

了解文书档案的归档与鉴定的含义及意义；

明确档案移交与销毁的重要性；

熟悉档案整理与编目工作的主要内容。

能力目标

能够判断档案是否属于同一个全宗；

能够进行全宗内档案的科学分类；

能够理解文书档案的含义、作用；

能够熟悉文书档案归档的范围；

能够对文书档案进行整理与编目；

能够对档案进行鉴定、移交和销毁。

案例引入 ｜

知青档案让她看到了希望

2006年8月,湖南省东安县档案馆接待了一位老知青,她叫苗××,52岁,青岛人,是来档案馆查找知青回城档案的。上一年底,她所在单位的劳动部门贴出通知:凡六八届下乡的回城知青可凭"知青回城名单",延续工龄,并享受退休后89%的工资待遇。她是1968年上山下乡插队来到东安县地方(公社)镇一大队的,现已到了退休年龄。苗××得知这一消息后,心情异常激动。但她先后到当地派出所、民政局查找档案都没查到,心急如焚。最后,她抱着一线希望来到东安县档案馆,当管理人员在档案馆馆藏档案中仅有的"知青回城名单"中查到"苗××"这个名字时,她的眼泪一下就流了出来,激动得半天没说出话来,最后,她声音颤抖地说:在我几乎绝望的时候,是档案让我看到了希望。

【请你思考】

1.什么是文书档案?

2.为什么说知青档案使她看到了希望?这一案例说明了什么?

理论导读 ⋯⋯⋯⋯⋯⋯⋯⋯⋯⋯⋯⋯⋯⋯⋯⋯⋯⋯⋯⋯⋯⋯⋯⋯

任务一　认识文书档案

一、文书概述

》》(一)文书的概念

"文书"这个概念可以包含以下三种含义:一是指文字材料;二是指文字书写;三是指从事文书工作的人。我们所讲的文书主要是第一种含义,即文字材料。

文书是人们在社会实践活动中为了传递、记载信息,而形成并使用的具有应用性的和特定格式的文字材料,是以文字形式处理各种事务的凭证性工具。

》》(二)文书的分类

1.按使用范围分类

文书按使用范围,可分为通用文书和专用文书。

通用文书,是指党政军机关各级机关、社会团体、企事业单位在工作中普遍使用的文书。

专用文书,是指具有专门职能的机关,在其专门的业务范围的工作活动中,根据特别需要而专门形成和使用的文书。

2.按行文方向分类

文书按行文方向,可分为上行文、下行文和平行文。

上行文,是指下级机关向它所属的上级领导机关发送的文书,如报告、请示等。

下行文,是指上级领导机关对所属的下级机关发送的文书,如命令、通知等。

平行文,是指不相隶属机关之间发送的文书,如函、介绍信等。

≫（三）文书的稿本

（1）文书的文稿包括草稿和定稿，具体描述如表 2-1 所示。

表 2-1　文书文稿

文稿	外形特征	作用	效用	归档与否
草稿	没有生效标识，常标有"讨论稿""草稿"等字样	供讨论、征求意见、修改审核	不具备正式文件效用	一般不需要归档保存
定稿	有生效标识：签发或会议讨论或批准	制作正本的标准依据	具备正式文件的效用	可随存本一同归档

（2）文书的文本可分为正本、副本、存本等，具体描述如表 2-2 所示。

表 2-2　文书文本

文本	外形特征	作用	效用	归档与否
正本	格式正规；有完整的生效标识：印章或签署	收文机关办事的依据	具备正式文件的效用	属归档范围的，收文机关将其归档
正本：试行本	文种后注明（试行）	收文机关办事的依据	具备正式文件的效用	属归档范围的，收文机关将其归档
正本：暂行本	文种后注明（暂行）	收文机关办事的依据	具备正式文件的效用	属归档范围的，收文机关将其归档
正本：修订本	文种后注明（修订本）	收文机关办事的依据	具备正式文件的效用	属归档范围的，收文机关将其归档
副本：与正本同时印刷	格式正规；有完整的生效标识：印章或签署	供抄送机关阅知	具备正式文件的效用	属归档范围的，收文机关将其归档
副本：抄写复印的	没有有效的生效标识	供传阅、参考、备查等	不具备正式文件效用	不归档
存本	格式正规；有完整的生效标识：印章或签署	供发文机关留存备查、立卷归档	具备正式文件的效用	可将其随定稿一同归档

≫（四）文书处理程序

文书从产生到归档，要经过一系列的工作程序，其中各个环节相互关联、衔接有序。文书处理程序见图2-1。

（1）发文处理的程序和环节有：草拟、审核、签发、复核、缮印、用印、登记、分发。

（2）收文处理的程序和环节有：签收、登记、审核分送、拟办、批办、承办、催办。

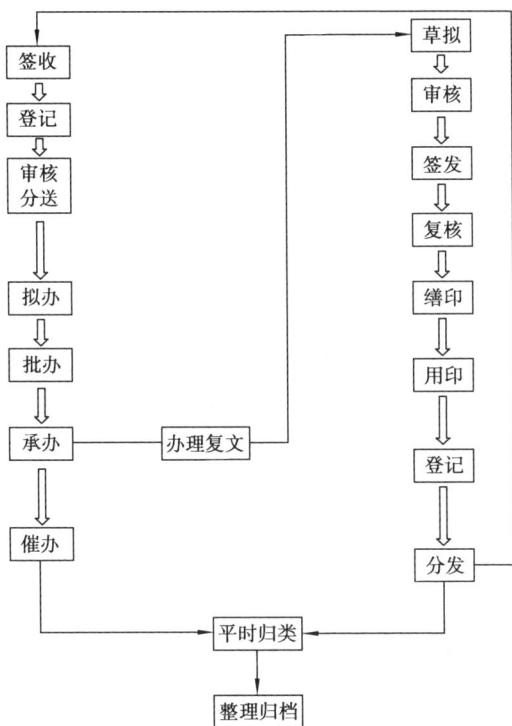

图 2-1　文书处理程序

二、　文书档案

≫（一）文书档案的概念

文书档案是单位在党政工作、管理活动中的各种材料，是一个单位工作活动的重要记录，也是我国档案种类中最重要的一类。文书档案管理技能是档案管理技能的基础，对于学习其他类型档案有着指导作用。

文书档案广泛形成并存在于各类社会组织中，如政府机关、企事业单位、社团、居委会、村委会等。

≫（二）文书档案的形成与特点

文书档案的形成需要具备三个条件：处理完毕的文件才能作为档案；对日后实际

工作和科学研究等活动具有一定查考利用价值的文件才有必要作为档案保存;按照一定规律保存起来的文件才能最后成为档案。

因此,文书是文书档案的前身,是文书档案的基本来源;文书档案是文书的变体,是文书的主要归宿。文书与文书档案是同一事物的不同阶段。

文书档案具有系统性、选择性、保存性等特点。

》》(三)文书档案工作

1.文书档案工作的性质
(1)专业性。
(2)机要性。
(3)服务性。
(4)管理性。

2.文书档案工作的基本任务
(1)坚持集中统一管理档案的原则,建立国家档案工作制度。
(2)科学地管理档案,大力开发档案信息资源。
(3)逐步实现档案管理的现代化,使档案工作更好地为党的总任务、总目标服务,为建设社会主义物质文明和精神文明服务。

任务二　了解档案整理工作

一、 档案的整理工作

档案整理是指按照一定原则对档案进行系统分类、组合、排列、编号、基本编目,使之有序化的过程。其工作内容包括:区分全宗、全宗内档案的分类、立卷(组卷、卷内文件的排列和编号、填写卷内目录和备考表、拟写案卷标题、填写案卷封面)、案卷排列和编号、编制案卷目录等业务环节。各个工作环节的完成承担情况如图 2-2 所示。

二、 区分全宗

所谓全宗,就是一个独立机关、团体、企事业单位或著名人物在社会活动中形成的档案的有机整体。同一个全宗的档案不能分散保存,不同全宗的档案不可混淆保存。简单地说,一个立档单位所形成的全部档案就构成一个全宗。

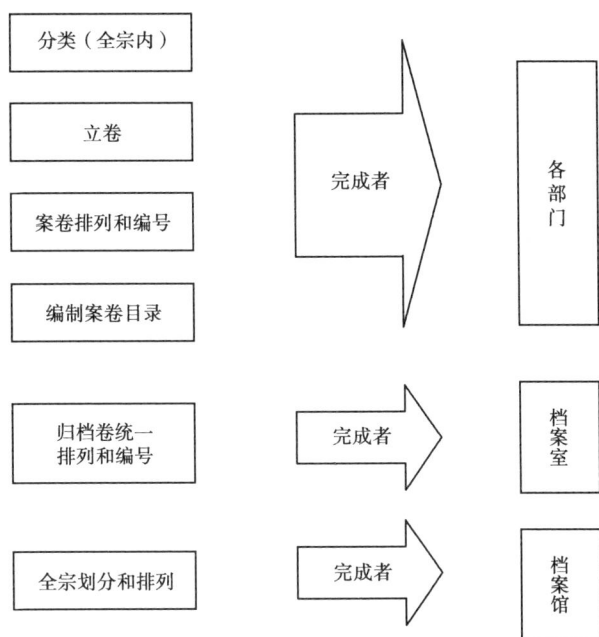

图 2-2　档案整理环节承担情况

≫≫ （一）如何确定立档单位

构成立档单位的条件有以下三条：一是，独立的法人。能独立行使职权，并能以自己的名义对外行文。二是，独立的财务权。是一个预算会计单位或经济核算单位，可以编制预算或财务计划。三是，独立的人事权。设有管理人事的机构或人员，并有一定的人事任免权。

≫≫ （二）如何区分档案是否属于一个全宗

（1）立档单位被撤销，工作终止，其档案应作为独立的全宗予以保存。

（2）由几个立档单位合并组成新的立档单位，合并前的档案分别构成独立全宗，合并后形成的档案构成一个新的全宗。

（3）立档单位的某个内部机构或职能独立出来而形成新的立档单位时，其独立之前的档案作为其原有所在立档单位全宗的一部分，独立后形成的档案构成新的全宗。

（4）某单位的某内部机构或某职能直接并入其他立档单位时，该内部机构或职能并入前的档案是原所在立档单位全宗的一部分，并入后的档案成为所并入立档单位全宗的一部分。

（5）合署办公的立档单位，其档案如果能区分开，一般应分别构成全宗；如果档案确实难以区分，可以按照全宗的补充形式处理，组建联合全宗。

三、 全宗内档案的门类

由于立档单位的社会职能、规模等各方面的不同,其全宗内的档案门类也会不一样,下面举例说明:

(1)机关档案分类大纲,适用于机关事业单位,见表 2-3。

表 2-3   机关档案分类大纲

一级类目、大类	二级类目、属类
文书档案 A	
基建档案 B	1.综合类
	2.办公楼
	3.培训楼
	……
设备档案 C	1.××型号 1
	2.××型号 2
	3.××型号 3
	……
会计档案 D	1.报表
	2.账簿
	3.凭证
	4.其他
已故档案人员 E	
声像档案 F	1.照片
	2.录音带
	3.录像带
	4.光盘
业务档案 G	1.项目 1
	2.项目 2
	3.项目 3
	……
实物档案 H	1.奖杯
	2.奖状
	3.奖牌
	4.奖旗

（2）企业档案分类大纲，见表 2-4。

表 2-4　工业企业档案分类表

一级类目名称及标识符号	二级类目名称及标识符号	基本范围
党群工作类 0	党务工作 01	党委综合性工作、党员代表大会或党委其他有关会议、党委办公室其他事务性工作等
	组织工作 02	组织建设、整党建党、党员和党员干部管理、党费管理等
	宣传工作 03	理论教育、各种工作活动宣传、政治思想工作与精神文明建设等
	统战工作 04	民主党派工作、无党派人士工作、港澳台工作、华侨工作、民族事务、宗教事务等
	纪检工作 05	党风治理、党纪检查、案件审理、信访工作等
	工会工作 06	职工代表大会、职工民主管理、劳动竞赛、劳保福利、女工工作、文化艺术和体育活动等
	共青团工作 07	组织建设、政治思想教育、团员大会、团员管理、团费管理、青少年工作等
	协会工作 08	各专业学会、协会工作、各群众团体活动等
行政管理类 1	行政事务 01	企业综合性行政事务工作、厂务会议、厂长（经理）办公室工作、文秘工作、机要保密工作等
	公安保卫 02	社会治安、武装保卫、枪支弹药管理、民兵工作、消防、交通管理、刑事案件审理、人防工作等
	法纪监察 03	法律事务、政纪监察、违纪案件审理等
	审计工作 04	各专项审计工作活动等
	人事管理 05	干部管理、工人招聘、录用、调配工作、企业劳务出口工作等
	教育工作 06	普通教育、中专和职业教育、高等教育、职工在职培训、幼儿教育等
	医疗卫生 07	卫生监督与管理、职工防病治病、计划生育工作等
	后勤福利 08	职工生活福利、食堂、商店、幼儿园、农牧副业、职工住房、企业第三产业等
	外事工作 09	企业涉外活动

续表

一级类目名称及标识符号	二级类目名称及标识符号	基本范围
经营管理类 2	经营决策 01	企业改革、重大经营战略性决策、企业发展规划、方针目标管理等
	计划工作 02	企业中、长期计划,年(季)度计划,各项专业发展计划,全面计划管理工作等
	统计工作 03	各种统计报表、企业综合性统计分析工作等
	财务管理 04	资金管理、价格管理、会计管理、资金流通等
	物资管理 05	物资供应、仓库管理、废旧物资回收与修旧利废等
	产品销售 06	市场分析、用户调查、产品供销、广告宣传、售后服务工作等
	企业管理 07	企业普查、企业整顿和企业升级、经济责任制管理、企业管理现代化工作等
生产技术管理类 3	生产调度 01	生产组织、调度指挥工作等
	质量管理 02	企业全面质量管理、产品质量检测和质量控制工作等
	劳动管理 03	劳动定额、定员,劳动调配,劳动工资,劳动保护等
	能源管理 04	能源消耗定额管理、节能降耗工作等
	安全管理 05	安全生产、工伤事故处理、职工安全教育等
	科技管理 06	新产品开发、科技成果管理、技术引进、技术革新和采用新技术、合理化建议等
	环境保护 07	环境保护检测与控制、污染治理等
	计量工作 08	各种计量检测工作
	标准化工作 09	企业标准化管理工作,各种标准档案
	档案和信息管理 10	企业档案工作、各类数据管理、电子计算机系统、情报工作、图书资料工作等
产品类 4	产品档案二级类目按产品种类或型号设置	同一产品型号内,包含产品从开发、设计、工艺、工装、加工制造、检验、包装、商标广告和产品评优的全过程
科学技术研究类 5	科研档案二级类目按课题设置	同一科研项目内,包含课题立项、研究准备、研究试验、总结鉴定、成果报奖、推广应用等项目研究和管理的全过程
基本建设类 6	基本建设档案二级类目按工程项目或建筑项目设置	同一工程项目内,包含工程的勘探测绘、设计、施工、竣工验收和工程创优的全过程

续表

一级类目名称 及标识符号	二级类目名称及 标识符号	基本范围
设备仪器类 7	设备仪器档案二 级类目按设备种 类或型号设置	同一设备仪器内,含设备购置、安装调试、运行、维护修理 和设备管理等全过程
会计档案类 8	凭证 01	各种会计凭证
	账簿 02	各种财务账簿
	报表 03	各种财务报表
	其他 04	
干部职工 档案类 9	干部档案 01	
	工人档案 02	
	离退休职工档案 03	
	死亡职工档案 04	

上述两个表格中的数字与英文字母的含义:在实际档案工作中,类目名称经常会采用阿拉伯数字或者用英文字母来代表,企业可以根据各自实际情况自行决定采用哪种标识方式。两种标识方式见表2-5。

表 2-5   大类类目名称的两种标识方式

类别 代字	党群 工作	行政 管理	经营 管理	生产 技术	产品 档案	科研 档案	基建 档案	设备 档案	会计 档案	人事 档案	声像 档案	实物 档案
数字	0	1	2	3	4	5	6	7	8	9		
字母	A	B	C	D	E	F	G	H	I	J	K	L

四、 全宗内档案的分类

≫(一)年度—组织机构分类法

先按年度分类,类下再按内部机构分类。此分类方法适用于内部机构比较稳定且档案之间界限比较清楚的现行机关档案的分类,如图2-3所示。

≫(二)组织机构—年度分类法

先按内部机构分类,类下再按年度分类。此分类方法适用于内部机构比较稳定的

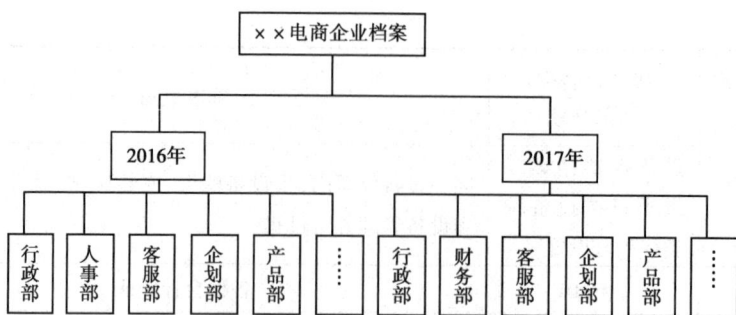

图 2-3 年度—组织机构分类法示意

现行机关档案或撤销机关档案的分类,如图 2-4 所示。

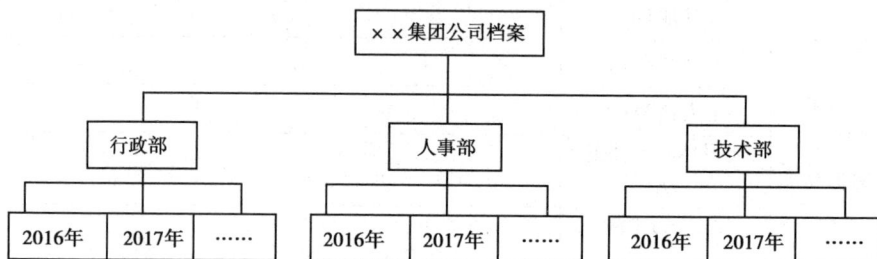

图 2-4 组织机构—年度分类法示意

≫（三）年度—问题分类法

先按年度分类,类下再按问题分类。此分类方法适用于内部机构少的机关档案的分类,如图 2-5 所示。

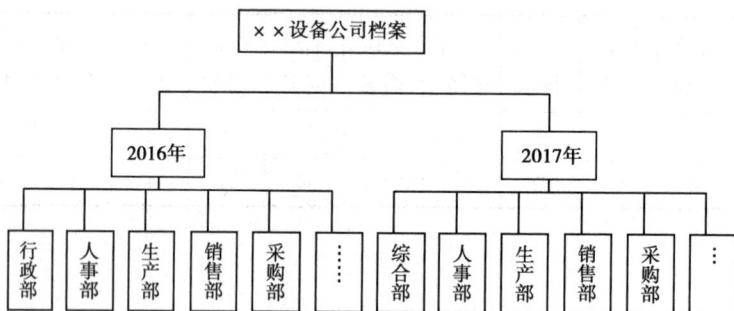

图 2-5 年度—问题分类法示意

≫（四）问题—年度分类法

先按问题分类,类下再按年度分类。此分类方法适用于内部机构变动频繁且档案混淆而难以区分的撤销机关档案或历史档案的分类,如图 2-6 所示。

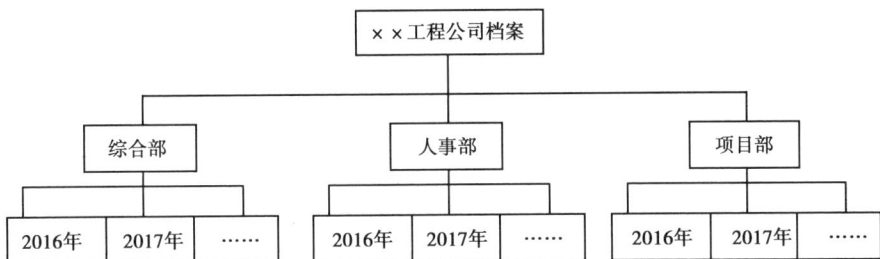

图 2-6 问题一年度分类法示意

任务三 文书档案归档与鉴定

一、文书档案归档

≫(一)文书档案归档的含义

文书档案归档,是指文书部门或文书工作人员将工作活动中办理完毕后具有保存价值的文件材料系统整理,移交给档案馆(室)保存的过程。其中,"办理完毕"是指文件相应的文书处理程序已经完成,而不论文件本身在实际工作中是否还在发挥作用。例如,请示与批复,在复文发出或收到以后,在文书处理程序上就算办理完毕。

在一个具体的单位中,文书档案归档是一项涉及文书部门和档案部门的工作。文书部门在归档中要做的工作是对处理完毕的文件进行鉴定和整理;档案部门在文件归档中要做的则是接收文书部门移交的案卷。

≫(二)文书档案归档制度

文件材料归档制度的内容主要包括文件材料归档和不归档范围、归档时间和归档质量要求三个部分。

1.文件材料归档范围

2006 年 12 月 18 日发布的国家档案局令(第 8 号)《机关文件材料归档范围和文书保管期限规定》,规定了归档范围:

(1)反映本机关主要职能活动和基本历史面貌的,对本机关工作、国家建设和历史研究具有利用价值的文件材料。

(2)机关工作活动中形成的在维护国家、集体和公民权益等方面具有凭证价值的文件材料。

(3)本机关需要贯彻执行的上级机关、同级机关的文件材料;下级机关报送的重要文件材料。

（4）其他对本机关工作具有查考价值的文件材料。

2.文件材料不归档范围

（1）上级机关的文件材料中，普发性即不需本机关办理的文件材料，如任免、奖惩非本机关工作人员的文件材料，供工作参考的抄件等。

（2）本机关文件材料中的重份文件，无查考利用价值的事务性、临时性文件，一般性文件的历次修改稿、各次校对稿；无特殊保存价值的信封，不需办理的一般性人民来信、电话记录，机关内部互相抄送的文件材料，本机关负责人兼任外单位职务形成的与本机关无关的文件材料，有关工作参考的文件材料。

（3）同级机关的文件材料中，不需贯彻执行的文件材料，不需办理的抄送文件材料。

（4）下级机关的文件材料中，供参阅的简报、情况反映，抄报或越级抄报的文件材料。

3.文件材料归档时间

一般来说，文书档案的归档时间在第二年上半年，即每年 6 月底以前，将整理好的档案移交档案室。

4.文件材料归档质量要求

文书档案归档遵循文件材料的形成规律和特点，保持文件材料之间的有机联系，区分不同的保存价值，便于保管和利用。

二、 文书档案的鉴定

≫（一）档案鉴定工作的原则

1.鉴定档案价值的原则

总的指导思想和基本标准：从国家和人民的整体利益出发，用全面的、历史的、发展的、效益的观点判定档案的价值。基本原则有：

（1）来源原则：是指按文件的形成机构划分和管理档案。用于档案鉴定时，来源一词可理解为广义概念，它可指机关来源、人物来源、项目来源等。

（2）内容原则：是指档案记载内容的重要性、典型性对档案价值的影响。

（3）功能原则：亦可称为效用原则，是指档案具有的主要功能对其价值的影响。功能原则对档案价值的影响，实质是时间因素对改变档案价值形态的作用。

（4）高龄原则：是指档案因形成时间久远对档案价值的影响，对形成年代久远的档案一般免于鉴定。

（5）经济原则：是指保存档案的代价对档案价值鉴定工作的影响。

2.影响档案价值的因素

(1)档案自身的特点和状况。

(2)社会利用需要。

》》(二)档案鉴定工作的内容

1.制订档案保管期限表

档案保管期限表一般由顺序号、条款、保管期限、附注以及总的说明等部分组成，其中条款和保管期限是最基本的项目，如表2-6所示。

表2-6 ××公司文书档案保管期限表

序　号	条款名称	保管期限
1	本公司的年度工作计划、总结	永久
2	……	……
3	……	……

国家档案局令(第8号)把机关文书档案的保管期限定为永久、定期两种。定期一般分为30年、10年。

2.文书档案鉴定的阶段

(1)收集阶段——判断是否归档；

(2)整理阶段——划分保管期限；

(3)档案室鉴定——移交确认、销毁确认；

(4)档案馆鉴定——去粗存精，如明清档案不准销毁。

3.档案鉴定的方法

档案鉴定的基本方法是直接鉴定法。也就是根据鉴定文件材料价值的原则，直接阅读、全面分析材料的内容和形式，对照本机关文件材料归档和不归档的范围，判定每一份文件材料，对照本机关档案保管期限表，判定应当归档的文件材料和档案的保管期限。

》》(三)鉴定工作的组织与制度

(1)档案鉴定工作的组织领导：成立鉴定工作领导小组。

(2)健全制度：归档范围、保管期限、销毁制度。

(3)销毁程序与方法：填写销毁清册，请示与审批，监销。

三、　文书档案的整理方法

文书档案整理方法有两种，即立卷和以件为单位整理。国家档案局2000年发布的《归档文件整理规则》,确定了"件"为整理单位。

》》(一)立卷的整理方法

1.案卷

案卷,就是由若干互有联系的文件构成的组合体,是档案基本保管单位。立卷,就是把零散的文件,组合成若干个案卷的过程。

2.立卷原则

(1)遵循形成规律和特点——按照其历史原貌。

(2)保持有机联系——同一问题,同一案卷。

(3)区分不同价值——价值相近可组为一卷。

(4)便于保管利用——立小卷。

3.立卷的方法步骤

(1)分类(编制立卷类目)

①分类方法:

a.年度—机构—保管期限,即先将归档文件按年度分类,每个年度下按机构分类,再在机构下按保管期限分类。此方法适用于机构明确、稳定、职能清晰的大、中单位(见表2-7)。

表 2-7　××单位 2018 年文书档案分类

机构	分类	年限	
办公室	永久	30 年	10 年
监察科	永久	30 年	10 年
业务科	永久	30 年	10 年

b.年度—问题—保管期限,即先将归档文件按年度分类,每个年度下按问题分类,再在问题下按保管期限分类。此方法适用于机构不明确、多变化、职能不清晰的单位或无内设机构的小单位(见表2-8)。

表 2-8　××单位 2018 年文书档案分类

机构	分类	年限	
行政类	永久	30 年	10 年
人事类	永久	30 年	10 年
业务类	永久	30 年	10 年

此外,还有"年度—保管期限—问题""年度—保管期限—机构""保管期限—年度—机构""保管期限—年度—问题"等方法。

②分类要求:正确判定档案文件所属年度;正确判断档案文件所属机构。

（2）组卷

组卷,也称组合案卷、立卷,它是根据立卷的原则和要求,把彼此有联系的一组文件材料组合成一个案卷的行为过程,是文书档案整理的最基本环节。

组卷的方法有内容组合、文件名称组合、工作活动组合、问题组合、其他组合等。

（3）整理卷内文件

①卷内文件排序按时间先后顺序排列;按姓氏笔画排列;按文件重要程度排列;按问题时间排列;按地区时间排列;按作者时间排列;按通讯者时间排列;按问题、作者、时间（或作者、问题、时间）排列。

②卷内文件编页:排序后,一个案卷内所有的文件按流水顺序号编号;双面印刷的,正面的号码编在右上角,反面编在左上角;如果是空白页,则不编号,卷内目录页不编号。

③填写"卷内文件目录表":每个案卷的卷首页要附上"卷内文件目录",永久、30年案卷的卷内目录应一式三份;10年的应一式两份。

卷内文件目录的填写:"顺序号",按卷内文件排列次序依次填写;"文号",即文件的发文字号;"责任者",即制发文件的组织或个人;"题名",即文件标题,没有标题或标题不规范的,可自拟标题,外加"〔 〕"号;"日期",即文件的形成时间,如20180109;"页数",即每一件归档文件的起始页号,如1—6;"备注",即注释文件需说明的情况（具体填写说明见图2-7、填写样表见表2-9）。

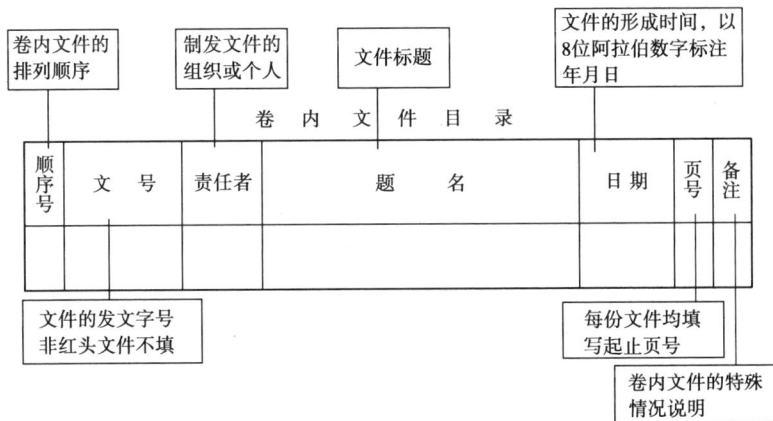

图 2-7　卷内文件目录填写说明

表 2-9　卷内文件目录填写样表

序号	文号	责任者	题名	日期	页号	备注
1	乐邮保〔2018〕1号	乐邮局	关于开展邮政储蓄金融安全评估工作的通知	20180117	1—3	
2	乐邮保〔2018〕2号	乐邮局	关于进一步加强消防安全工作的通知	20180302	4—6	

④填写"备考表"。主要是说明卷内文件的特殊情况,例如文件缺损、修改、移出等情况(具体填写情况见图 2-8 的卷内备考表填写说明)。

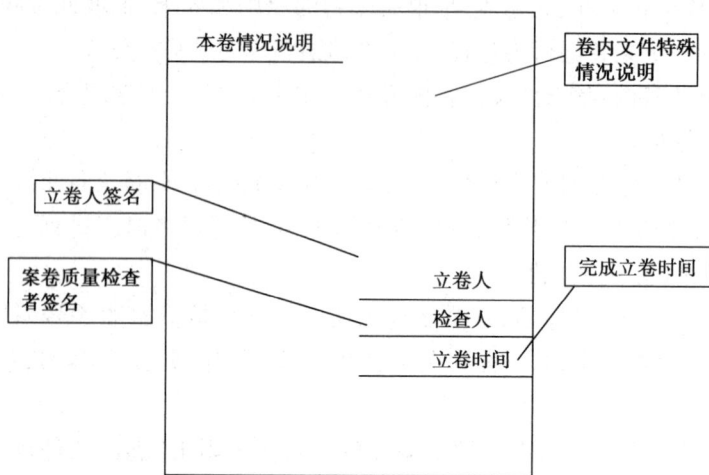

图 2-8　卷内备考表填写说明

（4）装订案卷

要求做到:①确定装订线;②清除金属物;③加边托裱;④折叠取齐;⑤进行装订(左边下边取齐、三孔一线)。

（5）拟写案卷标题

①案卷标题概念:案卷的名称,对卷内全部文件内容与成分的概括揭示。

②案卷标题的构成:作者、内容、文种三部分构成。

作者是指卷内文件形成的单位或个人,可用全称、规范简称;作者过多可以概括;同一地区或单位的文件,要标明作者;反映往来文书的案卷,要标明通讯者。

内容要求全面、确切、简洁、明了。涉及一定地区的案卷,要标明地区;针对特定时间的案卷,要标明年度;内容相同的文件,应标明内容。

文种,卷内只有一个文种或文种相同的,标出即可;文种不同的,标示有代表性的文种;有些案卷可用一些术语代替文种,如"案卷""材料""往来文书"等。

（6）填写案卷封面

按照案卷封面的项目,逐一填写。案卷封面包括七项:机关名称、组织机构或类别名称、案卷标题、卷内文件起止日期、卷内文件页数、保管期限和文书处理号。案卷封面填写说明见图 2-9。

填写步骤:

①在封面上方 1/2 处,居中填写立卷"机关名称"。

②在机关名称之下,居中填写"组织机构"或"类别名称"。

③在上项之下居中处,填写"案卷标题"。

④在封面之下 1/4 居中处,填写"卷内文件起止日期"。

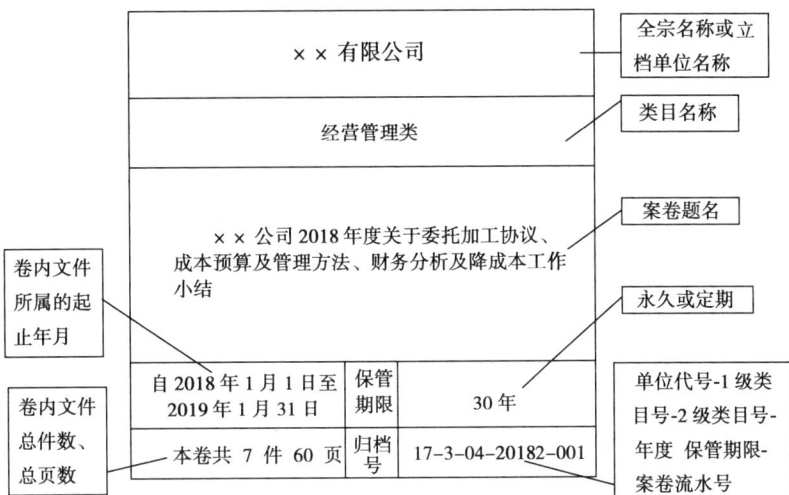

图 2-9 案卷封面填写说明

⑤在上项之下偏左处,填写"卷内文件页数"。

⑥在上项之下偏右处,填写"保管期限"。

⑦在上项之下,填写"归档号"。

(7)案卷排列及上架

案卷排列就是固定全宗内各案卷之间的排放顺序,按照保管期限分别排列。

所有案卷立好之后,要根据一定的原则和方法进行系统的分类排列。案卷排列的基本原则:区分保管期限,照顾案卷之间的联系和重要程度。具体方法如图 2-10 所示。

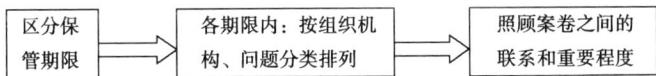

图 2-10 案卷排列流程

(8)编制案卷号

案卷经系统排列后,要编制案卷号以固定案卷的位置。案卷的编号方法有两种:分保管期限编制大流水号和按年度分保管期限编制小流水号,如图 2-11 所示。

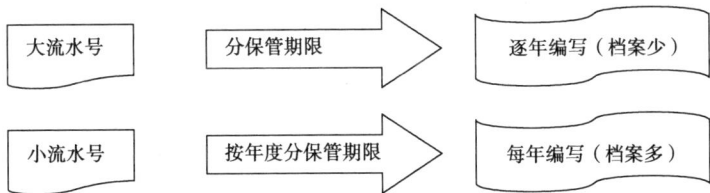

图 2-11 案卷编号示意图

(9)编制案卷目录

一个单位一年的全部档案,经过立卷并进行系统排列编号后,要将案卷逐个登记到《案卷目录》上。因此,《案卷目录》也就是一个单位一年的案卷名册,它是《档案目录》的重要部分。案卷目录封面式样如图 2-12 所示,案卷目录格式如表 2-10 所示。

案 卷 目 录 名 称
（　　　　年或组织机构）

全宗号：　　　　　　　　　　　档案室编目录号：

保管期限：　　　　　　　　　　档案馆编目录号：

图 2-12　案卷目录封面

表 2-10　案卷目录格式

案卷号		题名	年度	页数	期限	备注
档案室编	档案馆编					

（10）编制档案目录

《档案目录》又称案卷文件目录，是档案材料的基本检索工具，也是档案保管、统计、检查等一系列工作的主要依据，是机关档案室向档案馆移交的清册。

《档案目录》是由立卷说明、案卷目录、卷内文件目录三部分构成。永久、30 年期限的《档案目录》编制一式两份，10 年期限的《档案目录》编制一式一份。

立卷说明内容包括一年之中本机关的主要工作概况、本机关主要领导成员、内部机构和业务范围有何变动。本年度立卷工作完成时间、情况、案卷总数，其中永久、30 年、10 年保管的案卷各多少，以及其他有必要说明的情况。

（11）编制档号

档号：由全宗号、目录号、案卷号组成。

全宗号：档案馆指定给立档单位的编号。

目录号：案卷所属目录编号。一个全宗内不应有重复的案卷目录号。

案卷号：标识案卷顺序的号码。同一案卷目录内不应出现重复的案卷号（前面已讲，不再重复）。

≫ （二）以"件"为单位的整理方法

整理单位是"件"。一般以每份文件为一件，文件正本与定稿为一件，正文与附件为一件，原件与复制件为一件，转发文与被转发文为一件，报表、名册、图表等一册（本）为一件，来文与复文为一件。

1.整理原则

遵循文件的形成规律，保持文件之间的有机联系，区分不同价值，便于保管和利用。

2.质量要求

（1）归档文件应齐全完整。

（2）整理归档文件所使用的书写材料、纸张、装订材料等应符合档案保护要求。

3.整理方法

（1）装订　归档文件应按件装订。装订时，正本在前，定稿在后；正文在前，附件在后；原件在前，复制件在后；转发文在前，被转发文在后；来文与复文作为一件时，复文在前，来文在后，如图 2-13 所示。

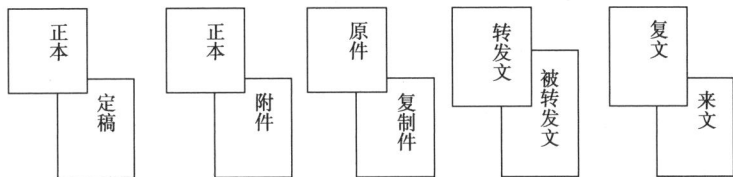

图 2-13　文件装订顺序

计算机及其网络环境中形成的文件，无定稿的，正文在前，发文稿纸在后；有文件处理单的，文件处理单在前，正文在后（在计算页数时文件处理单算一页）。

文件的装订可采用左上角装订，也可采用左侧装订。采用左上角装订的文件应当左齐、上齐；采用左侧装订的文件应当左齐、下齐。目前的装订方式除传统的线装之外，还包括：粘接式，如用糨糊、热封胶等；穿孔式，如不锈钢钉书钉、铁夹背等。其基本要求：一是符合档案保护要求。装订用品必须对档案无害，不影响档案的保护寿命。二是选用装订用品应尽量降低成本，装订方式应简便易行。

（2）分类　归档文件可采用年度、保管期限、机构（问题）等方法作为通用的分类方法。按照这三种方法对归档文件进行分类，在各级各类档案室都可以实现档案的有序管理和有效检索。各单位应在确定分类方法的基础上，编制切合实际的分类方案，并保持分类方案的稳定。

（3）排列　归档文件应在分类方案的最低一级类目内，按事由结合时间、重要程度等排列。会议文件、统计报表等成套性文件可集中排列。

（4）编号　归档文件应依分类方案和排列顺序逐件编号，在文件首页上端的空白位置加盖归档章并填写相关内容。归档章设全宗号、年度、保管期限、件号等必备项，并可设置机构（问题）等选择项（图 2-14）。

（全宗号）	（年度）	（室编件号）
（机构或问题）	（保管期限）	（馆编件号）

单位：mm
比例：1:1

图 2-14　归档章

①全宗号:档案馆给立档单位编制的代号。

②年度:文件形成年度,以四位阿拉伯数字标注公元纪年,如 2018。

③保管期限:归档文件保管期限的简称或代码,即"永""长""短"或"Y""C""D"(也可用阿拉伯数字 1、2、3 标识)。国家档案局令(第 8 号)把机关文书档案的保管期限定为永久和定期,定期又分为 30 年和 10 年两种。

④件号:文件的排列顺序号。件号包括室编件号和馆编件号,分别在归档文件整理和档案移交进馆时编制。室编件号的编制方法为在分类方案的最低一级类目内,按文件排列顺序从"1"开始标注。馆编件号按进馆要求标注。

⑤机构(问题):作为分类方案类目的机构(问题)名称或规范化简称。按机构分类,如某一机关分为党委办公室、组织处、宣传处、计划处、科研处、技术处、供应站等。按问题分类,如综合类、组织类、宣传类、政法类等。

(5)编目　归档文件应依据分类方案和室编件号顺序编制归档文件目录。

①归档文件应逐件编目。来文与复文作为一件时,只对复文进行编目。归档文件目录设件号、责任者、文号、题名、日期、页数、备注等项目。

②归档文件目录用纸,幅面尺寸采用国际标准 A4 型(长×宽为 297 mm×210 mm)。

③归档文件目录应装订成册并编制封面。归档文件目录封面可视需要设置全宗名称、年度、保管期限、机构(问题)等项目。其中全宗名称即立档单位的名称,填写时应使用全称或规范化简称。归档文件目录封面式样见图 2-15,归档文件目录式样如表2-11 所示。

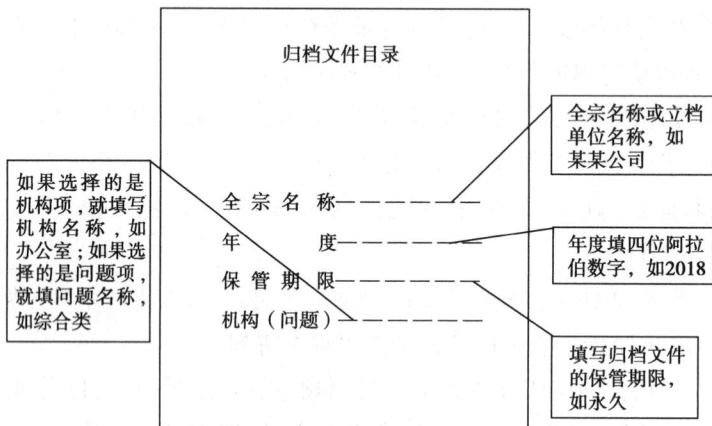

图 2-15　归档文件目录封面式样

表 2-11　归档文件目录式样

件号	责任者	文号	题名	日期	页数	备注
1	天地公司	天地办〔2018〕1 号	关于进一步加强生产安全管理工作的通知	20180109	1	

（6）装盒 将归档文件按室编件号顺序装入档案盒,并填写档案盒封面、盒脊及备考表项目。

①档案盒。档案盒封面应标明全宗名称。档案盒的外形尺寸为 310 mm×220 mm（长×宽）,盒脊厚度可以根据需要设置为 20、30、40 mm 等。

档案盒应根据摆放方式的不同,在盒脊或底边设置全宗号、年度、保管期限、起止件号、盒号等必备项,并可设置机构（问题）等选择项。其中,起止件号填写盒内第一件文件和最后一件文件的件号,中间用"—"号连接;盒号即档案盒的排列顺序号,在档案移交进馆时按进馆要求编制。

档案盒应采用无酸纸制作。档案盒封面式样如图 2-16、图 2-17 所示,档案盒背脊式样如图 2-18 所示。

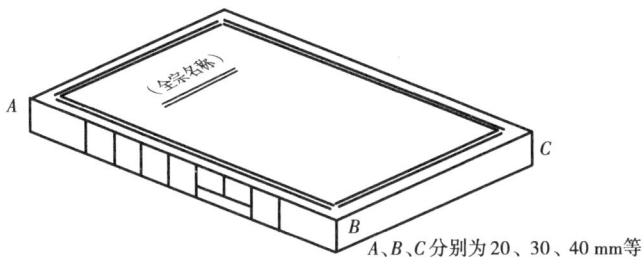

图 2-16 档案盒封面式样一

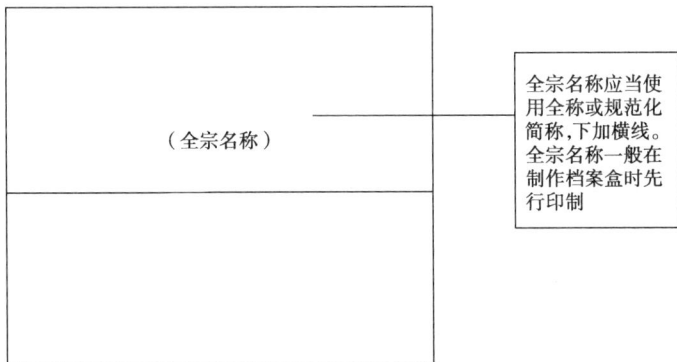

图 2-17 档案盒封面式样二

②备考表。备考表置于盒内文件之后,项目包括盒内文件情况说明:填写盒内文件缺损、修改、补充、移出、销毁等情况;整理人:负责整理归档文件的人员姓名;检查人:负责检查归档文件整理质量的人员姓名;日期:归档文件整理完毕的日期。备考表式样如图2-19所示。

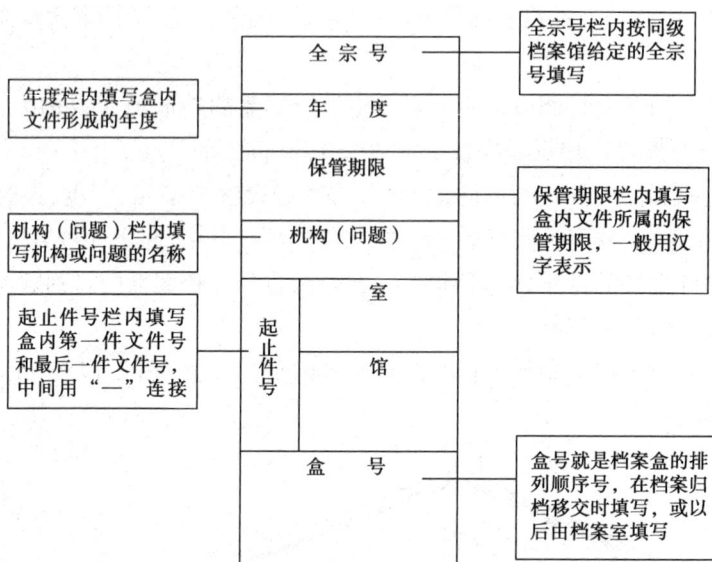

图 2-18　档案盒背脊式样

图 2-19　备考表式样

任务四　文书档案移交与销毁

一、文书档案的移交

≫ (一) 档案的移交

档案的移交有两个过程:一是各级机关、企业、事业单位的文件形成部门应将本部门形成的档案移交给本单位档案室保管;二是各级机关、企业、事业单位应将整理好的档案移交给档案馆保管。

≫（二）移交的范围及时间

各单位的文件形成部门应按照国家法律的规定向本单位档案室移交档案。移交周期一般是一年一次。《档案馆工作通则》第七条规定，档案馆接收档案的期限：省级以上档案馆接收立档单位保管 20 年左右的档案；省辖市（州、盟）和县级档案馆接收立档单位保管 10 年左右的档案。

≫（三）移交的要求

（1）档案齐全完整。

（2）经过系统整理。

（3）移交档案时，必须有一式两份的纸质"档案目录"，已使用档案管理软件的单位还应将计算机数据一并移交，并保证能正常检索。

（4）关于其他检索工具和参考资料，移交时一并移交。

（5）要有一定的交接手续，按规定编制移交清册，交接双方签字。机关档案人员在调动工作时，应当将室藏档案以案卷目录为单位登记在"档案移交（接收）登记簿"上。交接双方根据登记簿清点、检查室藏档案，并在登记簿上签字。档案移交（接收）登记簿如表2-12所示。

表 2-12　档案移交（接收）登记簿

案卷目录号	案卷目录题名或组织机构名称	所属年度	移交（接收）日期	移交（接收）原因	案卷数量				备注
					小计	其中			
						永	长	短	

二、　文书档案的销毁

经过鉴定，应将保管期满、无须继续保管的文书档案及无保管价值的文书档案拣出销毁。档案一经销毁便无法挽回，因此，一定要慎重。

≫（一）编制"档案销毁清册"

经本机关领导人审查、批准应销毁的档案，必须编制销毁清册。档案销毁清册一般以全宗为单位编制，至少一式两份，一份档案馆（室）留存，一份送有关领导审查批准，如果要报档案行政机关备案则需一式三份。

≫（二）编写"立档单位和全宗简要说明"

为便于机关领导人或主管领导机关审查、批准档案销毁清册，了解必要的情况，档案馆（室）在送审清册的同时，还须附上一份立档单位和全宗情况的简要说明。

≫（三）审查批准手续

销毁档案按有关规定，应执行严格的审批手续，未经批准销毁的档案不得销毁。

≫（四）销毁档案的方法

准备销毁的档案，在未批准前应单独系统保管，以便审批时检查和未批准时拿出保存。为保守档案的机密，严禁将要销毁的档案作其他用途，更不允许出卖。无论采用什么方法销毁，均须指派两人以上监销，并在销毁清册上注明"已销毁"字样和销毁日期，并履行签字手续，以示负责。档案销毁清册封面见图 2-20，档案销毁清册主表见表 2-13。

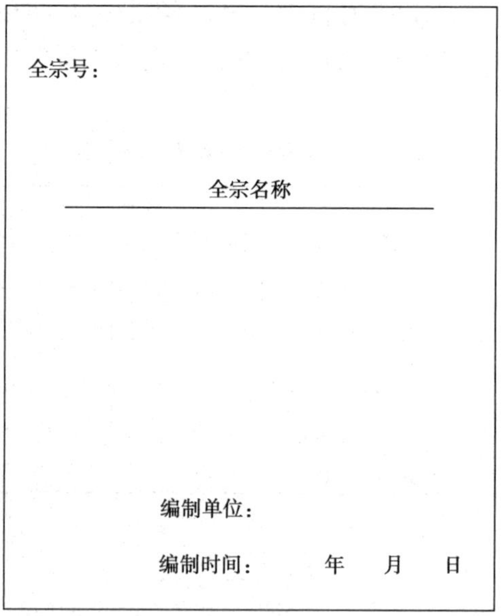

全宗号：

全宗名称

编制单位：

编制时间：　　　年　　月　　日

图 2-20　档案销毁清册封面

表 2-13　档案销毁清册主表

序号	年度	档号	案卷或文件题名	文件数量（页/件）	原保管期限	销毁原因	鉴定时间	备注

达标训练

知识训练

一、选择题(单项选择)

1.档案的最基本单位是(　　)。

　　A.文件　　　　　　　　B.案卷　　　　　　　C.全宗

2.文书立卷工作应该由哪个部门完成?(　　)

　　A.文书部门　　　　　　　　　　B.档案部门

　　C.所属部门　　　　　　　　　　D.文书部门主要负责,档案部门协助指导

3.好的立卷方法要满足两个基本要求:一是(　　);二是便于保管和利用。

　　A.便于检索　　　B.方便查阅　　　C.保持文件之间的联系

4.文书立卷的归档制度包括三个方面:归档范围、(　　)和归档要求。

　　A.归档时限　　　B.归档凭证　　　C.归档模式　　　　D.归档历史

5.一个立档单位可以形成(　　)全宗。

　　A.一个　　　　　B.两个　　　　　C.多个

6.全宗是(　　)的文件集合体。

　　A.同一地区　　　B.同一时期　　　C.同一来源

7.全宗内的档案可以按文件来源分类,其具体形式有组织机构分类法、作者分类法和(　　)。

　　A.问题分类法　　　　　　　　B.文件种类(名称)分类法

　　C.通讯者分类法

8.按年度分类法分类,跨年度的总结应归入哪一年度?(　　)

　　A.开始年度　　　B.最后年度　　　C.都可以

9.(　　)是案卷名册,是揭示案卷内容和成分并固定案卷排列顺序的表册。

　　A.案卷目录　　　B.卷内目录　　　C.全宗目录

10.(　　)就是案卷排列的顺序号,是档案管理中最常用的代号。

　　A.全宗号　　　　B.案卷号　　　　C.案卷顺序号

二、判断题(判断正确与否并简要阐明理由)

1.保管期限就是文件的保管价值。　　　　　　　　　　　　　(　　)

2.图书、报纸、资料就是档案。　　　　　　　　　　　　　　(　　)

3.反映本单位重大活动情况的新闻报道的(报刊)剪报,也应视为档案归档保存。

　　　　　　　　　　　　　　　　　　　　　　　　　　　(　　)

4.档案是文件的基础,文件是档案的精华。　　　　　　　　　(　　)

5.文件的草稿都不需要归档。　　　　　　　　　　　　　　　(　　)

6.未经领导审批或会议通过的未定稿、未生效文件视情况而定归档保存。(　　)

7.文书部门立好案卷,必须逐年移交给档案室集中保管,称为"归档",有归档范围和要求,但没有期限。　　　　　　　　　　　　　　　　　　　　（　　）

8.档案是指使用过的、文件中所指事情已经办理完毕、具有保存价值的文书。

（　　）

9.即使客观形势发生变化,也不应变更档案的密级、期限。　　　　（　　）

10.销毁档案有严格的审批手续,未经批准销毁的档案不得销毁。　（　　）

三、简述题

1.文件是档案吗？ 为什么？

2.构成立档单位的条件有哪些？

3.零散文件的整理程序有哪几个步骤？

4.文书立卷的原则有哪些？

5.简述销毁档案的程序。

能力训练

一、阅读下面材料,思考后,说一说。

（一）在鉴定某省民政厅的中华人民共和国成立初期的档案时,先接触到一卷该厅工作组写的在某乡进行民主建政的试点报告,发现其被定为"短期"保存。机关档案人员认为在中华人民共和国成立初期的民主建政是一项很重要的工作,拟改为"永久"保管。但是后来又发现一卷以该厅名义向上级机关报告的全省民主建政工作总结,内容有全省民主建政工作的情况概述,还有各个试点乡民主建政情况的基本统计数据,被定为"永久"保管。于是放弃了将某乡民主建政的试点报告的案卷改为"永久"保管的打算。将"某乡进行民主建政的试点报告"定为"短期"保管的合理性有哪些？

讨论:

1.档案人员在未发现后一卷案卷时,拟将"某乡进行民主建政的试点报告"定为"永久"保管的合理性有哪些？

2.档案人员在发现后一卷案卷后,为什么放弃了将某乡进行民主建政的试点报告的案卷改为"永久"保管的打算？

3.请谈谈你的看法。

（二）浙江省人民政府关于农村工作的某份文件是省内普发文件。

讨论:在下述单位中它是否应归档保存？ 如果需要归档,其保管期限多长？ 为什么？

1.浙江省人民政府办公厅

2.中华人民共和国农业部

3.浙江省农业厅

4.浙江经济职业技术学院

二、根据下面给定材料,分小组,做一做。

（一）给下面文件进行分类整理。

1.杭州钢铁厂关于聘请专家改造设备的函

2.浙江广播电视大学关于调整成人教育收费标准的通知

3.浙江大学关于杭州钢铁厂要求聘请专家改造设备的复函

4.马鞍山钢铁厂关于聘请专家改造设备的函

5.浙江广播电视大学关于调整成人教育收费标准必要性的论证材料

6.浙江大学关于马鞍山钢铁厂要求聘请专家改造设备的复函

7.浙江广播电视大学关于调整成人教育收费标准的请示

(二)给下面文件进行分类整理。

东海学院在 2018 年度形成下列部分文件材料,请你按照传统的立卷方法要求,对这些文件进行组卷整理与编目。

1.××省教育厅高教处关于东海学院开设档案管理专业的批复

2.东海学院教学质量评估工作方案

3.东海学院关于开设档案管理专业的请示

4.东海学院关于成立教学质量评估工作领导小组的通知

5.东海学院教学质量评估自评报告

6.2018 年度教学工作会议记录

要求:任选上面一个材料,按下列步骤完成案卷整理。

1.将文件分类,然后进行组卷

2.排列卷内文件顺序

3.编写卷内文件页码

4.填写卷内文件目录表和备考表

5.拟写案卷标题,并确定保管期限

6.填写案卷封面

7.装订案卷

知识拓展 ••

文件的"件",如何划定

件是档案保管的最小个体,一般以每份文件为一件。但在实际工作中文件的形式多种多样,要用以下标准来确定件:

1.文件正本与定稿为一件——定稿不易装订的也可单独作为一件。

2.正文与附件为一件——如附件数量较多也可各为一件。

3.原件与复制件为一件——对制成材料(热敏传真纸)或字迹材料(圆珠笔、铅笔书写)不利于长期保管的,以及破损的文件要复制后与原件一起归档。

4.转发文与被转发文为一件。

5.会议记录一本为一件——不便拆开的整本会议记录可作一件。

6.成套的会议材料各为一件——某一次会议的材料不能简单作一件处理,而要分别以件归档。

7.重要文件的正文与历次修改稿可各为一件——重要文件须保留历次修改稿的,正文与历次修改稿各为一件。

8.计算机及其网络环境中形成的文件,无定稿的,或打印出的定稿上无重要修改手迹、领导批示,定稿不存档的,将正文与发文稿纸为一件——用计算机打印的定稿,打印的底稿可不归档,栏目填写齐全、经领导亲笔签发的发文稿纸与正本一并归档。

9.正文与文件处理单为一件——文件处理单能体现文件处理的轨迹,不要处理掉,应与文件一起归档。

10.来文与复文(指请示与批复、报告与批示、函与复函)可为一件——这样可减少整理此类文件的工作量,但在以后的编目(请示、报告、函)中文件题名应写批复的在题名后面要注明(附请示、报告、函)。

11.经过若干环节、层次办理的来文、复文,超过两件的,则将所有的来文、复文分别作为一件——这样能将办文复杂的来文、复文更好地处理,便于检索。

12.报表、名册、图册等按其原来的装订方式,一册(本)为一件——充分尊重和利用原来的基础。

13.未装订的式样相同的表格,以一定的单位组合,可装订在一起作为一件——表格数量多的要编制二级目录。

(特别提示:这里的"一件"是指在实体上装订在一起的文件,编目时在目录中也只是体现为一条条目。)

文件材料归档的年度如何确定

原则上以文件材料的落款日期(即领导签发日期)为准。但要注意几种情况:

1.跨年度形成的文件。机关单位的某些具体职能活动,如召开会议、处理案件等,可能会跨年度形成文件,统一在办结年度归档。

2.几份文件作为一"件"的日期。按照《规则》规定,正本与定稿、原件与复制件,这时判定"件"的日期,应以装订时排在前面的文件的日期为准。

3.有专门年度的分类方法。综合管理文件材料按年度进行分类,一部分工作按照专门年度进行的,如教学年度等,应按照专门年度进行分类。例如,学校 2017 年行政管理与 2017—2018 学年的教学管理文件材料一起归档。

以件为单位归档,档号格式如何编写

以件为单位归档的,档号字段长度为 19 个字节,格式为"全宗号—年度—保管期限代号—机构或问题代号—件号",即"××××—××××—×××—××××—××××",例如:"H0902002002000000001",全宗号是 H090,年度是 2002,保管期限代号是 002,后四位是机构或问题代号(没按机构或问题分类的填 0000),件号是 0001(所有代号按实际位数著录,不够规定长度时,前面用"0"填充)。

项目三
科技档案管理

学习目标

知识目标
了解我国科技档案管理的现状；
熟悉我国科技档案管理的制度；
明确科技档案管理的要求。

能力目标
能够理解科技档案的定义、作用；
能够熟悉科技档案归档的范围；
能够掌握科技档案整理与编目的要求。

案例引入

尘封了七十二年的一张蓝图发挥了重要作用

高高的五牌楼上，金色大字和油漆彩画尽显肃穆；青白石铺就的步行街上，老北京铛铛车的铃铛声再次回响；灰色砖石制门面夹杂着雕梁画栋的五彩颜色；糖葫芦、拨浪鼓化身成三米高的路灯……在经历一年时间的保护、修缮后，前门大街这条北京地标性的老街再现了清末民初风貌。作为前门大街标志性建筑的五牌楼背后的故事，想必大家一定想知道。

2007年底，北京市文物古建工程公司的两位同志来到北京市档案馆查阅前门五牌楼的有关档案，一张1935年五牌楼改建的蓝图深深地吸引了他们，惊喜之情溢于言表。事情原来是这样的，前门大街五牌楼始建于明代，曾是北京城最高大、最雄伟的木质结构牌楼，俗称"五牌楼"。因其是木质结构，所以曾多次遭遇大火，后来几经翻修，于1955年被拆除。现在矗立在前门大街的五牌楼由于与1935年改建后的原状不符，经市政府、崇文区政府与专家研究后决定重新修复前门五牌楼。由于时间紧迫，又苦于没有找到可以参照的资料，北京市档案馆保存的1935年北平市工务局改建五牌楼的图纸档案，解决了他们的燃眉之急。该工程公司作为施工单位,有了这张图就可以直接开始施工,大大节省了时间。

他们凭借着这张珍贵的蓝图重新恢复了前门五牌楼的原貌,让大家能重新欣赏到它独特的魅力。

【请你思考】

1.科技档案在经济社会发展中具有哪些作用?

2.科技档案与文书档案有哪些异同点?

理论导读 ....

任务一　认识科技档案

一、　科技档案的定义

科学技术档案简称科技档案,《科学技术档案工作条例》第二条中对科技档案定义是这样阐述的:"科技档案是指自然科学研究、生产技术、基本建设(以下简称科研、生产、基建)等活动中形成的应当归档保存的图纸、图表、文字材料、计算材料、照片、影片、录像、录音带等技术文件材料。"

科技档案的定义通过三方面揭示了科技档案的本质属性:

(1)"科技档案是指自然科学研究、生产技术、基本建设等活动中形成的……",揭示出科技档案产生的领域和内容属性。说明科技档案产生在自然科学实践活动领域,它的内容属于自然科学的范畴。

(2)"应当归档保存的……",揭示了科学技术档案的价值属性,"应当归档"说明有保存价值;反之没有"保存价值"的则不归档保存。"保存价值"是科技文件材料能否转化为科技档案的前提条件。

(3)"……图纸、图表……技术文件材料",说明科技档案的形态是文件材料,并且是"技术"内容、"技术"形态的文件材料。

以上三方面,从科技档案的产生领域和内容,说明科技档案不同于其他文书档案。把科技档案与科技、生产活动的直接关系视作科技、生产活动的直接记录,说明科技档案同科技资料和科技情报不同。科技档案是具有保存价值并且经过归档保存起来的科技文件材料,这说明了科技档案同一般科技文件材料不同。

二、 科技档案的特点

≫ (一) 专业性

专业性是科技档案最突出的特点之一。科技档案的专业性特点集中表现在形成领域和内容性质两个方面。科技档案的专业性特点,不仅使它们同一般档案相区别,而且使不同专业形成的科技档案彼此之间互相区别。因此,专业性特点是实现科技档案科学管理的重要依据之一。科技档案工作管理体制的确立、科技专业档案馆的组建、科技档案的整理分类等,都是建立在科技档案专业性特点的基础之上。

≫ (二) 多样性

种类的多元性和类型的多样性,是科技档案的又一明显特点。在各个档案门类中,以科技档案的种类最为繁多、类型最为复杂,呈现出多样化的鲜明性特点。以种类而言,由于科技、生产活动的多专业性,导致了它的伴生物——科技档案在种类上的多元化。以类型而言,科技档案是所有一切种类的档案中类型最为丰富多样的一种。

≫ (三) 成套性

围绕一个独立的科研项目进行,规律性地形成一系列相关的科技文件整体。成套性是科技档案相对于其他档案最鲜明的特点。

≫ (四) 现实性

科技档案的现实性特点是指它具有较强的现实使用性。相比于其他档案,如政务档案,科技档案的现实使用性在归档后仍然很强。

三、 科技文件材料向科技档案的转化

科技文件材料是以文字或技术符号对人们的科学技术活动和科学技术思想的记载和反映,是在各种科技活动中正在产生和使用着的图样、文字材料、图表、照片、影片、底片、录像带、录音带等不同形式的文件材料的总称。

文件材料是机关、企业、团体在工作和生产中直接产生的;是以文字或其他技术方法,使用不同的书写材料,直接记载政治斗争、生产斗争、科学实验等活动中发生的现象、事实和事件处理过程的一种工具,是随着文字和图形的出现,开始产生和形成的,是反映人类社会实践活动的记录与凭证。科技文件材料是文件材料的一种。我们应了解科技文件材料向科技档案的转化条件。

(1)并不是所有的科技文件材料都能转化为科技档案,只有具有"保存价值"的那

一部分科技文件材料,当履行了"归档手续"后才能转化为科技档案。这里"保存价值"和"归档手续"成了决定转化与否的基本条件。

（2）科技文件材料经过归档发生了变化:一是作为科技文件材料的形成过程已结束,由依据、指导、管理作用变成了工作查考和历史凭证作用;二是经过鉴定筛选组成保管单位,使数量和形式上也都发生了变化;三是从单位科技人员手中集中到档案部门,成为国家的档案资源财富。

四、 科技档案的种类

科技档案的种类,随着科学技术活动的发展、新的科技领域的不断开拓而不断增加。按其内容、专业、性质和产生领域来划分,主要有以下五类:

》》(一)工业生产技术档案和农业科学技术档案

1.工业生产技术档案

工业生产技术档案是指在工业产品的设计、研制和生产制造等活动中形成的科技档案,它的主要类型是工业产品档案。有多少种工业产品,就有多少种工业产品档案。内容大致分为设计、研制与生产制造两部分。不同类型的产品档案,其内容成分与数量构成均有很大差异。工业产品档案的基本特点是以型号成套。

2.农业科学技术档案

农业科学技术档案是在农、林、牧、副、渔各业的科学技术活动中形成的科技档案。主要包括作物育种和良种繁育、作物栽培、植物保护、土壤普查、农业垦殖、农业自然资源调查和农业区划、林木园艺、畜牧、水产、农田水利工程、农机设备、农业气象档案等,其特点是按种类成套。

》》(二)基本建设档案和设备档案

1.基本建设档案

基本建设档案简称基建档案,是在各项工程建设中形成的。按建筑对象性质的不同,大体可划分为三种,即工农业生产性基本建设档案、军事国防工程的基本建设档案、民用工程的基本建设档案。基本建设档案的内容,因工程性质而异,基本特点是以工程项目成套。

2.设备档案

设备档案是指围绕各种相对独立的机器设备、车辆、船舶和仪器、仪表形成的科技档案。按设备的构造和使用形式的不同,设备档案可划分为两种:一种是与土建工程连在一起的,如某些化工装置以及钢铁和有色冶金企业的冶炼设备档案。这种设备档案,一般与基建档案难以截然分开,因此,可以作为基建档案的一个组成部分。另一种是各种金属切削设备、运输设备、采掘设备、起重设备以及某些仪器、仪表的档案,它们可以独立存在。基本特点同产品档案一样,也是以型号成套。

≫≫(三)自然科学研究档案和自然现象观测档案

1.自然科学研究档案

自然科学研究档案是指在自然科学技术研究活动中形成的科技档案,简称科研档案。它是在自然科学技术研究活动中形成的。按其性质,一般被划分为基础科学研究、技术科学研究和应用科学研究三种类型。大体上包括研究规划、计划材料、研究依据性材料、定题论证材料、试验材料、成果鉴定材料、成果推广材料等。科研档案的基本特点是以课题成套。

2.自然现象观测档案

自然现象观测档案是指在气象、天文、水文、地震等自然现象观测活动中形成的科技档案。因观测的对象和形成的领域不同,主要有以下几种不同的科技档案:气象档案、天文档案、水文档案、地震档案、海啸档案等。

≫≫(四)地质档案和测绘档案

1.地质档案

地质档案是地质工作活动(地质调查、矿产勘探等)中形成的档案。有区域地质调查档案、团体矿产地质档案、石油地质档案、海洋地质档案、物探和化探档案、水文地质档案、工程地质档案等,其特点是按地质工作项目成套。

2.测绘档案

测绘档案是大地测量和地图绘制活动中形成的科技档案。测绘工作的任务是为各种工作的需要提供各种地形图、专题图和图集,并提供各种控制点的坐标和一些数据。按照不同的使用性质,测绘档案一般分为基本测绘档案、专业测绘档案、特业测绘档案和现势参考档案四种,其特点是以测绘项目成套。

≫≫(五)环境保护档案和医药卫生档案

1.环境保护档案

环境保护档案,是在环境管理和环境监测活动中形成的科技档案。主要包括环境管理档案和环境监测档案两部分。

2.医药卫生档案

医药卫生档案,是在各种疫病的预防、治疗、护理及药品、生物制品的生产、监督活动中形成的科技档案。主要包括以下四种类型:医疗技术档案,卫生防疫和卫生监督档案,妇幼卫生档案,药品和生物制品的监督、检查、生产技术档案。

　　除以上五大类外,还有理工科院校的教学档案以及体育档案等。我们称之为"其他专门性"科技档案。

任务二　科技档案归档与鉴定

一、　科技档案的收集归档

》》（一）科技档案收集归档的意义

　　《科学技术档案工作条例》第五条规定,各单位应当建立、健全科技文件材料的形成、积累、整理、归档制度,做到每一项科研、生产、基建等活动都有完整、准确、系统的科技文件材料归档保存。科技档案的收集归档工作,是把分散在各个业务机构或者个人手里的科技文件材料集中到科技档案室以及把各企、事业单位和专业主管部门保存的科技档案,集中到专业档案馆的工作。

　　一般情况下是通过接收科技文件材料归档实现的,科技专业档案馆按照进馆制度规定,接收有关单位移交的科技档案。

　　1.收集归档是科技档案工作的基础和起点

　　科技档案不是凭空产生的,它来源于科技文件材料。科技文件材料是在科技活动中由科技人员编制的,一个科技项目完成后所形成的科技文件材料均分散在单位内部各专业技术部门或个人手里。若是与外单位的协作项目和与国外企业的合作项目,分散状态就更为严重了。这就要求通过收集归档工作集中到科技档案室统一管理。科技档案部门只有通过收集归档工作,才能获得工作的物质对象,才会产生科技档案的整理、保管、统计、鉴定和利用等业务工作,也才能谈到为科技工作服务。离开了科技档案这一物质对象一切都将是空谈。因此,收集归档工作是科技档案工作的起点,也为其他的科技档案工作奠定了物质基础。

　　2.做好收集归档工作是贯彻集中统一管理原则的主要措施

　　《档案法》第五条规定,档案工作实行统一领导、分级管理的原则,维护档案完整与安全,便于社会各方面的利用。收集归档工作能把有保存价值的科技文件材料,作为国家的一项宝贵财富保存起来,并通过有效的利用,发挥其效益。也只有收集归档才能维护档案的完整与安全,才能便于社会各方面的利用,所以收集归档是贯彻档案管理原则的主要措施。

　　3.收集归档工作是维护党和国家科技机密的保证

　　科技档案中,相当一部分具有不同程度的机密性,如果分散存放,就很不安全,很容易造成失密、泄密,给党和国家带来损失。通过收集归档工作,把分散在个人和各业务部门的科技文件材料集中在各级科技档案管理部门统一管理,才能维护科技档案的完整和安全,才有利于保护国家的科技机密。

≫ (二)科技档案收集归档工作的要求

(1)将全部科技档案集中于本单位的科技档案业务部门统一管理,是我国科技档案工作的基本原则和基本制度,也是检验科技档案工作的首要标准。所有企、事业单位都必须认真贯彻,全面落实。

(2)收集归档要求保证科技档案的完整、准确,遵循科技档案的自然形成规律。科技档案工作的目的是为各项工作的需要服务,科技档案完整、准确,才能充分发挥其凭证、查考作用与科技资源的储备作用。归档是一个中间环节,由在基层科技生产活动中使用着的科技文件材料转化为专业档案的科技档案。

≫ (三)基层科技档案部门的收集归档方法

1.积极收集

接收业务技术部门的科技文件材料归档,是基层科技档案部门收集科技档案的基本方法。在科技档案管理制度健全的情况下,在一项科技、生产活动结束或告一段落之后,科技业务部门和科技、生产人员,应按科技程序和归档制度的有关规定,将科技文件材料整理后,向科技档案部门归档。

2.落实责任

有计划地把科技文件材料的归档责任单位、责任部门和归档责任者列成表格,并以合同责任形式确定下来。

3.抓住关键阶段和重要环节主动进行科技档案收集

(1)机械产品档案要抓住样机鉴定和小批试制鉴定阶段。前者可收集到完整齐全的设计档案,后者可收集到完整准确的工艺文件。

(2)工程设计档案要抓好初步设计完成阶段、设计结束和总结阶段。前者可及时收集到施工图设计前形成的全部科技文件材料,后者可将该工程设计活动中形成的应该归档的科技文件材料全部收集归档。

(3)基本建设档案要抓住竣工验收阶段。这时施工已经结束,全部科技文件材料已齐备完善。

(4)设备档案。同土建工程连在一起的设备,在基建工程竣工验收阶段进行收集;自制设备抓住设备定型鉴定环节收集;外购设备抓住设备开箱验收和安装、调试(试车)完毕两个环节收集。

(5)科研档案抓住年度总结和成果鉴定两个环节进行收集归档。

4.做好收集归档的三个"结合"

(1)接收归档和现场收集相结合。在归档制度不够健全,或虽有制度但执行不严的单位,现场收集不可忽视。

（2）平时收集和集中收集相结合。集中收集除定期接收归档的材料外,还要结合企业整顿、保密检查等活动,以突击方式进行收集。平时收集的科技档案材料主要包括:归档遗漏的零散材料;有关人员工作变动时应移交归档的材料;工作项目中断或发生变化时应清理归档的材料;出国人员带回的应该归档保存的材料;材料归档后,在生产和施工中又形成的修改或补充材料;归档制度中未包含的新出现的材料,库存档案不全需补充的材料等。

（3）对内收集和对外收集相结合。为了使收集的科技档案材料完整、准确,除做好单位内的收集工作外,平时还须做好对外收集工作。如基建档案残缺时往往需向原设计单位收集有关设计方面的图纸或文件材料,向施工单位收集有关施工方面的材料;向勘探、测绘部门收集工程地质和地形测绘方面的材料等。设备档案不足时往往需要向设备生产单位补充收集。同外单位协作进行的项目,更少不了向参加协作的单位进行补充收集。

5.做好易缺材料的收集工作

有些科技档案材料收集比较困难,如工矿企业的生产原始记录、有关会议材料和出国人员带回材料、有重要科技成就的个人材料以及反馈信息材料等,应当想方设法做好这部分材料的收集工作。

≫≫（四）科技专业档案馆的收集工作

科技专业档案馆是按照《科学技术档案工作条例》和本专业系统的规范,接收本专业系统所属单位需要长期和永久保存的科技档案进馆。当前专业档案馆尚未在全国范围内建立,正处在发展阶段。专业档案馆收集归档的对象和范围,是按照进馆范围的规定,有计划、有组织进行的。

正确地确定科技档案的进馆范围,才能使专业档案馆有明确的归档对象,使馆藏有科学、合理的内容结构,并使专业馆和基层科技档案管理工作协调发展,以满足保管和利用的需要。确定进馆范围的主要因素有:专业馆的性质和任务决定进馆科技档案的专业内容;进馆范围应考虑科技档案分级管理原则,使各级专业档案馆在进馆范围上有一个明确的分工。进馆档案应是本专业需要长期永久保存的重要科技档案,对有关的重要资料和文书档案及其他档案也应收集归档。

二、 科技档案鉴定工作

≫≫（一）科技档案鉴定工作的内容

科技档案鉴定工作是业务管理工作的内容之一。这项工作就是鉴别科技档案的现实和历史价值,根据价值的大小确定保管期限,把没有和失去保存价值的科技档案剔除销毁。主要通过归档鉴定与管理鉴定两个工作过程进行。

（1）归档鉴定是在科技文件材料归档时，由有关的科技业务部门对所归档的材料进行一次鉴定。它要决定归不归档的问题，另外还要确定归档文件的保管期限，即第一要鉴定科技文件材料有没有保存价值，第二要鉴定科技文件材料价值量的大小。

（2）管理鉴定是在科技文件材料归档以后，科技档案部门在管理工作中，定期对科技档案进行的鉴定工作。这一步鉴定工作要解决的问题是：已过了保管期限的科技档案，有没有继续保存下去的必要；若还有利用价值，应当保存多久；如果已完全失去价值，应当怎样处理。即审查已过保管期限的科技档案的价值，把失去价值的科技档案剔除销毁。

》（二）科技档案鉴定工作的意义和要求

1.科技档案鉴定工作的意义

（1）通过鉴定工作，可以突出重点，便于重点保护。

（2）提高库藏科技档案质量，便于发挥科技档案的作用。

（3）通过鉴定工作，可以检查和促进科技档案业务管理各环节的工作。

（4）通过鉴定工作，可以锻炼和提高科技档案人员的业务能力。

（5）鉴定工作把失去价值的档案剔除销毁，可减少工作量，节省开支。

2.科技档案鉴定工作的要求

科技档案鉴定工作，直接关系到科技档案的存毁命运，是一项专业性、技术性很强的工作，必须严肃对待。做好这项工作，应当符合下列要求：

（1）认真贯彻执行国家关于科技档案鉴定工作的规定。科技档案管理机构，应根据国务院批准颁发的《科学技术档案工作条例》的原则，制定本专业系统的科技档案价值鉴定的原则、标准和保管期限表，作为科技档案鉴定的依据；建立科技档案鉴定工作的专门组织：鉴定小组或鉴定委员会；严格执行科技档案报废销毁的审批手续。

（2）单位技术管理制度必须明确列入科技档案鉴定工作。科技档案鉴定工作专业性和技术性都很强，单纯依靠档案人员做不好这项工作，必须发挥科技领导干部和有关技术骨干和科技档案人员的集体作用，有领导、有计划、有步骤地进行，保证鉴定质量。

（3）用正确的观点判定科技档案价值和划定保管期限。不仅要考虑科技档案对本单位是否有用，还应考虑到对其他单位、对整个国家科技文化事业是否有用；从时间上既要考虑现在，又要考虑到未来；不仅考虑到使用价值，还应兼顾研究价值和教育价值；不仅看到科技水平发展上的先进性，还应考虑我国当前科技发展的实际状况等。

科技档案是历史的记录，它的产生与历史条件分不开，反映了一定历史时期的科学技术水平。特别是某些有代表性的科学技术发明创造或典型的生产、建设项目，其科技档案可能有一定的政治、历史或科技研究的价值。

》》（三）科技档案价值的鉴定

1.科技档案的价值决定它的保管期限

科技档案鉴定工作的内容主要就是鉴定科技档案的价值,并由价值的大小决定存毁或保管期限。科技档案保管期限,一般分为永久保存、长期保存和短期保存三个档次。我们把科技档案价值的大小叫作价值量,它的大小是相互比较产生的。价值量越大,则保管期限越长。

2.确定科技档案价值量的几个因素

（1）技术因素:鉴定科技档案时,首先要看档案技术水平的高低。技术水平越高,则价值量越大。这是决定价值量的首要因素。

（2）功能因素:相同的科技档案对不同的单位机构,功能作用不同。如一项工程建筑设计档案,对设计单位来说可能已失去先进性,但对建筑物拥有单位在使用、维修、改建、扩建、恢复方面还有重大依据作用。

（3）作者因素:国内外著名专家和学者形成的科技档案、委托国外设计的项目、引进的专利和生产线、合资项目、中央直属企业、科研单位所编制的科技档案价值量就大。

（4）时间因素:古代遗留下来的一张图稿,一个水文、气象的数据,一个家传秘方。哪怕是十分简单、孤立而没有联系、没有理论根据,在今天看来都具有很大的价值。可以说"时间"赋予了它价值量。

（5）典型因素:应当把记录人类科技发展史的具有代表性的、典型性的、纪念性的成果的档案保存下来。在单位和专业系统内,应把具有典型意义的科技档案保存下来,如江南造船厂建成我国自行设计制造、全盘国产的第一艘万吨远洋货轮"东风号",标志着我国船舶工业的发展新阶段,在造船史上具有里程碑性质,在造船专业上有典型性,因而它的科技档案应当永久保存。

》》（四）科技档案鉴定工作的组织和方法

1.科技档案鉴定工作的组织

《科学技术档案工作条例》第十七条规定,鉴定工作要在总工程师或科研负责人的领导下,由科技领导干部,熟悉有关专业的科技人员和科技档案人员共同进行。

（1）鉴定工作组织:鉴定工作的组织是由科技领导干部、科技工作人员和科技档案人员组成的鉴定小组或鉴定委员会进行的。其成员必须熟悉本单位生产、技术、科研、设计和科技档案内容。各单位鉴定小组要由总工程师领导,实际上鉴定小组是一个专家小组,只有这样才能保证鉴定质量。

（2）鉴定小组的任务:一是组织参加鉴定工作的人员学习国家和本专业系统制订的有关鉴定科技档案的规定;二是根据上级有关规定,结合本单位实际制订本单位鉴定计划,做好鉴定准备工作;三是确定鉴定目的、范围、标准等,制订本单位科技档案保管期限表;四是重新审定已到保管期限的科技档案;五是把本单位失去保存价值但对其他单位仍有利用价值的科技档案编制清册进行移交;六是承办失去保存价值的科技档案的销毁工作。

2.科技档案鉴定方法

(1)确定科技档案保管期限的原则。《技术档案室工作暂行通则》第十九条规定,确定科技档案保管期限的原则是:凡是在工作查考、经验总结、科学研究等方面具有长远利用价值的科学技术档案都应该永久保存;凡是在一定时期内具有保存价值的科学技术档案,都可以定期(长期或短期)保管;凡是介于两种保管期限之间的科学技术档案,其保管期限一律从长。

(2)科技档案鉴定方法。科技档案鉴定采取直接鉴定法。《科学技术档案工作条例》第十七条中规定,鉴定的方法是直接鉴定档案的内容。直接鉴定法要求鉴定人员直接翻阅科技档案,对每一个保管单位内的文件材料,逐份逐张地进行审查和评定其价值。

鉴定可分"个人初鉴"和"集体审查"两步进行。第一步是由鉴定小组成员按分工,分别审阅档案材料内容,将鉴定意见填写在科技档案鉴定表上。一份完整的鉴定意见应包括以下内容:科技档案材料形成的背景情况,材料内容所反映的技术水平和历史、现实价值;其他有关情况;对存毁或保管期限的建议。第二步是在个人初步鉴定的基础上,由鉴定小组负责人召集全体成员对鉴定表进行逐个审查,分析比较,并听取鉴定人对有关问题的说明,最后形成集体意见,由鉴定小组负责人在鉴定表上填写"鉴定小组意见"。集体审查时,一般只分析讨论鉴定表,如遇不明确问题或意见不同时,才调卷再一次进行直接鉴定。

》》(五)科技档案保管期限表

1.科技档案保管期限表及作用

科技档案保管期限表,是鉴定科技档案价值,确定其保管期限的依据和标准。它是根据国家确定的有关档案鉴定工作的规定、制度和划分保管期限的基本原则,把一个专业系统或一个单位的科技档案概括成若干条款后所列成的表格,在表中对各个条款中的科技档案列出名称、种类、内容、来源等并分别明确规定出保管期限。

鉴定工作中,在划分科技档案保管期限时,需查问对照该表,并以该表所规定的保管期限为标准。所以它像字典一样,是用来划分科技档案保管期限的一种工具。编制科技档案保管期限表的目的,是保证鉴定工作的质量,提高鉴定工作的效率,使参加鉴定的人员有统一的具体的准绳,避免因个人认识理解不同,掌握尺度不一而造成鉴定错误。

2.类型和结构

科技档案保管期限表有专业系统和基层单位两种类型。

（1）专业系统科技档案保管期限表，是一个专业系统科技档案鉴定工作的指导性文件。由中央各专业主管机关根据《科学技术档案工作条例》和《技术档案室工作暂行通则》（以下简称《通则》）的规定，结合本专业系统科技档案的具体情况制定。《通则》规定，中央各主管机关负责编制本专业的技术档案保管期限表，经本机关领导人批准以后执行，送国家档案局备查，并抄送各省、自治区、直辖市档案管理局（处）。

（2）基层单位科技档案保管期限表，是各企、事业单位，根据本专业系统科技档案保管期限表，结合本单位具体情况编制的。一般比较详尽，是专供本单位鉴定工作使用的。经本单位领导批准后执行，并报送上级主管机关和当地档案管理部门备查。

（3）科技档案保管期限表一般由文字说明部分和条款部分组成。

①文字说明部分一般放在前面，对使用保管期限表起指导作用。主要内容有编制依据、确定保管期限的原则、适用范围、使用方法、注意事项等。

②条款部分，是科技档案保密期限表的主体，一般由顺序号、条款名称、类和属类、保管期限、备注等项内容组成（具体内容参照文书档案保管期限表）。

≫（六）科技档案的移交和销毁

科技档案经过鉴定后，某些在本单位确已失去保存价值的科技档案可剔除处理，处理办法有两种，即移交和销毁（具体内容参照文书档案的移交和销毁）。

任务三 科技档案整理与编目

一、 科技档案的整理工作

≫（一）科技档案整理工作及其内容

1.科技档案的整理工作

科技档案的整理工作，就是按照一定的原则和方法，对科技档案进行系统整理和编目，并通过编目将其内容与成分揭示出来的一种工作。科技档案的系统整理，包括对科技档案的科学分类、组织、保管单位和有秩序的排列。

2.科技档案整理工作的内容

科技档案全部整理工作，是通过归档前将科技文件材料组成保管单位，并将保管单位进行基本编目，然后在归档后进行的工作。整理内容包括分类、排列和编档案号，由科技档案部门独立完成。

≫（二）科技档案整理工作的意义

（1）整理工作是科技档案业务建设的中心环节。在科技档案工作六项环节中,收集归档是起点,利用是目的,整理、鉴定、保管和统计是业务建设。在业务建设中整理是中心环节。通过整理工作,才能实现系统化和条理化,才能揭示出科技档案内容和成分,才能进行定位和排架,将保管单位位置固定下来。这样,便于检验收集质量,查漏补缺;便于保管单位之间比较鉴别,正确判断保存价;便于保管和统计;便于查找与利用。

（2）整理工作是科技档案能够发挥作用的前提条件。经过科学整理的科技档案,能够保持它内部相互之间的有机联系,揭示出它的内容和成分,能使科技档案工作者易于了解和熟悉所管科技档案,从而能够准确、迅速地提供利用。同时也便于需要利用科技档案的有关人员查找科技档案,使科技档案更好地发挥其经济效益和社会效益。

≫（三）科技档案整理工作的基本原则

科技档案整理工作的基本原则是遵循科技档案的自然形成规律,保持科技文件材料之间的有机联系,便于保管、保密和提供利用。

（1）遵循科技档案的自然形成规律,保持科技文件材料之间的有机联系。科技档案是科技、生产活动的产物,科技、生产活动有本身的客观运动规律和一定的科学程序。遵循自然形成规律,就是按照科技档案的"固有的次序"来进行分门别类,以维护和保持档案材料间的内在的客观的联系。按照"固有的次序",进行自然的分类、排列,不能主观地将具有有机联系的成套科技档案任意拆散,或者把没有任何关联的科技档案拼凑在一起。

（2）便于保管、保密和提供利用。科技档案由于制成材料不同、形式不同、密级不同,都要通过整理工作加以区别。在整理工作中,不仅要注意保持其各自的有机联系,还应从便于管理的角度,考虑如何保护科技档案,不可不加区分地将不同种类的档案材料硬归到一起。

二、　科技档案的分类

分类是整理工作的第一步,也是整理工作的中心。正确的分类,是组织保管单位和编目的基础,并为编制检索工具,做好利用工作创造条件。科技档案的生产技术部门和科技档案管理部门,要在通盘考虑单位应当形成的全部科技文件材料的基础上,遵照科技档案整理工作的原则,编制本单位科技文件材料分类方案和科技档案分类方案,作为指导科技档案分类的依据。科技档案的分类,是根据科技档案的性质、内容、特点及相互之间的联系,把科技档案划分成一定的类别,从而使全部科技档案形成一个具有一定从属关系(纵向)和平行关系(横向)的不同等级的系统。

≫ (一)分类的要求

科技档案的分类方案,实际上是按单位全部科技档案的类目表,它可以用文字或图表来表明科技档案类别的划分、排列及其纵横关系。每个科技档案室都应依据分类方案指导科技档案的分类以至编目。在分类方案的基础上再分两个步骤进行:第一步,将科技档案室的全部科技档案按照科技档案的种类划分若干大类;第二步,就是在第一层次的类中往下再分属类。制订分类方案应符合下列要求:

1.严整性规则

科技档案分类的结果,是形成一个具有一定从属关系和平行关系的不同等级的系统。严整性要求表现在纵向的从属关系和横向的平行关系两个方面。

从纵向的从属关系来说,它表示大类和它所展开的各级属类之间的关系,即上位类和下位类的关系,两者之间是总体和部分的关系。

从横向的平行关系来说,它表示同一分类层次上的各类目之间的关系,即同位类之间的关系。对于同位类,相互之间是互相排斥的关系,只能并列、平行,而不能交叉重复。

2.效用性规则

效用性规则要求科技档案分类要适应科技档案及其管理的特点,追求分类的整体适用效果。在不影响分类科学性的前提下,灵活确定分类层次、设置分类类目,满足科技档案科学管理和方便利用的需要。

3.稳定性规则

科技档案的分类,往往牵动着科技档案管理的全局。如果分类发生变化,则会导致相关工作的变化,有些甚至需要从头做起。因此,不论是基层科技档案机构还是科技专业档案馆,对科技档案的分类,必须保持较长时期的稳定,不宜经常地或频繁地变更分类方法和分类体系。但是,形成科技档案的科技生产活动不是一成不变的,科技生产活动的调整或改变,必然导致科技档案这一分类对象的变化,无论是分类方法,还是分类方案,适时地进行变动、完善也是必需的。

进行分类时要注意以下问题:

(1)分类方案应与本单位科技文件材料的分类方法一致。

(2)分类要符合科技档案形成单位生产活动的性质和特点。

(3)要遵循科技档案的自然形成规律,保持文件材料之间的有机联系。

(4)同一种科技档案的分类标准应当一致。

(5)分类层次不宜太多、太复杂,一般分到二、三层即可。

(6)分类应力求按系统、按专业实现标准化。

》》（二）分类的方法

科技档案的分类方法主要有以下六种：

1.按工程项目分类

按工程项目分类，就是把一个单位内的全部工程档案按其属性划分为类和属类，它适用于工程设计单位、城建档案馆和工矿企业的基建档案，在设计单位和城建档案馆，由于保存的工程项目较多，可先分大类，每个大类中再分属类，每个属类中还可分若干个单项或子项工程，每个单项或子项工程内又可分为专业。

2.按产品型号分类

按产品型号分类，就是在本单位全部产品档案范围内，以各个独立的产品档案为基础，按其产品型号逐级划分类别。这种方法适用于复杂的产品档案，便于按照不同型号的产品或设备提供成套的科技档案。

3.按专题分类

按专题分类，就是以一个科研课题为基础，结合其所属专业进行划分。这种分类方法适用于科学技术研究档案，便于按照不同课题保存和提供成套的科技档案。

4.按专业分类

按专业分类，就是根据科技档案内容所反映的不同专业性质来划分科技档案的类别。这种分类方法，主要适用于专业化、标准化或通用性较强的科技档案，将同一专业性质的有关科技档案集中在一起，便于专业人员从本专业角度上查找利用档案。

5.按地域分类

按地域分类，就是根据科技档案内容所反映的地理区划作为划分类别的依据。这种分类方法适用于地质、测绘、水利、林业和城乡规划等部门所形成的档案，便于按地理区域查找和利用科技档案。

6.按时间分类

按时间分类，就是根据科技档案所记载的一定时间（年代）为标准，划分科技档案的类别。一般是按年份大类，每年之内再按专业分若干属类，每一属类内再按月分小类，便于按时间的周期和形成的内在规律性查找利用科技档案。

上面六种分类方法，在应用时要根据本单位的工作性质、特点，形成的科技档案的性质、特点去灵活运用，也可以两三种方法结合起来分类。但分类的原则是一致的，应该保持各大类科技档案内部之间的有机联系、能反映科技档案的形成规律、有利于完整成套地提供利用。

三、 科技档案的编目

对科技档案的系统整理和编目简称"整编"。如果只整理而不编目，那么一经移动就会搞乱,也无法查阅调卷,若不经过系统整理,对杂乱无章的一堆科技文件材料也无法编目、无法利用。科技档案的编目,包括对保管单位的编目和编制科技档案目录的工作。

科技档案目录,是以保管单位为对象进行登记编制的,实际上是保管单位的名册,它应当是保管单位上架的排列顺序表。它是科技档案整理工作的最后一道工序。其作用是固定科技档案分类、排列的顺序和位置,便于统计、保护和查找利用。

科技档案目录主要有总目录和分类目录两种。

≫(一)科技档案总目录

科技档案总目录,实际上是科技档案总登记账,是按照科技档案归档时间的先后顺序,以保管单位为对象进行登记的,因此,也称大流水账。

≫(二)科技档案分类目录

科技档案分类目录,是严格按照科技档案分类、排列的次序,以保管单位为对象进行登记的目录。科技档案分类目录,形式上有簿式和卡片式两种。

(1)簿式分类目录:是将科技档案按分类、排列的顺序登记在簿册上。一般是按分类表,每类一册或每属类一册。这样比较节约,便于分发查考,也便于统计。

(2)卡片式分类目录:是每个保管单位填一张卡片,卡片按类别与顺序放入卡片柜的抽屉内,各类之间用不同颜色的指引卡隔开。其优点是比较灵活,科技档案增减时,可随时调整,查阅也比较方便。

科技档案室一般都应编制科技档案总目录。

≫(三)科技档案排架

科技档案排架,是指按照预先确定的方法和秩序,将进入库房的科技档案摆放在相应的档案柜架上实行定位管理,是科技档案形成库藏、丰富库藏、调整库藏的具体步骤和措施,也是保持正常库藏秩序的先决条件。常见的排架方法有分类排架法和流水排架法两大类。

1.分类排架法

分类排架法是在科技档案分类的基础上,严格按照科技档案的类别、项目及项目内案卷排列顺序即分类体系排列案卷的方法。

分类排架法的优点:科技档案线索清晰,界限明确,档案工作者容易熟悉情况,全面掌握库藏,特别是因为科技档案的整理方法与排架方法统一,所以便于按类索卷,常常不需要通过检索工具即可迅速、准确地直接在库房中找到所需要的案卷。分类排架法的缺点:每个层次的每个类别在排完架后都还需预留一定的空位,以便将来补排新入库的科技档案,柜架的利用不够充分;空位的预留又往往带有一定的盲目性,经过一段时间后会因预测不准、预留不够而需要“倒架”,增加科技档案管理的工作量。

2.流水排架法

流水排架法,一般分为大流水排架和小流水排架两种。

大流水排架法这种形式,因在排列上架时不必为不同种类的和不同项目的科技档案预留位置,不必"倒架",因此可以充分地利用柜架设备。但它不便于按种类进行统计,不便于科技档案的鉴定和成套利用,往往需要借助于检索工具才能较方便地调卷。

小流水排架法又称分类流水排架法,是指先将科技档案进行初步(一般是一级)的分类,然后在各类内流水排列科技档案案卷的方法。小流水排架法是介于分类排架法和大流水排架法两者之间的一种方法。

四、 编制科技档案号

科技档案号,是指科技档案案卷的编号或代号。它是科技档案部门用来反映科技档案分类层次和保管单位排列顺序的一组符号,是科技档案分类号和案卷顺序号的组合体。有了档案号,既便于保管又便于查找调阅科技档案。

产品、基建、设备仪器类档案号由目录号、分类号、项目(型号)代号、案卷顺序号构成。产品档案号如图 3-1 所示。

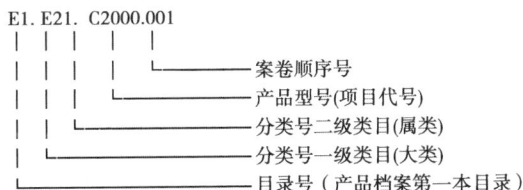

```
E1. E21. C2000.001
 |   |    |    |   |
 |   |    |    |   └──────── 案卷顺序号
 |   |    |    └──────────── 产品型号(项目代号)
 |   |    └───────────────── 分类号二级类目(属类)
 |   └────────────────────── 分类号一级类目(大类)
 └────────────────────────── 目录号(产品档案第一本目录)
```

图 3-1　产品档案号标识方法

≫ (一)科技档案号的编制要求

(1)科技档案号。要能反映出经过系统整理后的科技档案的秩序,并同科技档案分类方案的结构层次相一致。

(2)科技档案号。由代字和代号组成。代字使用汉字或汉语拼音字母,代号使用阿拉伯数字。

(3)科技档案号应力求简明,不要过于复杂。

≫ (二)科技档案号的编制方法

科技档案号的设计,是同编制科技档案分类方案同时进行的,在科技档案分类之后,再具体地为每个案卷填写。

(1)编制同科技档案分类有关的代字、代号表。首先为科技档案分类方案中的大类编代字或代号。代字以汉语拼音字母充任。方法有两种:一种是以科技档案大类名称的第一个汉字的声母,作为该类科技档案的代字。如与其他大类代字重复,则选用第二个字声母或种类名称中具有代表性含义的汉字的声母作为代字。

（2）确定科技档案号的编制结构，填写档案号。科技档案号是根据科技档案分类代字、代号的选用为根据的，编制结构形式有两种：一种是分类全用代号表示，档案号中不出现字母，称为单纯号码制；另一种分类有代字，档案号中既有字母又有数字，称为混合号码制。

科技档案号的基本模式是档案号＝分类号＋顺序号（参见文书档案号编写相关内容）。

任务四　产品档案整理与编目

工业生产技术档案也称工业产品档案，简称"产品档案"，是在工业产品设计、研制活动和生产制造活动中形成的科学技术档案，主要产生于工业产品的设计部门和工矿企业单位。

工业产品档案内容十分丰富、专业极其繁多、形式多种多样。简单说，五花八门的工业产品世界，有多少种工业产品就有多少种工业产品档案。从各种机床、车辆、飞机、船舶到采矿机械、起重机械等机器或机械产品；从电视机、录音机、计算机、雷达等电子产品，到冶金、石油、化工产品，从纺纱织布、衣帽鞋袜到陶瓷器皿等。在所有这些不同专业的工业产品设计、研制和生产、制造活动中形成的科学技术档案，都是产品档案。

一、　产品档案归档范围及保管期限

产品档案的特点之一是以型号成套。一个型号产品的档案，是具有有机联系的整体。构成这个整体的基本文件一般包括技术任务书、设计和研制文件、工作图（底图和蓝图）、工艺文件、检验文件、定型和总结文件等。

≫（一）归档范围

（1）产品型号规格。

（2）设计文件，包括设计图、计算文件、技术条件、说明书。

（3）工艺文件，包括工艺总方案，工艺流水分工原则，路线材料消耗、检验、生产、技术目录式文件，生产工艺规程等。

（4）工装文件，包括工艺装备图样、工具（刀具、量具、夹具、模具）等。

（5）鉴定文件。

≫（二）保管期限

产品档案保管期限的制订，各厂矿企业可按照《国有企业档案管理暂行规定》《工业企业档案分类试行规则》要求,结合本单位的实际编制保管期限表。

二、　产品档案整理方法

产品档案的整理工作,就是按照一定的原则和方法,进行分类、组卷、系统排列、著录编目和编写形成说明书的工作。

≫（一）分类

各种产品,一般由科研单位研制成功,然后转交给工厂投产。也有工厂通过国外引进或自行设计、试制,经过国家鉴定验收后投产的。对于这种产品档案,尽管分类时已经遵循和吸收了各自不同型号所反映的企业、品种、结构、功能等因素,但由于生产的周期和产量不同,在采用分类方法上也有一定的差异,大多采用以下三种方法:

(1)专用产品分类法。

(2)通用产品分类法。

(3)简单产品科学技术档案分类。

≫（二）组卷

同一产品型号内,包含产品从开发、设计、工艺、工装、加工制造、检验、包装、商标广告和产品评优的全过程,在组卷的时候,要保持它们之间的有机联系,注意以下几点:

(1)一个完整成套的产品文件材料,可以组成一个案卷,如果文件材料数量较多,也可以按其内在联系,分开组成若干个案卷。

(2)不同价值和不同机密程度的产品文件材料,在保持其固有的内在联系前提下,要适当地分别组成案卷。如果有损于保持产品文件材料的有机联系,就不要硬性分开。

(3)注意便于保管和提供利用。

≫（三）卷内产品档案材料的排列

1.图样材料的排列

机械产品的图样材料,一般都反映出一定对象的结构隶属性。因此,可以按照图样的隶属关系进行系统排列。

2.文字材料的排列

卷内文字材料的排列方法中,按时间先后排列和按问题重要程度排列这两种方法采用得比较多,适用范围较广,也可以与其他排列方法结合起来运用。

3.图文交错材料排列

图文交错混合组成的案卷,其卷内材料的系统排列,一般采取以下两种方法:

（1）如果卷内的文字材料是对整个案卷的全貌进行说明或指示的,要排在图样材料的前面。

（2）如果卷内的文字材料只是对本卷内的图样材料进行补充或局部性的一般说明,图样材料应当排列在前面,文字材料要排在图样材料的后面。

▶▶ (四)装订

产品档案装订是一项细致具体的工作,在满足长期保存的要求时,要突出美观、方便的效果。具体要求是:

（1）案卷可采取装订和不装订两种形式,如果一个案卷内文字材料占多数,图纸数量较少时,采用装订的形式,装订采用三孔一线的方法。如果一个案卷内全部是由图纸组成的,可采取不装订的形式,按照卷内目录的编排次序排列有序,图纸折叠呈手风琴"风箱"式,折叠后的尺寸应是 297 mm×210 mm,并在每张图纸的背面盖上档号章。

（2）案卷装订前要对卷内文件材料进行全面检查,材料不完整的要补齐;对破损的文件材料应按裱糊技术要求托裱;字迹已扩散的或用圆珠笔复写的应复制并与原件一起立卷;订口过窄或有字迹的要粘贴衬纸,纸张过大的材料要修剪折叠。加边、加衬纸、折叠后的尺寸应是 297 mm×210 mm。

（3）文件材料上的金属物必须去掉。

▶▶ (五)案卷的排列

案卷的排列按同一产品型号规格进行排列,并保持其内在联系。

三、 产品档案编目

产品档案的编目是以一定的形式固定产品档案系统整理的成果,揭示档案的内容特征和形式特征的一项工作。编目主要包括卷内档案材料的页号、卷内目录、备考表以及案卷的封面、背签等工作。

▶▶ (一)编页号

编页号,就是对档案按页(张)编制顺序号。编页号的具体方法,是在档案顺序确定的基础上,用号码机将号码依次订在档案每一页的右下角或背面的左下角,统一采用阿拉伯数字,从"1"开始标注。

▶▶ (二)编制卷内目录

编制卷内目录是对卷内每一份产品档案编制清单,卷内目录的内容一般包括:

（1）序号,指该份材料在卷内的排列顺序;

（2）文件编号,指产品档案文件在编制过程中的编号;

（3）责任者，指产品档案文件编制的单位名称；

（4）文件材料题名，指产品档案文件的具体名称；

（5）日期，指产品档案形成的日期；

（6）页次，指产品档案在卷内的起止号件，要标出起止号；

（7）备注。

凡是在编制时就已经形成目录的产品档案，比如成套的图样材料，且目录是打印的，在编制时可以尽量利用原有的目录清单。

≫（三）编制备考表

备考表，是用来记载和说明本卷产品档案归档前后基本情况和演变过程的一种工具。

≫（四）编制案卷封面

产品档案封面，是以一定的形式简要介绍卷内产品档案的一种载体。案卷封面直接关系到产品档案的提供利用，一定程度上起到保护档案的作用。案卷封面的内容项目，大体由三个部分组成：

1.案卷题名
案卷题名应反映以下内容：产品名称、产品档案的内容（结构）、文件材料的名称，如任务书、协议书、说明书等。

2.案卷管理性的内容项目
其主要包括编制日期、归档日期、页数、保管期限和密级，都置于封面的下方。

3.档号
档号即档案馆（室）在整理和管理产品档案过程中，以字符形式赋予档案的一组代码。档号是存取档案的标记，并具有统计监督作用。档号标在产品档案案卷封面的左上角，便于档案的保管和提供利用。案卷封面的项目采用电脑打印。

≫（五）编制案卷背签

为了揭示卷内产品档案内容，提供档案保管和查找的线索，应该编制案卷背签。背签包括档号、案卷题名等项目。

≫（六）档号的编制

对不同编号对象应赋予不同代码，一个代码只表示一个编号对象。档号结构必须与档案的整理分类体系相适应，档号一经确定，一般不应随意改变。产品档案档号结构：类别号—型号规格—案卷号—件、页（张）号。

任务五　基建档案整理与编目

　　基本建设档案简称"基建档案",是在各种建筑物、构筑物、地上地下管线等基本建设工程的规划、设计、施工和使用、维修活动中形成的科技档案。基建档案,按建筑对象性质的不同,可划分为三种:一是工农业生产性基建档案,如厂房建设、矿井建设、电站建设、铁路和公路建设、农田水利工程建设等形成的科技档案;二是国防军事工程的基建档案,如军事要塞、堡垒以及军事指挥、通信等工程建设形成的科技档案;三是民用工程的基建档案,如机关办公楼、学校、商店、宿舍等工程建设形成的科技档案。

一、　基建档案整理

　　基本建设项目档案的整理工作,就是按照一定的原则和方法,对基本建设项目档案进行系统排列、著录编目和编写形成说明书的工作。

≫（一）分类

　　基建档案主要按工程项目或建设项目分类。

　　按照工程项目进行分类,就是将一个工程项目的全部科技档案集中在一起,再按专业或其他特征划分不同层次的类目,反映出工程项目的全貌,便于不同项目基建工程档案的提供利用。

≫（二）组卷

　　基建工程项目档案保管单位的组织,应当在科技档案整理工作的基本原则下进行,必须符合以下要求:

　　(1)组卷要遵循基建文件材料的形成规律,保持案卷内基建文件材料的系统联系,并要便于档案利用和保管。

　　(2)装具内的基建档案材料应有一个数量界限,将档案材料组成一卷或若干卷。一般厚度应为该装具厚度的3/4。

　　(3)装具内的基建档案材料的保存价值应该基本相同。保管单位的组织,要在保持有机联系的前提下,根据档案材料的不同价值和密级程度,适当地分别组成案卷。如果两者发生矛盾,应当以保持有机联系为主,不必硬性分开,而在保管和提供利用时,以价值低服从价值高、密级低服从密级高的原则处理。

　　(4)基建档案装具的形式,主要有卷、册、袋、盒四种。一般来说,基建档案的文字材料以卷的形式为主,图样材料以袋、盒的形式为主,音像材料以册、盒的形式为主。应该根据基建档案的制成材料和具体形态选择合适的装具,力求整齐美观,牢固耐用。

≫（三）案卷内文件材料的排列

（1）基建档案文字材料的排列,按基建工程项目自然形成过程进行排列。例如,某卷是基建工程依据性材料,其排列顺序是:项目建议书及批复→可行性研究报告→项目评估→环境预测、调查报告→设计任务书、计划任务书。

（2）基建档案图样材料的排列:总体布置图→系统图与平面图（或立面图、解剖图）→大样图。

（3）基建档案文字和图样交错材料的排列:如果文字材料是对整个工程项目作基本的全面说明或指示的,放在图样的前面。如果文字材料只是对图样材料的补充或一般说明,图样材料应排在前面,文字材料排在后面。

≫（四）装订

基建档案案卷可采用装订和不装订两种形式。装订具体要求可参照"产品档案"的装订。

≫（五）案卷的排列

基建档案案卷的排列以一个工程项目为单位,按依据性材料、基础性材料、工程设计（含初步设计、技术设计、施工设计）、工程施工、工程竣工验收等顺序排列。

二、 基建档案编目

基建档案编目是以一定的形式固定基建档案系统整理的成果,揭示档案的内容特征和形式特征的一种工作。具体内容参见"产品档案整理方法"。

（1）编页号。基建档案在形成时,已经标有顺序号,可以不另外编号,比如成套的基建图样材料、单份独立的技术文件等。只有在基建档案材料没有统一顺序号,或者编号顺序不统一、不连贯或者编号出现错误时,才需要统一编制页号。

（2）编制卷内目录。它就是对卷内每一份基建档案编制清单（计算机打印）。在编制时就已经形成目录的基建档案,比如成套的图样材料,且目录是打印的,在编制时可以尽量利用原有的目录清单。

（3）编制备考表。备考表是用来记载和说明本卷基建档案归档前后基本情况和演变过程的一种工具。

（4）编制案卷封面。

（5）编制案卷背签。

（6）档号的编制。

基建档案档号结构为类别号—项目号—件、页（张）号。不同编号对象应赋予不同代码,一个代码只表示一个编号对象。

档号结构必须与档案的整理分类体系相适应。档号一经确定,一般不应随意改变。

达标训练

知识训练

一、选择题(单项选择)

1.机械产品文件主要适用于按( )组织案卷。

　　A.结构　　　　　　B.部件　　　　　　C.阶段　　　　　　D.时间

2.科技文件的归档由( )承担。

　　A.档案部门　　　　B.科技业务部门　　C.文书部门　　　　D.所属部门

3.一般情况下,竣工图应由( )编制。

　　A.施工单位　　　　B.监理单位　　　　C.建设单位　　　　D.设计单位

4.产品档案的分类不常用的是( )。

　　A.使用性质—型号分类法　　　　　　B.型系列—号分类法

　　C.年度—型号分类法　　　　　　　　D.专业—项目分类法

5.在科技市场上,企、事业单位之间的有偿技术转让和技术交流,一般是通过( )实现的。

　　A.科技文件　　　B.科技档案原本　　C.科技档案复制件　　D.科技资料

6.对大型工程或设计周期比较长的工程,为维护工程设计档案的完整,保证收集工作的质量,一般实行( )收集归档。

　　A.设计结束后一次性　　　　　　　B.分年度

　　C.分阶段　　　　　　　　　　　　D.由科技档案部门

7.特长幅面底图的保管方法更适合采用( )。

　　A.卷放　　　　B.平放　　　　C.装订保存　　　　D.折叠保存

8.工程设计档案反映( )。

　　A.施工设计活动　B.工程监理活动　C.工程施工活动　　D.工程验收活动

9.科研档案的收集,要做好( )和成果鉴定两个环节的收集工作。

　　A.科研课题立项　B.年终总结　　C.科研课题审批　　D.科研课题设计

10.在排列案卷内科技文件时,按( )排列的方法主要适用于基本建设工程图样的排列。

　　A.时间顺序　　B.重要程度　　C.习惯　　　　　D.总体和局部关系

11.在科技文献中直接记录和储备原生信息的是( )。

　　A.科技图书　　B.科技档案　　C.科技情报　　　　D.科技资料

二、判断题(判断正确与否并简要阐明理由)

1.科研档案的利用可以转化为生产力。　　　　　　　　　　　　　　　( )

2.暂不申报或中断、停止的研究课题,可不归档。 （　）

3.工程建设在前,基建档案工作可以滞后进行。 （　）

4.基建档案文字材料的排列要求:正件在后,附件在前;印件在后,原稿在前;批复在后,请示在前。图纸按图的类别序号排列。 （　）

5.机器设备档案应该在设备安装调试完毕后立即归档。 （　）

6.科技档案按其产生领域,可以分为基本建设档案、科研档案、产品档案、设备仪器档案等。 （　）

7.科技档案与文书档案相比,前者主要产生经济效益,而后者主要产生社会效益。 （　）

8.根据科技档案分类的统一规则的要求,在一个单位内,所有的科技档案应按照同一标准进行分类。 （　）

9.科技文件应根据其成套性的特点进行排列,卷内文件应图样在前,文字在后排列。 （　）

10.科技文件卷内目录中的责任者,应填写科技文件的形成部门,或者填写部门、项目的主要负责人。 （　）

三、简述题

1.简述科技档案分类方案的编制程序。

2.何谓科技档案号,它有哪些种类及作用?

3.简述科技档案工作的基本原则。

4.确定科技文件归档份数要考虑哪些因素?

5.简述科技档案鉴定的善后处理工作内容。

能力训练

一、阅读下面材料,思考后,说一说。

（一）“计算书”要归档吗?

××设计院张工程师负责设计的产品投产了。档案员发现已经归档的设计文件中独缺“计算书”。张工程师认为,该计算书中凝结了自己的独创性劳动成果,自己享有知识产权。为此,在知识产权保护期内应该掌握在自己手中,不应立即归档,以免自己的知识产权易被他人侵占。

讨论:

1.他的观点正确吗? 行为正确吗?

2.应该如何正确理解归档的性质和意义?

3.有什么办法可以解除张工程师的忧虑?

（二）小王毕业后应聘到一家新成立的建筑设计公司任秘书,领导要他为本单位科技档案的收集建立一套制度。你如果是小王,应该如何开展这项工作?

二、根据下面给定材料,分小组,做一做。

（一）下列是已经完成分类的一些科技文件材料,请继续分别完成组卷整理工作:

按逻辑顺序排好顺序、编写卷内文件页码、填写卷内目录表与备考表、拟写案卷题名、填写案卷封面与侧面的要素内容(档案号、保管期限、卷内文件起止时间等)。

1.T省××集团公司关于Z项目立项的请示,形成于2018年6月7日,共2页,发文号:T省××集团发〔2018〕12号。

2.T省××集团公司关于Z项目建设的可行性分析报告,形成于2018年5月11日,共16页,发文号:T省××集团发〔2018〕09号。

3.某设计院关于Z项目勘察图,形成于2018年2月3日,A1图纸2张,图纸号:Z-01。

4.某省发改委关于2018年某省重大项目立项的通知(Z项目列入其中)形成于2018年12月12日,页数共8页,发文号:某省发改委字〔2018〕78号。

5.W设计院Z项目第一期建筑工程规划图,形成时间:2019年3月3日,A1图纸3张,图纸号:Z-1-01。

6.T省××集团关于Z项目第一期建筑工程招标公告,形成于2019年6月6日,共3页,发文号:T省××集团发〔2019〕06号。

7.T省××集团与Y承包建筑商工程项目建设合同,形成于2019年8月10日,共20页,合同编号:JJ-Z-T-201902。

……

(二)联系学校的资产设备处与科研处,进一步在实践中学习科技档案的整理工作。

知识拓展

学习资料一　科学技术档案工作条例
第一章　总　则

第一条　为了建立、健全科学技术档案工作,完整地保存和科学地管理科学技术档案(以下简称"科技档案"),充分发挥科技档案在社会主义现代化建设中的作用,特制定本条例。

第二条　科技档案是指在自然科学研究、生产技术、基本建设(以下简称"科研、生产、基建")等活动中形成的应当归档保存的图纸、图表、文字材料、计算材料、照片、影片、录像带、录音带等科技文件材料。

第三条　科技档案工作是生产管理、技术管理、科研管理的重要组成部分,各工业、交通、基建、科研、农林、军事、地质、测绘、水文、气象、教育、卫生等单位(以下简称"各单位"),都应当把科技档案工作纳入生产管理工作、技术管理工作、科研管理工作之中,加强领导。

第四条　各单位应当按照集中统一管理科技档案的基本原则,建立、健全科技档案工作,达到科技档案完整、准确、系统、安全和有效利用的要求。

第二章 科技文件材料的形成和归档

第五条 各单位应当建立、健全科技文件材料的形成、积累、整理、归档制度,做到每一项科研、生产、基建等活动,都有完整、准确、系统的科技文件材料归档保存。

第六条 各单位应当把科技文件材料的形成、积累、整理和归档纳入科技工作程序和科研、生产、基建等计划中,列入有关部门和有关人员的职责范围。

第七条 各单位在对每一项科研成果、产品试制、基建工程或其他技术项目进行鉴定、验收的时候,要有科技档案部门参加,对应当归档的科技文件材料加以验收。没有完整、准确、系统的科技文件材料的项目,不能验收。

第八条 一个科研课题、一个试制产品、一项工程或其他技术项目,在完成或告一段落以后,必须将所形成的科技文件材料加以系统整理,组成保管单位,填写保管期限,注明密级,由课题负责人、产品试制负责人、工程负责人等审查后,及时归档。

第九条 凡是需要归档的科技文件材料,都应当做到书写材料优良、字迹工整、图样清晰,有利于长久保存。

第十条 科技档案部门有责任检查和协助科技人员做好科技文件材料的形成、积累、整理和归档的工作。

第三章 科技档案的管理

第十一条 科技档案部门对接收来的科技档案,应当进行分类、编目、登记、统计和必要的加工整理。

国务院所属各工业、交通、科研、基建等专业主管机关(以下简称"专业主管机关"),应当拟定本专业系统的科技档案分类大纲。

第十二条 各单位应当建立和健全图纸更改、补充的制度。更改、补充图纸,必须履行审批手续。

第十三条 科技档案部门应当及时地提供科技档案为科研、生产、基建等各项工作服务,并编制必要的检索工具和参考资料。

借阅和复制科技档案要有一定的批准手续。

第十四条 各单位应当定期对科技档案的密级进行审查,根据上级的规定,及时调整密级,扩大利用与交流的范围。

第十五条 科技档案部门对科技档案的利用效果,应当进行必要的调查和建立借阅档案的统计制度。

第十六条 国务院所属各专业主管机关,应当编制本专业的科技档案保管期限表。科技档案的保管期限,分为永久、长期、定期三种。

第十七条 各单位应当定期做好科技档案保存价值的鉴定工作。鉴定的方法是直接鉴定档案的内容。鉴定工作要在总工程师或科研负责人的领导下,由科技领导干部、熟悉有关专业的科技人员和科技档案人员共同进行。

第十八条 要销毁的科技档案,必须造具清册,经单位领导审定,报送上级主管机关备案。销毁科技档案,要指定监销人,防止失密。

第十九条 保管科技档案必须有专用库房,库房内应当保持适当的温度和湿度,并有防盗、防火、防晒、防虫、防尘等安全措施。科技档案部门应当定期检查科技档案的保管状况。对破损或变质的档案,要及时修补和复制。

第二十条 科技档案部门对重要的科技档案应当复制副本,分别保存,以保证在非常情况下科技档案的安全和提供利用。

第二十一条 引进技术和设备的档案,由引进单位的科技档案部门统一管理。

第二十二条 凡是几个单位分工协作完成的科技项目或工程,由主办单位保存一整套档案,协作单位除保存与自己承担任务有关的档案正本以外,应将复制本送交主办单位保存。

第二十三条 凡单位撤销或变动,以及建筑物、构筑物、设备、仪器等转移使用关系时,其档案要妥善整理,并经领导人批准后向接受单位办理交接手续。

第二十四条 科技档案部门增添设备和用品的费用,分别从企业、事业单位的生产费、科研费或事业费中开支。

第二十五条 新建的企业、事业单位,应当同时建设符合要求的科技档案库房。

第四章 科技档案工作管理体制

第二十六条 国家档案局和各级档案管理机关应当加强对科技档案工作的指导、监督和检查。

第二十七条 科技档案工作必须按专业实行统一管理。国务院所属的各专业主管机关和省、自治区、直辖市人民政府所属的各专业主管机关,应当建立相应的档案机构,加强对所属企业、事业单位科技档案工作的领导。

第二十八条 国务院所属的各专业主管机关,根据需要建立专业档案馆,收集和保管本专业需要长期和永久保存的科技档案。

大中城市应当建立城市基本建设档案馆,收集和保管本城市应当长期和永久保存的基本建设档案。

专业档案馆和城市基本建设档案馆是科学技术事业单位。

第二十九条 大中型企业、事业单位要设立直属的科技档案机构;小型企业、事业单位可以设立单独的科技档案室,也可以设立文书档案和科技档案统一管理的档案室,或者配备专(兼)职人员管理。

各单位的科技档案工作,由领导生产、科研的负责人或者总工程师分工领导。

第三十条 专业档案馆或各单位的科技档案机构,根据需要可以兼管科技资料工作。

第五章 科技档案干部

第三十一条 国务院所属的各专业主管机关和省、自治区、直辖市人民政府所属的各专业主管机关都应当积极建设一支坚持社会主义道路,具有科技档案专业知识和懂得有关的科学技术,有一定工作能力的科技档案干部队伍。

第三十二条 科技档案干部要努力学习马列主义、毛泽东思想,认真执行国家的方针政策,刻苦钻研业务,不断总结经验,提高管理工作水平,积极为社会主义现代化建设服务。

第三十三条 各单位要给科技档案部门配备足够数量和能胜任工作的干部,还应当配备一定数量的科技干部,以保证工作的需要。

第三十四条 各单位要经常对科技档案干部进行保守国家机密的教育,检查遵守保密制度的情况。

第六章 附 则

第三十五条 国务院所属的各专业主管机关和省、自治区、直辖市人民政府所属的各专业主管机关,可以根据本条例的精神,结合本系统、本地区科技档案工作情况,制定实施细则。

第三十六条 本条例自发布之日起施行。过去有关规定与本条例有抵触的,以本条例为准。

国家经济委员会

国家基本建设委员会

国家科学技术委员会

国家档案局

一九八〇年十二月二十七日

学习资料二 工业企业档案分类试行规则

为了深化企业档案业务管理,提高现代化科学管理水平,促进企业档案工作的整体建设,更好地服务于企业生产、经营管理和技术进步,特制定本规则。

第一条 本规则规定了工业企业档案的分类原则、分类方法和类目设置及其所含基本范围。

第二条 本规则适用于全国工业企业档案的分类整理、组织案卷和排架管理。交通、邮电、建筑施工、农林和商业服务等企业也可参照执行。

第三条 工业企业档案分类原则是以全部档案为对象,依据企业管理职能,结合档案内容及其形成特点,保持档案之间的有机联系,便于科学管理与开发利用。

第四条 工业企业档案分类设置十个一级类目,即党群工作类、行政管理类、经营管理类、生产技术管理类、产品类、科学技术研究类、基本建设类、设备仪器类、会计档案类、干部职工档案类。特大型企业或生产程序特殊的企业,有些档案难以归入上述十大类目时,可根据实际需要增设一级类目。

第五条 工业企业档案分类二级类目按照企业管理职能和档案特点设置(详见附表),附表中设置的二级类目是工业企业档案分类的基本二级类目,企业可结合实际需要增设或减少二级类目。

第六条 工业企业档案分类二级以下类目设置,参照附表中的基本范围,结合行业特点和企业实际确定。工业企业档案分类层次不宜过多。

第七条　工业企业档案分类二级及二级以下类目的设置方法如下：

1.党群工作、行政管理、经营管理、生产技术管理类的二级及二级以下类目一般按问题或组织机构设置；

2.产品、设备仪器类的二级及二级以下类目按产品和设备仪器种类或型号设置；

3.科学技术研究类的二级及二级以下类目按课题性质或课题设置；

4.基本建设类的二级及二级以下类目按工程性质或建筑项目设置；

5.会计档案类的二级及二级以下类目按文件形式（名称）设置；

6.干部职工档案类的二级及二级以下类目按干部、工人分别设置，干部档案类目设置按《干部档案工作条例》有关规定执行。

第八条　工业企业档案分类中的类目标识符号不作统一规定。

第九条　声像、照片或其他非纸质载体形式的档案，其形成、反映的内容和作用与纸质载体档案有着不可分割的联系，一般不单独设置类目，可视其内容特征同纸质档案对应分类编号。考虑其载体形式和保管要求不同，应分库保管，其他则不作统一规定。

第十条　本规则于1992年起执行，这之前形成的档案，已经整理组卷的维持不动。

第十一条　各地区、各部门可结合自身的实际情况，制定实施细则和分类编号方案。

第十二条　本试行规则由国家档案局负责解释。

（国家档案局一九九一年七月四日印发）

附表:《工业企业档案分类表》(略)

项目四
人事档案管理

知识目标

了解我国人事档案管理的现状；

熟悉我国人事档案管理机构；

明确人事档案管理的要求。

能力目标

能够理解人事档案的定义、作用；

能够描述人事档案形成的条件；

能够清楚人事档案工作的内容和要求。

案例引入

主动提供线索　为利用者解决切身问题提供佐证

　　王先生是沈阳市某单位干部,退休后偶然找到一张老照片,照片内容是关于他和同学们在中华人民共和国成立前参加青岛市教员培训班的合影,照片背面写的培训时间是 1949 年 9 月 12 日至 1950 年 10 月 23 日。他拿着这张照片找到工作单位想修改参加工作时间,如果按他参加青岛市教员培训班时间计算参加工作时间,那么他可以改退休为离休,享受离休干部的工资福利待遇。王先生所在单位的人事部门非常重视这件事,指派一名人事干部和王先生一起来到青岛市查找。他们于 2012 年 4 月 18 日,来到市档案馆文档服务中心,工作人员了解情况后,立即通过王先生姓名、当年培训时间、地点和培训班等方面查找,没有找到有关王先生任何信息,查找工作陷入了困境。望着王先生提供的老照片,工作人员忽然想到还可以从王先生的同学查起,看能否找到相关线索。工作人员把想法告诉了王先生,王先生说照片中同学的姓名他还记得,并一一提供给工作人员。通过检索,工作人员找到了其中两位同学的档案信息,一位同学的组织部门认可他是 1949 年 9 月参加工作,另一位同学已是离休干部。看到这两份档案,人事干部非常高兴,告诉工作人员,来档案馆之前,他们已找到青岛市南区某单位,该单位通过审查人事档案,已给他们出具了一份证明,证明王先生当年参训的另外一位同学也是按照离休办理手续的。有了王先生这三位同学的档案材料,给王先生由退休改为离休带来了希望。王先生临走时,一再表示感谢,感谢工作人员的细心和认真的工作态度,使他们的青岛之行很有收获,为王先生的退休改离休提供了有力的佐证。

【请你思考】

1.传统人事档案制度存在哪些弊端?

2.人事档案管理制度应进行哪些改革?

3.国家对人事档案管理有哪些法规要求?

理论导读

任务一　认识人事档案

一、人事档案概述

》(一)人事档案的定义

人事档案是专门档案的一种,是干部档案、工人档案、学生档案等的总称。人事档案来源于人事管理活动,没有人事管理就没有人事档案。人事档案是人事管理活动的记录,也是进行人事管理的条件和依据。人事档案是国家机构、社会组织在人事管理活动中形成的,记述和反映个人经历、思想品德、学识能力、工作业绩的,以个人为单位集中保存起来以备查考的文字、表格及其他各种形式的历史记录材料。

我国的人事档案管理事业,从无到有、从小到大,现在已经发展到相当大的规模,已拥有数以亿计的人事档案,拥有数以万计的人事档案管理单位,拥有一支庞大的人事档案管理队伍,是我国社会主义档案事业的一个重要组成部分。人事档案管理工作也经历了一个由简到繁、由不够正规到比较正规的发展过程。随着人事工作的发展,人事档案管理工作将越来越重要、越来越复杂,对其要求也将越来越高。

1991年,中共中央组织部颁发了《干部档案工作条例》;1992年,劳动部、国家档案局联合发布了《企业职工档案管理工作规定》。这两个文件是目前我国人事档案工作重要的指导性文件。文件明确规定了我国人事档案工作的管理体制、机构与人员的设置、基本任务与职责,人事档案的收集、鉴别、保管范围、转递和查阅等具体内容。

≫（二）人事档案的特点

人事档案具有现实性、真实性、动态性、机密性、权威性的特点。

（1）现实性。人事档案记述和反映的是当事人现实的生活、学习及工作活动情况；组织、人事、劳动部门在现实生活中，为了考察和正确使用员工，要经常查阅人事档案。反映现实与为现实工作服务，是人事档案的一个重要特点。

（2）真实性。人事档案材料，其来源、内容和形式必须真实可靠，即真实地反映当事人各方面的历史与现实的面貌。真实性是人事档案的生命，是其核心的特点。

（3）动态性。历史在发展，社会在前进，每个人的情况也在不断地发生变化——年龄的增长、学历与学识的提高、职务与职称的晋升、工作岗位与单位的变更、奖励与处分的状况、在岗下岗及离退休等。因此，人事档案应当"与时俱进""档随人走""人档统一"。

（4）机密性。人事档案一般都涉及当事人家庭及个人隐私。有些人员，如担任不同级别的党和国家的领导职务，或者身负外交、国防、安全、公安、司法等特殊任务，其人事档案往往涉及党和国家机密。因此，人事档案在相当长的时期及一定的范围内具有机密性。

（5）权威性。因为人事档案具有真实性等属性，因此人事档案内容具有较大的权威性，反映一个人面貌的材料，只有从人事档案中查阅才是最可靠、最权威的。

≫（三）人事档案的作用

（1）人事档案是考察、了解员工情况的重要手段。组织、人事工作的根本任务是知人善任、选贤举能，而要知人，就要全方位地了解人。了解的方法，除了直接考核该人员的现状外，还必须通过人事档案掌握其全面情况。可以说，人事档案为开发人力资源、量才录用、选贤任能，提供了信息与数据。

（2）人事档案是解决当事人个人问题的凭证。由于种种原因，在现实生活中有关部门和人员有时会对员工形成错误的认识和做法，甚至制造冤假错案或历史遗留问题。作为当事人历史与现实的原始记录，可以为查考、了解和处理这些问题，提供可靠的线索或凭证。

（3）人事档案是编写人物传记和专业史的宝贵史料。人事档案是在组织、人事部门形成的，其中还有当事人自述或填写的有关材料，因此内容真实，情节具体，时间准确，在研究党和国家人事工作、党史、军事史、地方史、思想史、专业史以及撰写名人传记等方面，具有很高的史料价值。

二、 我国人事档案工作的管理机构

≫（一）人事档案工作的管理体制

我国现行人事档案的管理体制：工人档案由所在单位的劳动（劳资）部门管理；学生档案由所在学校的教务或学生工作部门管理；军人档案由各级军事政治部门管理；干部档案则按干部管理权限集中统一管理。各级组织、人事部门，都有明确的管理权限，分管哪一级干部，就管哪一级干部的人事档案。

我国人事档案工作实行分块管理，即干部档案工作的领导与指导，由各级党委的组织部负责；企业职工档案工作由所在企业的劳动职能机构负责，接受劳动主管部门的领导与指导；学生档案工作由所在学校的有关部门负责，接受教育主管部门领导与指导；军人档案工作由各级政治部门负责领导与指导。

≫（二）人事档案工作机构和人员

按照规定，我国中央各部委、省（自治区、直辖市）、地（市）、县均应建立人事档案管理机构，按照管理 1 000 人档案配备一名专职干部的要求，配备人事档案管理人员。不需要建立专门的人事档案工作机构的单位，必须配备专职或以人事档案工作为主的兼职档案工作人员。

中央各部委和省一级的人事档案部门除管好本身的人事档案外，还担负本系统和全省人事档案工作的检查与指导任务，因此应根据实际需要，酌情配备业务指导人员。

≫（三）人事档案工作的基本任务和人事档案管理部门的职责

人事档案工作是用科学的原则和方法管理人事档案，提供档案信息为组织、人事工作服务。人事档案工作的基本任务：在我国改革开放的社会主义现代化建设的新时期，根据组织、人事工作的需要，加强人事档案材料的收集归档工作，完善管理体制，搞好队伍建设，做好基础工作，不断改善保管条件，努力提高科学管理水平，保障提供利用，有效地为组织和人事工作服务，为社会主义现代化建设事业服务。

人事档案管理部门的职责：

（1）保管人事档案，为国家积累档案史料。

（2）收集、鉴定和整理人事档案材料。

（3）办理人事档案的查阅、借用和转送。

（4）登记员工的职务、工资和工作变动情况。

（5）为组织、人事工作提供人才信息，为有关部门提供员工情况。

（6）做好人事档案的安全、保密及保护工作。

（7）调查人事档案工作情况，制订规章制度，搞好人事档案的业务建设和业务指导。

(8)推广、应用人事档案现代化管理技术。

(9)定期向档案馆(室)移交死亡人员的档案。

(10)办理其他有关手续。

任务二　人事档案归档与鉴定

为使人事档案能够适应人事工作需要,人事档案管理人员要经常通过组织、人事及其他有关部门收集干部任免、调动、考察考核、培训、奖惩等工作中新形成的反映干部、职工德、能、勤、绩等方面的材料,充实档案内容。要经常了解和掌握形成人事档案材料源的信息沟通渠道,建立联系制度,不失时机地向形成材料的职工收集应归档的材料。为确保人事档案材料收集齐全,人事档案管理人员除做好日常收集工作外,一般每半年进行一次集中全面收集。对较大规模的考察、考核、职务和工资变动、评聘专业技术职务等工作形成的档案材料,要及时进行重点收集。

一、　人事档案的归档

人事档案的归档工作,贯穿人事工作与人事档案工作的始终,要经常地、认真细致地做好,为人事档案工作奠定良好的基础。其主要应做好以下三方面的工作:

》》(一)人事档案的归档范围和要求

人事档案的归档包括归档范围和归档要求两个方面。关于归档范围,详见人事档案的整理,凡人事档案正本的十类材料均属归档范围。这里主要明确归档要求:

(1)办理完毕的正式文件材料才能归档。

(2)材料必须完整、齐全、真实、文字清晰,并写明承办单位及时间。

(3)手续完备。凡规定应由机关、组织盖章的,必须加盖公章;凡须经本人见面或签字的,必须经过见面或签字。

(4)档案材料须统一使用16开或A4规格的办公用纸。不得使用圆珠笔、铅笔、红色及纯蓝墨水、复写纸书写。除电传材料外,一般不得用复印件代替原件归档。

》》(二)人事档案材料的归档渠道

(1)通过组织、人事、劳动(劳资)及其他人员管理部门收集各有关人事档案材料。

(2)通过员工所在党、团组织,政府机关、企业、事业单位的有关部门收集各有关党、团材料。

(3)通过纪检、行政监察、保卫和公安、司法、检察等部门收集各有关处分方面的材料。

(4)通过业务部门、科技部门及学校和培训部门收集学历、学识、才干及奖惩等方面的材料。

(5)通过军队有关部门和地方民政部门收集军人各有关方面的材料。

≫（三）建立和健全人事档案归档制度

(1)移交制度。各单位、各部门日常工作中形成的,凡属人事档案材料归档范围的,均应移交人事档案部门。

(2)索要制度。人事档案部门不能完全坐等有关单位或部门主动送材料上门,应当经常与有关部门保持密切联系,定期或不定期索要应归档的人事档案材料。做到嘴勤、手勤、腿勤。

(3)检查核对制度。人事档案部门应定期检查所管档案的状况,将其中不符合归档要求的材料,退回形成单位重新制作或补办手续;发现不属于人事档案范围的材料,予以退回原单位处理;发现缺少的材料,应填写补充材料登记表,以便有计划地进行收集。

(4)补充制度。组织、人事、劳动(劳资)部门根据工作需要和人事档案材料的缺少情况,统一布置填写有关表格等材料。

新时期人事档案收集的重点:近期业绩材料、廉政材料、诚信材料,反映管理水平、工作能力、个性特征、道德操守、生活作风、心理素质、身体状况等方面的材料。

二、 人事档案的鉴定

人事档案的鉴定工作是按照一定的原则和规定,对收集的档案材料进行审查、甄别其真伪,判定其有无保存价值,确定其是否归入人事档案。鉴定工作应坚持历史唯物主义和辩证唯物主义的观点,具体问题具体分析,根据形成材料的历史条件、材料的主要内容、用途及其保存价值,确定材料是否归入档案。

≫（一）人事档案鉴定的内容

鉴定工作的好坏直接决定着人事档案质量的优劣,对能否正确贯彻人事政策也有一定的影响,因此,这项工作在人事档案工作中占有特殊的地位。鉴定时可根据中共中央组织部和国家档案局1991年4月2日印发的《干部档案工作条例》相关要求进行。

(1)判别材料是否属于所属员工的材料及应归入人事档案的内容。发现有同名异人、张冠李戴的,或不属于人事档案内容和重复多余的材料,应清理出来。对其中有保存价值的文件、资料,可交文书档案或转有关部门保存。不属于人事档案内容,比较重要的证件、文章等,组织不需要保存的,退给本人。无保存价值又不宜退回本人的,应登记报主管领导批准销毁。

（2）审查材料是否齐全、完整。政审材料一般应具备审查结论、调查报告、上报批复、主要证明材料、本人的交代等。处分材料一般应具备处分决定（包括免予处分的决定）、调查报告、上级批复、个人检讨或对处分的意见等。上述材料，属于成套的，必须齐全；每份归档材料，必须完整。对头尾不清、来源和时间不明的材料，要查清注明后再归档，凡是查不清楚或对象不明确的材料，不能归档。

（3）审查材料是否手续完备。凡规定须由组织盖章的，要有组织盖章。审查结论、处分决定、组织鉴定、民主评议和组织考核中形成的综合材料，应有本人的签署意见或由组织注明经过本人见面。任免呈报表须注明任免职务的批准机关、批注时间和文号。出国、出境审批表，须注明出去的任务、目的及出去与返回的时间。凡不符合归档要求、手续不完备的档案材料，须补办完手续后归档。

（4）鉴定中发现涉及干部政治历史问题或其他重要问题，需要查清而未查清的材料及未办理完毕的材料，不能归入干部档案，应交有关组织处理。

（5）鉴定时，发现档案中缺少的有关材料，要及时进行登记并收集补充。

≫ （二）人事档案鉴定工作的原则和内容

1.鉴定工作的原则

人事档案的鉴定工作是一项政策性很强的工作，必须遵循"取之有据，舍之有理"的原则。取之有据，是指归入人事档案的材料要有依据，符合上级的有关规定。舍之有理，是指决定剔除的材料，要有足够的理由，尤其是准备销毁的材料，必须慎之又慎，不能草率从事。

2.鉴定的内容和方法

（1）判断材料是否属于人事档案。

（2）判断是否本人的档案材料。

（3）判断材料是否处理完毕和手续齐全。

（4）判断材料是否真实、准确、完整。

（5）查对材料是否重复。

3.剔除材料的处理

（1）转出。经鉴定确实不属员工本人的材料，或是不应归入人事档案的材料，均应转给有关单位保存或处理。转出时，要写好转递材料通知单。

（2）退回。凡新近形成的档案材料，手续不够完全，或内容尚需查对核实，应提出具体意见，退还有关单位，待修改补充后再交回。凡应退还本人的材料，经领导批准后退还本人，并履行登记、接收人清点与签名盖章等手续。

（3）留存。不属人事档案范围，又有价值的材料，整理后作为业务资料保存。

（4）销毁。无保存价值、重份的材料，要按有关规定予以销毁。

任务三 人事档案整理与编目

一、 人事档案的整理

根据我国《干部档案工作条例》和《企业职工档案管理工作规定》，人事档案有正本和副本两种稿本。归档的正本分为十类内容，副本分为七类内容。

人事档案正本材料按以下十类进行分类整理：

第一类 履历材料。凡是记载和反映员工个人自然情况、经历、家庭和社会关系等基本情况的各种表格材料均归入本类。

第二类 自传及属于自传性质的材料。自传是个人撰写（或由本人口述、经别人记录和整理）的关于自己家世、身世和主要社会关系的自述材料。

第三类 鉴定（含自我鉴定）、考察、考核材料。凡在人事管理活动中，组织、人事部门通过各种途径，对员工的基本情况、学习、工作、才能、业绩、优缺点等方面，进行调查了解及评估而形成的评价件材料归入本类。

第四类 学历、评聘专业技术职务与评定岗位技能的材料。凡是记载和反映员工的学历、学位、学习成绩、培训、评聘专业技术职务、评定岗位技能情况的材料，应归入本类。

第五类 政治历史审查材料。凡对员工的政治历史、经历、出身、社会关系、党籍、参加工作时间等问题进行审查形成的材料归入此类。

第六类 入党、入团材料。凡参加中国共产党、共青团及民主党派的人员有关入党、入团方面的材料归入本类。

第七类 奖励材料。凡在学习或工作中有突出成绩的员工获得表彰或奖励所形成的材料归入本类。

第八类 处分材料。凡员工违反党纪、政纪、国法而受纪律检查部门、监察部门或其他审理部门，对其所犯错误进行调查处理而形成的材料归入本类。

第九类 录用、任免、出国（出境）、工资、待遇及各种代表会议代表的材料。凡办理任免、选举、调动、授衔、晋级、录用、聘用、招用、复员退伍、转业、工资、待遇、出国、离退休及退职材料，各种代表会议代表登记表等材料归入本类。

第十类 其他可供组织参考的材料。凡上述九类未包括的、对组织上有参考和保存价值的材料可归入本类。

人事档案的七类副本材料，是由正本中以下类别主要材料的重复件或复制件构成：

（1）第一类的近期履历材料。

（2）第三类的主要鉴定，干部考核材料。

（3）第四类的学历、学位，评聘专业技术职务的材料。

（4）第五类的政治历史情况的审查结论（包括甄别、复查结论）材料。

（5）第七类的奖励材料。

（6）第八类的处分决定（包括甄别、复查结论）材料。

（7）第九类的任免呈报表和工资、待遇的审批材料。

其他类别多余的重要材料，也可归入副本。具体归入各类的档案材料，见后面的知识拓展相关内容。

需要注意的是，在人事工作中形成的人事档案，并非每个人的档案材料都有上述十类正本材料和七类副本材料，而是因人而异。当事人在经历的各项活动中形成哪些人事档案材料，就将其归入相应的正副本各类之中。

所有归档材料，一律为材料原件，统一使用 16 开规格的办公用纸，不得使用圆珠笔、铅笔或红色及纯蓝色墨水和复写纸书写。

二、　档案材料的排列

人事档案各类卷内材料排列方法，主要有以下三种：

≫（一）按档案材料形成时间顺序排列

如正本的一、二、三、四、七、十类均按此法排列。其中第七类的奖励材料应将组织的审批材料放在前面。

≫（二）按材料内容（问题）的主次关系（重要程度）排列

如第五、六类排列顺序：上级批复、结论或处分决定，本人对处分决定和结论的意见，调查报告，证明材料，本人检查、交代材料。第六类材料的排列，应将入团、入党、加入民主党派的材料分别排列。入团志愿书排在入团材料的前面，入党志愿书排在入党材料的前面，然后排列申请书、转正申请书、党（团）员登记表等。多次填写的党（团）员登记表，按时间先后顺序排列。

≫（三）按内容结合时间顺序排列

如第九类材料内容较多，可按内容先后分成 4 个小类：

（1）工资待遇材料。

（2）调动任免与离退休材料。

（3）出国、出境材料。

（4）其他材料（各小类的材料，再按其形成时间的顺序排列）。

三、 人事档案的编目

每卷人事档案必须有详细的档案材料目录,目录是查阅档案内容的索引,要认真进行编写。具体要求:

(1)按照类别排列顺序及档案材料目录格式,逐份逐项地进行填写。每类(每项)目录之后,须留出适量的空格,供补充档案材料时使用。类号用汉字码,顺序号用阿拉伯数字(每类每项目录上的类号和顺序号要与材料上的类号、顺序号相一致)。

(2)根据材料题目填写"材料名称"。无题目的材料,应拟定题目。证明材料写明何人证明的材料。材料的题目过长,可适当简化。拟定或简化题目,必须确切反映材料的主要内容或性质特点。凡原材料题目不符合实际内容的,须另行拟定题目或在目录上加以注明。填写目录不得以点代字。

(3)材料形成时间。材料形成时间要填清年、月、日,没有时间的要尽量查明。一份材料有几个时间的,本人填写的材料以本人签字为准;经组织审查或整理的材料以最后的批准时间为准;复制的档案材料,以采用原材料的形成时间为准。

(4)填写材料份数。以每份完整的材料为一份(包括附件),除有原件附复制的材料填写两份外,其他一律填一份。

(5)填写材料页数。材料页数的计算,采用图书编页法,每面为一页,印有页码的材料、表格,应如数填写;无页码标记的材料,每单面为一页,封面封底不计算页数(需用铅笔在材料的下脚注上页码),空白纸可剔除。

(6)书写目录要工整、正确、清楚、美观,不得使用圆珠笔、铅笔、红色及纯蓝墨水书写目录,也不准勾抹、涂改、粘贴目录。目录填写后,要检查核对,做到准确无误。

任务四   人事档案保管、利用及转递

一、 人事档案的保管

人事档案的保管,是依据统一领导、分级管理,管人与管档案相一致、安全保密、便于查找的原则确定的,对人事档案应严密、科学地保管。认真做好以下工作:

(1)人事档案管理人员对所管理的全部人事档案,必须进行登记、编号,并依据一定的原则编制档案清册。

(2)建立、健全严格的库房管理制度和岗位责任制,在热情为各项工作提供服务的同时,一定要严格加强管理,严防错装、错放、错借、错转等现象发生。

(3)应建立登记和统计制度,每年年底全面检查核对一次档案,并与人事部门核对

各类人员的增减情况,发现问题及时解决。

（4）设置专门的档案查阅室,档案库房、阅档室和档案人员办公室应分开。

（5）要建立坚固的防火、防潮的专用档案库房,配置铁质档案柜。库房面积每千卷需 20~25 平方米。库房内应设置空调、去湿、灭火等设备。室内禁止吸烟及动用一切明火。

（6）库房的防火、防潮、防蛀、防盗、防光、防高温等设施和安全措施每半年进行一次全面检查,发现问题,及时解决,杜绝隐患。要保持库房的清洁和库内适宜的温、湿度(温度 14~24 ℃,相对湿度 45%~65%),检查情况要认真做好记载。

（7）不断地研究和改进档案的保管方法和保护技术,加快电子计算机人事档案信息管理系统的开发与利用,逐步实现档案管理工作的科学化和现代化。

人事档案管理人员还要明确以下不同人员的人事档案管理问题:

1.在职人员人事档案

人事档案的正本,由主管该人的组织、人事部门保管。人事档案的副本,由主管或协管该人的组织、人事部门保管。

非主要协管和监管的单位,不保管人事档案的正、副本,但可根据需要保存近期重份的或摘要的登记表、履历表之类材料。

军队和地方互兼职务的干部,主要职务在军队的,其档案由部队的政治部保管;主要职务在地方的,其档案由地方的组织、人事部门保管。

民主党派和无党派爱国人士的档案,由各级党委统战部门保管。

2.离休、退休人员人事档案

党中央、国务院管理的干部,是中共党员的,其档案由中央组织部(或人事部)保管;是民主党派和无党派爱国人士的,由中央统战部保管。

其他人员的档案,由该人的管理部门保管。

工人档案由所在单位的劳动(组织、人事)机构保管。

3.死亡人员人事档案

党中央、国务院的干部,死亡后其档案由原管理单位保管 5 年后,移交中央档案馆保存。

中央、国家机关各部长,各省、自治区、直辖市管理的厅局职务的干部,全国著名的科学家、艺术家、教授和有特殊贡献的英雄、模范人物、知名人士等,死亡后其档案由原管理单位保管 5 年后,移交本单位档案部门保存,并按规定的限期,移交同级档案馆保存。

上述范围以外的其他干部,死亡后其档案由原管理部门保存 5 年后,移交机关档案部门保存,并按同级档案馆接收范围规定进馆。

军队干部 1949 年 9 月 30 日以前牺牲、病故的排职以上干部的档案材料,交解放军档案馆保管;中华人民共和国成立后牺牲、病故和其他原因死亡的正师职以上干部的档案,交总政治部档案馆保管,副师职以下干部的档案,按隶属关系分别交由各相应档案馆保管。

企业职工死亡后,其档案由原管理部门保存5年后,移交企业综合档案部门保存;对国家和企业有特殊贡献的英雄、模范人物死亡后,其档案按规定向有关档案馆移交。

4.辞职、退职、开除公职及受刑事处分人员人事档案

在职人员辞职、退职、自动离职、被辞退(解聘)后,未就业的机关、事业单位人员其档案由原管理单位保管;企业人员由户籍所在地劳动保障部门保管。已就业的,其档案转至有关组织、人事、劳资部门保管。不具备保管条件的,转至人事部门所属的人才流动服务中心保管。

在职人员被开除公职后,其档案保管方法原则上同上述程序。

在职人员受刑事处分或劳动教养期间,其档案由原管理单位保管;刑满释放或解除劳教后,重新安排工作的,其档案由主管该人员的部门保管或人才流动服务中心保管。

二、 人事档案的利用工作

≫ (一)人事档案的利用有多种方式

(1)设立阅览室以供查阅。阅览室一般设在人事档案库房内或靠近库房的地方,以便调卷和管理。这种方式具有许多优点,如便于查阅指导、便于监督、利于防止泄密和丢失等。这是人事档案利用的主要方式。

(2)借出使用。借出库房须满足一定的条件,比如,本机关领导需要查阅人事档案;公安、保卫部门因特殊需要必须借用人事档案等。借出的时间不宜过长,到期未还者应及时催还。

(3)出具证明材料。这也是人事档案部门的功能之一。出具的证明材料可以是人事档案部门按有关文件规定写出的有关情况的证明材料,也可以是人事档案材料的复制件。要求出具证明材料的原因一般是入党、入团、提升、招工、出国等。

单位、部门或个人需要由人事档案部门出具证明材料时,需履行以下手续:①由有关单位(部门)开具介绍信,说明要求出具证明材料的理由,并加盖公章;②人事档案部门按照有关规定,结合利用者的要求,提供证明材料;③证明材料由人事档案部门有关领导审阅,加盖公章,然后登记、发出。

≫ (二)人事档案利用的手续

根据相关法规,各级人事档案管理部门为了做好利用工作,按照各自管理的人事档案范围和管理权限,都制定了本地区、本部门或本系统查阅人事档案的制度,对借阅范围、借阅手续、借阅人、借阅方式以及是否可以抄录、复制作了规定。人事档案的查

阅,是发挥人事档案作用的直接体现。

(1)查阅手续。正规的查阅手续包括以下内容:首先,由申请查阅者写出查档报告,在报告中写明查阅的对象、目的、理由、查阅人的概况等情况;其次,查阅单位(部门)盖章,负责人签字;最后,由人事档案部门对申请报告进行审核,若理由充分手续齐全,则给予批准。

(2)外借手续。

①借档单位(部门)写出借档报告,内容与查档报告相似。

②借档单位(部门)盖章,负责人签字。

③人事档案部门对其进行审核、批准。

④进行借档登记。把借档的时间,材料名称、份数、理由等填清楚,并由借档人员签字。

⑤归还时,及时在外借登记上注销。

(3)人事档案查阅的原则和范围。

查阅人事档案总的原则:宽严适度,内外有别,灵活掌握,便于利用。

就利用者而言,组织、人事、劳动部门利用档案应该从宽,其他部门利用档案相对应该严格一些。

就利用范围而言,高、中级干部,有贡献的专家、学者和有影响的知名人士,以及机要人员的人事档案,提供利用时应从严掌握,严格审批手续;对一般干部、工人、学生的人事档案,利用范围可以从宽掌握。

就内外关系而言,凡员工的主管单位,组织、人事、劳动、纪检、监察、保卫、司法、检察等部门,因研究和处理有关问题,可以查阅和借用人事档案。其他单位不得直接查阅,如确因工作需要借用档案,则须办理手续。

(4)人事档案查阅要求。

①查阅党委组织部门的人事档案必须是中共党员。

②组织、人事、劳动部门查阅人事档案须有手续完备的信件;其他部门应持有本单位领导签字的正式查档介绍信或《查阅人事档案审批表》。

③查档人员不得查阅本人及其亲属的档案。

④未经领导批准,不得查阅同级人员档案,下级不得查阅上级人员档案。

⑤本单位组织、人事部门一般不得查阅本单位领导人的档案。

⑥不准查阅介绍信或审批表中未提到的有关内容。

三、　人事档案的转递工作

在人事管理工作中,由于员工职务升降、工作调动等原因,导致其主管、协管单位的改换,这就要求人事档案部门应随着员工主管单位的变化而及时将档案转移至新的主管、协管单位。人事档案要随着干部任免权限的改变、员工主管单位的变化,及时转至新的主管部门,这就形成了人事档案的转递工作。

做好人事档案的转递工作,应始终保持人员管理及其人事档案管理的一致性。如果转递工作不正常,该转的不转,就会使员工管理与人事档案管理脱节,原管单位有档无人,形收"无头档案",档案的作用难以发挥;新的主管单位则有人无档,影响对有关员工的考察了解和培养使用。做好这项工作是保持管人与管档案相一致的有效措施,在改革开放、市场经济与人才流动日益频繁的新形势下具有重要的现实意义。

≫(一)转递工作的要求

(1)及时。为避免管人与管档案脱节,发生"有人无档"或"有档无人"的现象,必须及时转递人事档案。

(2)准确。转送人事档案必须以任免文件或调动通知为依据,在确知有关人员新的主管单位后,直接将有关人员的档案转至该单位。

(3)安全。转递人事档案,应确保档案材料的绝对安全,杜绝失密、泄密和档案丢失现象。

≫(二)转递人事档案的方式

(1)零星转递。这是转出的主要的经常的方式,即在日常工作中将需要转递的零星材料及时转给有关单位,一般是通过机要交通渠道。

(2)成批移交。主要是管档单位之间将数量较多的人事档案按规定进行交接。

≫(三)转递人事档案的程序和手续

(1)转出的工作程序和手续。原主管单位对应转出的档案进行认真清理和整理,做到材料齐全、装订整齐。零星转递时,应在转出材料登记簿上登记,并在人事档案底册上注销;要仔细填写《人事档案转送通知单》;将材料以机密件寄出;将收到单位退回的"回执"粘贴在转递存根处。成批移交时,除登记、注销外,还应编制移交文据和移交清册一式两份;交接双方应在移交文据上签字,以示负责。

(2)接收单位的工作程序。首先应仔细检查转来的档案是否属本单位所管理的范围;如属本单位的,应查对与转递通知单或移交清册上的记载是否相符;确认无误后,在转递通知单或移交清册上签字,加盖公章;将回执寄给转档单位,对接收的档案登记后入库。

达标训练 ∙∙∙∙∙∙∙∙∙∙∙∙∙∙∙∙∙∙∙∙∙∙∙∙∙∙∙∙∙∙∙∙∙∙∙∙

知识训练

一、选择题(单项选择)

1.人事档案的特点主要体现在(   )。

A.现实性　　　　　B.可靠性　　　　　C.稳定性　　　　　D.及时性

2.人事档案(　　)工作是档案由分散到集中的过程,它是人事档案工作的起点,也是人事档案工作的首要环节。

A.整理　　　　　B.保管　　　　　C.收集　　　　　D.编目与检索

3.人事档案管理工作的核心部分是(　　)。

A.收集　　　　　B.整理　　　　　C.鉴定　　　　　D.保管

4.(　　)对我国人事档案管理工作做了完整表述。

A.《关于统一管理党、政档案工作的通知》

B.《干部档案工作条例》

C.《关于加强国家档案工作的决定》

D.《国家档案局组织简则》

5.(　　)是人事档案管理工作的根本手段。

A.法律手段　　　B.行政手段　　　C.经济手段　　　D.宣传手段

6.销毁的人事档案,应编制销毁(　　),办理批准手续。

A.清册　　　　　B.小组　　　　　C.注册　　　　　D.档案

7.单份装订的人事案卷应加盖(　　)。

A.归档章　　　　B.档号章　　　　C.卷号章　　　　D.件号章

8.人事档案转递的要求是(　　)。

A.认真　　　　　B.准确　　　　　C.周密　　　　　D.公开

9.档案馆保管的人事档案向社会开放的界限,一般应当自形成之日起满(　　)。

A.10 年　　　　　B.20 年　　　　　C.30 年　　　　　D.40 年

10.要求做到"从宽防漏"原则的是人事档案选材的(　　)。

A.初选　　　　　B.复选　　　　　C.定选　　　　　D.贯彻始终

二、判断题(判断正确与否并简要阐明理由)

1.人事档案作用是稳定的、被动的、潜在的。　　　　　　　　　　　　(　　)

2.我国的人事档案工作应在党和国家的路线、方针、政策指导下进行。　(　　)

3.人事档案是历史的真迹,后人不能按现在的潮流及自己的观点和需要去改变档案。　　　　　　　　　　　　　　　　　　　　　　　　　　　　　　　(　　)

4.档案要做到便于利用,必须实行逐级管理和保证人事档案的完整与安全。

(　　)

5.人事档案和人事文件有着密切联系,一切人事文件都可转化为档案。　(　　)

6.人事档案工作是一项专门业务,又是一项技术工作。　　　　　　　　(　　)

7.档案寄存中心寄存的人事档案,其所有权并未发生转移。　　　　　　(　　)

8.收集工作是人事档案工作的起点。从全部档案业务工作的程序来说,收集工作是人事档案工作中的第一个环节。　　　　　　　　　　　　　　　　　　(　　)

9.开放人事档案就是允许公众自由地利用和使用所有的档案。　　　　　(　　)

10.制发人事档案证明、编写档案参考资料都属于以档案复制品提供利用的方式。

（　　）

三、简述题

1.人事档案整理工作的内容有哪些？

2.什么是人事档案整理的原则？

3.各级各类档案馆以及机关、企事业单位的档案机构或档案工作人员对档案管理应采取哪些措施？

4.简述人事档案价值鉴定的原则。

能力训练

一、阅读下面材料，思考后，说一说。

（一）档案为美籍华人寻根问祖提供依据

清明节前夕，美籍华人蒲××从美国回湖南祭奠父亲。他从小随父亲在长沙生活，后从湖南移居美国，一直以为自己与父亲的祖籍在湖南。此次回来，才听说他家是从很远的地方迁至长沙的，因事隔久远，祖籍在哪里，已无人知晓。

"根在哪里？"成为蒲老心中的结，他带着深深的疑问来到了湖南省档案馆。工作人员在了解蒲老的详细情况后，通过查寻大量的档案，终于在1945年11月的山陕甘同乡会馆成立大会签到簿上，查到了他父亲系甘肃榆中县人，曾担任国民革命军第七十四军第四方面军前进库库长。工作人员为蒲老提供了原始档案复印。当蒲老见到有关他父亲身世的档案时，眼中闪烁着泪花，激动地对工作人员说："你们保存的档案为我寻到了根，谢谢你们，谢谢档案馆的全体工作人员！"

讨论：

1.这个案例对你有什么启发？

2.请你说说人事档案对社会和个人的重要意义。

（二）档案为据　恢复待遇

刘××，女，曾任偃师县副县长，在以后工作变动过程中，误按正科级对待。现已有80多岁，一直想将此事更正过来，了却自己多年的心愿。2009年5月6日，特委托王南生到县档案馆查找刘××的有关资料。经过管理人员仔细查找，终于在县人委永久第288卷第84页"党员登记名册"中找到记载：刘××，女，33岁，所在单位：偃师县人民委员会；职务：副县长；本人成分：农民；入党时间：1951年2月。

依据此档案原件记载，刘××将向有关单位申请更正不公待遇的事实。

讨论：

1.如果档案馆找不到这份档案，还有什么办法可以更正此事？

2.档案管理人员应如何对待人事问题查档？

二、根据下面给定材料，分小组，做一做。

1.为小组其他同学建立一份人事档案材料。

2.模拟把同学的个人档案转递到当地人才交流市场托管。要求把档案袋封好，并完成相关转递手续。

知识拓展

学习资料　干部档案整理工作细则
第一章　总　　则

第一条　为了实现干部档案整理工作的规范化,搞好档案建设,便于档案的保管和利用,根据《干部档案工作条例》(以下简称《条例》)及有关规定,特制订本细则。

第二条　干部档案的整理工作,是档案建设的基础工作之一。它是将收集起来的每个干部的档案材料,进行鉴别、分类、排序、编目、技术加工和装订成卷,并在此基础上,不断对档案内容进行补充的工作。

第三条　各级干部档案管理部门,均应按本细则和有关规定的要求,对所管理的干部档案进行认真的整理。

第二章　整理工作的基本要求

第四条　整理干部档案,须做到认真鉴别、分类准确、编排有序、目录清楚、装订整齐。通过整理使每卷档案达到完整、真实、条理、精练、实用的要求。

第五条　整理干部档案,事先要收集好干部档案材料,并备齐卷皮、目录纸、衬纸、切纸刀、打孔机、缝纫机等必需的物品和设备。

第六条　整理干部档案的人员,必须努力学习党的干部工作方针、政策和档案工作的专业知识,熟悉整理干部档案的有关规定,掌握整理工作的基本方法和技能,认真负责做好整理工作。

第三章　档案材料的鉴别

第七条　干部档案材料的鉴别工作,是干部档案管理部门对收集起来准备归档的材料进行审查,甄别材料的真伪,判定材料的保存价值,确定其是否归入干部档案的工作。

第八条　鉴别归档材料,必须根据中央有关文件的精神,以《条例》和《关于干部档案材料收集、归档的暂行规定》等有关规定为依据,严肃认真地进行。

第九条　鉴别工作应坚持历史唯物主义和辩证唯物主义的观点,具体问题具体分析,根据形成材料的历史条件、材料的主要内容、用途及其保存价值,确定材料是否归入档案。

第十条　鉴别归档材料的具体做法:

(一)判定材料是否属于所管干部的材料及应归入干部档案的内容。发现有同名异人、张冠李戴的,或不属于干部档案内容和重复多余的材料,应清理出来。对其中有保存价值的文件、资料,可交文书档案或转有关部门保存。不属于干部档案内容,比较重要的证件、文章等,组织不需要保存的退给本人。无保存价值又不宜退回本人的,应登记报主管领导批准销毁。

（二）审查材料是否齐全、完整。政审材料一般应具备审查结论、调查报告、上报批复、主要证明材料、本人的交代等。处分材料一般应具备处分决定（包括免予处分的决定）、调查报告、上级批复、个人检讨或对处分的意见等。上述材料，属于成套的，必须齐全；每份归档材料，必须完整。对头尾不清、来源和时间不明的材料，要查清注明后再归档，凡是查不清楚或对象不明确的材料，不能归档。

（三）审查材料是否手续完备。凡规定须由组织盖章的，要有组织盖章。审查结论、处分决定、组织鉴定、民主评议和组织考核中形成的综合材料，应有本人的签署意见或由组织注明经过本人见面。任免呈报表须注明任免职务的批准机关、批注时间和文号。出国、出境审批表，须注明出去的任务、目的及出去与返回的时间。凡不符合归档要求，手续不完备的档案材料，须补办完手续后归档。

（四）鉴别中发现涉及干部政治历史问题或其他重要问题，需要查清而未查清的材料及未办理完毕的材料，不能归入干部档案，应交有关组织处理。

（五）鉴别时，发现档案中缺少的有关材料，要及时进行登记并收集补充。

第四章　档案材料的分类

第十一条　对归档的材料必须按照《干部档案工作条例》中关于正、副本十类内容的划分进行分类。

第十二条　干部档案正本，由历史地、全面地反映干部情况的材料构成。其内容分类：

第一类　履历材料：干部履历表（书）、简历表，干部、职工、教师、医务人员、军人、学生等各类人员登记表，个人简历材料，更改姓名的材料。

第二类　自传及属于自传性质的材料。

第三类　鉴定（含自我鉴定）、考察、考核材料：以鉴定为主要内容的各类人员登记表，组织正式出具的鉴定性的干部表现情况材料；作为干部任免、调动依据的正式考察综合材料；考核登记表，干部考核和民主评议的综合材料。

第四类　学历、学位、学籍、培训和专业技术情况的材料：报考高等学校学生登记表、审查表、毕业登记表，学习（培训结业）成绩表，学历证明材料，选拔留学生审查登记表；专业技术职务任职资格申报表，专业技术职务考绩材料，聘任专业技术职务的审批表，套改和晋升专业技术职务（职称）审批表；干部的创造发明、科研成果、著作及有重大影响的论文（如获奖或在全国性报刊上发表）等目录。

第五类　政审材料：审查干部政治历史情况（包括党籍问题）的调查报告、审查结论、上级批复、本人对结论的意见、检查交代或说明情况的材料，主要证明材料；甄别、复查结论（意见、决定）、调查报告、批复及有关的依据材料；入党、入团、参军、出国等政审材料；更改干部的民族、年龄、国籍、入党入团和参加工作时间的组织审查意见，上级批复以及所依据的证明材料。

第六类　加入党团的材料：中国共产党入党志愿书，入党申请书（1~2份全面系统的）和转正申请书，中国共产党党员登记表，不予登记的决定、组织审批意见及所依据的材料;民主评议党员中形成的组织意见或党员登记表、认定为不合格党员被劝退或除名的主要事实依据材料和组织审批材料,退党材料,取消预备党员资格的组织意见;中国共产主义青年团入团志愿书、申请书,团员登记表、退团材料;加入民主党派的有关材料。

第七类　奖励(包括科技和业务奖励)材料:各种先进人物登记表、先进模范事迹、嘉奖、通报表扬等材料。

第八类　干部违犯党纪、政纪、国法等材料:处分决定(免予处分的处理意见),查证核实报告,上级批复,本人对处分的意见和检查、交代材料;通报批评材料;甄别、复查报告、决定,上级批复及本人意见;法院审判工作形成的判决书等。

第九类　干部工资级别登记表、职务工资变动登记表、干部调资审批表,定级和解决待遇的审批材料;干部任免呈报表(包括附件),录用和聘用审批表,聘用干部合同书,续聘审批表,解聘、辞退材料;退(离)休审批表;军衔审批表、军队转业干部审批表;出国、出境人员审批表;党代会、人代会、政协会议、工青妇等群众团体代表会、民主党派代表会代表登记表。

第十类　其他可供组织参考有保存价值的材料:有残疾的体检表、残疾等级材料;干部逝世后报纸报道的消息或讣告,悼词(生平),非正常死亡的调查报告及有关情况的遗书等。

第十三条　干部档案副本内容,是由正本中以下类别主要材料的重复件或复制件构成:

第一类的近期履历材料。

第三类的主要鉴定,干部考核材料。

第四类的学历、学位,评聘专业技术职务的材料。

第五类的政治历史情况的审查结论(包括甄别、复查结论)材料。

第七类的奖励材料。

第八类的处分决定(包括甄别、复查结论)材料。

第九类的任免呈报表和工资、待遇的审批材料。

其他类别多余的重要材料,也可归入副本。

第十四条　内容交叉的材料,可根据材料的主要内容或用途确定类别。

(一)带自传的履历或简历表,以自传为主,归第二类。

(二)履历表和简历表有鉴定的,以履历为主,归第一类。

(三)有任免职务内容的干部登记表、任免呈报表所附的考察材料或主要表现情况的综合材料、提升工资级别的评级、评定军衔的鉴定表等材料,以其主要用途为主,归第九类。

(四)政治历史问题与违纪错误混同一起给予处分的结论、调查报告、处分决定等材料,一律归第八类;凡未给予处分,以政治历史问题为主的归第五类,以违纪错误为主的归第八类。

第五章　档案材料的排序与编目

第十五条　每类干部档案材料,都要根据材料内容的内在联系和材料之间的衔接或材料的形成时间排列顺序,并在每份材料的右上角编上类号和顺序号,在其右下角编写页数。

第十六条　档案材料排序的基本方式:

(一)按档案材料形成时间排序的:第一类、第二类、第三类、第四类、第七类、第十类材料。

(二)按档案材料内容的主次关系进行排序的:第五类、第六类、第八类材料。其中第五类、第八类材料的排列顺序为上级批复,结论或处分决定,本人对结论或处分决定的意见,调查报告,证明材料,本人检讨或交代材料等,其证明材料应根据每份材料所证明的主要问题相应集中排列。第六类材料,入团志愿书应排在入团的其他材料之前;入党志愿书应排在入党的其他材料之前,党员登记表等可按时间先后依次排序。

(三)第九类材料可根据不同层次干部的档案材料情况,采用按时间顺序或按材料性质相对集中排序。按材料性质相对集中排序的方法:工资情况的材料;任免材料;出国、出境材料;其他材料。每种材料再根据形成材料的时间顺序排列。

第十七条　每卷干部档案必须有详细的档案材料目录。目录是查阅档案内容的索引,要认真进行编写。具体要求:

(一)按照类别排列顺序及档案材料目录格式,逐份逐项地进行填写。

(二)根据材料题目填写"材料名称"。无题目的材料,应拟定题目。材料的题目过长,可适当简化。拟定或简化题目,必须确切反映材料的主要内容或性质特点。凡原材料题目不符合实际内容的,须另行拟定题目或在目录上加以注明。

(三)"材料形成时间",一般采用材料落款标明的最后时间。复制的档案材料,采用原材料形成时间。

(四)填写"材料份数",以每份完整的材料为一份(包括附件);材料页数的计算,采用图书编页法,每面为一页,印有页码的材料、表格,应加数填写。

(五)书写目录要工整、正确、清楚、美观,不得使用圆珠笔、铅笔、红色及纯蓝墨水书写目录。填写目录后,要检查核对,做到准确无误。

(六)书写目录时,每类目录之后,须留出适量的空格,供补充档案材料时使用。

第六章　复制与技术加工

第十八条　档案材料载体变质或字迹褪色不清时,须进行抢救。抢救材料一般可采用修复、打印、抄写、复印等方法。凡打印、抄写的材料,必须认真细致、核对无误,注明复制单位和日期。

第十九条　建立档案副本的材料不够时,可选择正本中的材料进行复制,将复制件存副本,其原件必须存入正本。

第二十条　为便于装订、保管和利用,延长档案材料的寿命,对一些纸张不规则、破损、卷角、折皱的材料,应进行技术加工。其主要方法:

（一）对超出 16 开规格的档案材料,在不影响材料的完整和不损伤字迹的条件下,可酌情进行剪裁;不能剪裁的材料,须进行折叠。折叠时,要根据材料的具体情况,采用横折叠、竖折叠、横竖交叉或梯形折叠等办法。折叠后的档案材料,要保持整个案卷的平整,文字、照片不得损坏,便于展开阅读。

（二）对破损、卷角、折皱和小于 16 开规格的档案材料,要进行裱糊。主要方法有单面裱糊、夹面裱糊、开窗裱糊、鱼鳞或梯形托裱、胶纸粘贴等。裱糊用的衬纸,必须采用白纸。糨糊和胶水必须能防虫蚀、不腐蚀纸张。裱糊后的档案材料要晾干,不得在阳光下暴晒或使用高温烫烤。

（三）对过窄或破损未空出装订线的档案材料,须进行加边。打眼装订,不得压字和损伤材料内容。

（四）拆除档案材料工的大头针、曲别针、订书钉等金属品,以防止氧化锈毁材料。

第七章　装订与验收入库

第二十一条　每个干部的档案材料,必须装订成卷。装订后的档案,目录在卷首,材料排列顺序与目录相符;卷面整洁,全卷整齐、平坦,装订结实实用,具体做法:

（一）将目录与材料核对无误。

（二）把全卷材料理齐。材料条件好的应做到四面整齐,条件较差的,以装订线一边和下边两面为齐。

（三）在材料左侧竖直打上统一的装订孔。孔距规格应符合《条例》附件一的规定。

（四）一律使用《条例》附件一规定的标准干部档案卷皮。档案卷皮须书写档案人的姓名、籍贯、档案号。书写姓名不得用同音字或不规范的简化字。

第二十二条　干部档案整理装订成卷后,必须进行认真细致的检查,经验收合格后,方能入库。

第八章　整理工作的注意事项

第二十三条　干部档案整理工作人员必须认真贯彻执行《中华人民共和国档案法》《中华人民共和国保守国家秘密法》和干部档案工作的有关规定,严格遵守安全保密制度,保守党和国家的秘密。

（一）在整理档案时,严禁吸烟,以确保档案的安全。

（二）不得私自涂改、抽取或伪造档案材料。

（三）不得擅自处理或销毁档案材料。整理中按规定剔出的档案材料,须进行登记,经主管领导审查批准后分情况予以处理。

（四）在整理档案过程中,要加强对档案材料的管理,防止丢失档案材料和泄露干部档案。

第九章　附　则

第二十四条　本细则由中央组织部干部档案工作部门负责解释。

项目五
会计档案管理

学习目标

知识目标
了解会计档案的基本概念和类型；

熟悉会计档案的移交工作；

掌握会计档案的整理工作。

能力目标
能够理解会计档案的含义；

能够描述会计档案的收集与移交工作；

能够对会计档案进行鉴定与整理；

清楚会计档案的销毁程序。

案例引入

"销毁会计档案"案

浙江省江山市造纸厂厂长杨××于2000年3月,召集本厂经营副厂长、财务科长、副科长、出纳和劳动服务公司的出纳到其办公室,指使上述人员共同对该厂劳动服务公司1999年3月至当日的财务支出流水账、凭证等会计档案进行审核,确认无疑后,将余额结转到新账簿上,由在场人签名。之后,杨××决定沿用该厂以往的做法,将审核过的上述会计资料拿到锅炉房予以销毁。2001年4月5日,杨××仍沿用前次做法,将审核过的该厂财务和该厂劳动服务公司上年度的财务流水账、凭证等会计资料,指使他人拿到锅炉房予以销毁。这两次被烧毁的会计资料,涉及收入金额共计567 952.52元。

事后江山市人民检察院向江山市人民法院提起公诉。指控被告人杨××召集所在单位江山造纸厂的有关负责人,先后两次共同将该厂劳动服务公司的上年度财务流水账凭证等会计资料烧毁。江山造纸厂和杨××的行为构成"销毁会计资料罪"。江山市人民法院经审理认为:被告人杨××身为被告单位江山造纸厂的厂长、法定代表人,召集有关人员审核并指使他人烧毁了该厂的会计资料,其行为与法律的规定公开相悖,可视为情节严重。依照《中华人民共和国刑法》(以下简称《刑法》)第一百六十二条之一的规定,江山造纸厂的行为构成销毁会计资料罪。杨××对江山造纸厂销毁会计资料犯罪行为负有直接责任,是《刑法》第一百六十二条规定的"直接负责的主管人员",应当依法承担销毁会计资料的刑事责任。公诉机关指控的犯罪事件成立,事实清楚,证据确实、充分,遂于2001年11月16日依法作出判决:(一)被告单位江山造纸厂犯销毁会计资料罪,判处罚金10万元;(二)被告人杨××犯销毁会计资料罪,判处有期徒刑一年,缓刑一年,并处罚金5万元。江山市人民法院的上述判决宣判后,两被告均未提出上诉,检察机关也未抗诉,该判决已发生法律效力。

【请你思考】

1.会计档案的特点和作用有哪些?

2.为什么江山市人民检察院会对江山造纸厂和杨××提起公诉? 这说明了会计档案在社会进程中,特别是在维护市场经济秩序中起到了什么样的关键作用?

3.会计档案在销毁时应该注意哪些问题?

理论导读 ···

任务一　认识会计档案

一、　会计档案的定义与类型

会计档案是指会计凭证、会计账簿和财务报告等会计核算专业材料,是记录和反映单位经济业务的重要史料和证据。各级人民政府财政部门和档案行政管理部门共同负责会计档案工作的指导、监督和检查。各单位应根据我国国家档案局1998年颁布的《会计档案管理办法》的规定来管理本单位的会计档案。

会计档案具体包括以下几种类型:

(1)会计凭证类:原始凭证、记账凭证、汇总凭证、其他会计凭证。

(2)会计账簿类:总账、明细账、日记账、固定资产卡片、辅助账簿、其他会计账簿。

(3)财务报告类:月度、季度、年度财务报告,包括会计报表、附表、附注及文字说明,其他财务报告。

(4)其他类:银行存款余额调节表、银行对账单、其他应当保存的会计核算专业资料、会计档案移交清册、会计档案保管清册、会计档案销毁清册。

二、 会计档案的收集

会计档案是指会计凭证、会计账簿和财务报告等会计核算专业材料,是记录和反映单位经济业务的重要史料和证据。各单位必须加强对会计档案管理工作的领导,建立会计档案的立卷、归档、保管、查阅和销毁等管理制度,保证会计档案妥善保管、有序存放、方便查阅,严防毁损、散失和泄密。

任务二　会计档案移交

一、 一般会计档案的整理立卷与移交

单位每年形成的会计档案,应当由会计机构按照归档要求,负责整理立卷、装订成册、编制会计档案保管清册。当年形成的会计档案,在会计年度终了后,可暂由会计机构保管一年,期满之后应当由会计机构编制移交清册,移交本单位档案机构统一保管;未设立档案机构的,应当在会计机构内部指定专人保管。出纳人员不得兼管会计档案。移交本单位档案机构保管的会计档案,原则上应当保持原卷册的封装。个别需要拆封重新整理的,档案机构应当会同会计机构和经办人员共同拆封整理,以分清责任。

二、 一般会计档案的保管与利用

单位保存的会计档案不得借出。如有特殊需要,经本单位负责人批准,可以提供查阅或者复制,并办理登记手续,查阅或者复制会计档案的人员,严禁在会计档案上涂画、拆封和抽换。各单位应当建立、健全会计档案查阅、复制登记制度。采用电子计算机进行会计核算的单位,应当保存打印出的纸质会计档案。具备采用磁带、磁盘、光盘、微缩胶片等磁性介质保存会计档案条件的,由业务主管部门统一规定,并报财政部、国家档案局备案。

三、 终止单位的会计档案移交

单位因撤销、解散、破产或者其他原因而终止的,在终止和办理注销登记手续之前形成的会计档案,应当由终止单位的业务主管部门或财产所有者代管或移交有关档案馆代管。单位分立后原单位存续的,其会计档案应当由分立后的存续方统一保管,其他方可查阅、复制与其业务相关的会计档案;单位分立后原单位解散的,其会计档案应

当经各方协商后由其中一方代管或移交档案馆代管,各方可查阅、复制与其业务相关的会计档案。单位分立中未结清的会计事项所涉及的原始凭证,应当单独抽出由业务相关方保存,并按规定办理交接手续。单位因业务移交其他单位办理所涉及的会计档案,应当由原单位保管,承接业务单位可查阅、复制与其业务相关的会计档案,对其中未结清的会计事项所涉及的原始凭证,应当单独抽出由业务承接单位保存,并按规定办理交接手续。单位合并后原各单位解散或一方存续其他方解散的,原各单位的会计档案应当由合并后的单位统一保管;单位合并后原各单位仍存续的,其会计档案仍应由原各单位保管。

四、 建设单位的会计档案移交

建设单位在项目建设期间形成的会计档案,应当在办理竣工决算后移交给建设项目的接收单位,并按规定办理交接手续。单位之间交接会计档案的,交接双方应当办理会计档案交接手续。移交会计档案的单位,应当编制会计档案移交清册,列明应当移交的会计档案名称、卷号、册数、起止年度和档案编号、应保管期限、已保管期限等内容。交接会计档案时,交接双方应当按照会计档案移交清册所列内容逐项交接,并由交接双方的单位负责人负责监交。交接完毕后,交接双方经办人和监交人应当在会计档案移交清册上签名或者盖章。

此外,《会计档案管理办法》还规定我国境内所有单位的会计档案不得携带出境。驻外机构和境内单位在境外设立的企业会计档案,应当参照境内单位的会计档案的管理规定进行管理。

任务三 会计档案整理

一、 会计档案的整理与鉴定

会计档案的鉴定工作包括会计档案真伪鉴定和价值鉴定两个层面。会计档案的保管期限分为永久、定期两类。定期保管期限分为 3 年、5 年、10 年、15 年、25 年五类。会计档案的保管期限,从会计年度终了后的第一天算起。

》》(一) 企业和其他组织会计档案的保管期限

原始凭证、记账凭证、汇总凭证等会计凭证类,总账、明细账、日记账、辅助账簿等会计账簿类,以及会计移交清册的保管期限都是 15 年,其中,现金和银行存款日记账要保管 25 年,固定资产卡片在固定资产报废清理后保管 5 年。月、季度财务报告的保管期限为 3 年。年度财务报告(决算)、会计档案保管清册和会计档案销毁清册都要永久保存。银行余额调节表、银行对账单的保管期限是 5 年,如表 5-1 所示。

表 5-1　企业和其他组织会计档案保管期限表

序号	档案名称	保管期限	备注
一	会计凭证类		
1	原始凭证	15 年	
2	记账凭证	15 年	
3	汇总凭证	15 年	
二	会计账簿类		
4	总账	15 年	包括日记总账
5	明细账	15 年	
6	日记账	15 年	现金和银行存款日记账保管 25 年
7	固定资产卡片		固定资产报废清理后保管 5 年
8	辅助账簿	15 年	
三	财务报告类		包括各级主管部门汇总财务报告
9	月、季度财务报告	3 年	包括文字分析
10	年度财务报告(决算)	永久	包括文字分析
四	其他类		
11	会计移交清册	15 年	
12	会计档案保管清册	永久	
13	会计档案销毁清册	永久	
14	银行余额调节表	5 年	
15	银行对账单	5 年	

≫ (二)财政总预算、行政单位、事业单位和税收会计档案的保管期限

会计凭证和会计账簿一般保存 10~15 年即可,但对较重要的账簿要适当延长保管期限,如税收日记账(总)和税收票证分类出纳账、现金出纳账、银行存款账的保管期限都可定为 25 年。而行政单位和事业单位固定资产明细账(卡片)在行政单位和事业单位固定资产报废清理后保管 5 年。财务报告中旬、月、季报告一般保存 3~5 年,财政总预算、行政单位和事业单位决算、税收年报(决算)等则应永久保存。会计移交清册应保存 15 年,会计档案保管清册、会计档案销毁清册则要永久保存,如表 5-2 所示。

表 5-2　财政总预算、行政单位、事业单位和税收会计档案保管期限表

序号	档案名称	保管期限			备注
		财政总预算	行政单位、事业单位	税收会计	
一	会计凭证类				
1	国家金库编送的各种报表及缴库退库凭证	10 年		10 年	
2	各收入机关编送的报表	10 年			
3	行政单位和事业单位的各种会计凭证		15 年		包括:原始凭证、记账凭证和传票汇总表
4	各种完税凭证和缴、退库凭证			15 年	缴款书存根联在销号后保管 2 年
5	财政总预算拨款凭证及其他会计凭证	15 年			包括:拨款凭证和其他会计凭证
6	农牧业税结算凭证			15 年	
二	会计账簿类				
7	日记账		15 年	15 年	
8	总账	15 年	15 年	15 年	
9	税收日记账(总账)和税收票证分类出纳账		25 年		
10	明细分类、分户账或登记簿	15 年	15 年	15 年	
11	现金出纳账、银行存款账		25 年	25 年	
12	行政单位和事业单位固定资产明细账(卡片)				行政单位和事业单位固定资产报废清理后保管 5 年
三	财务报告类				
13	财政总预算	永久			
14	行政单位和事业单位决算	10 年	永久		
15	税收年报(决算)	10 年		永久	
16	国家金库年报(决算)	10 年			
17	基本建设拨、贷款年报(决算)	10 年			

续表

序号	档案名称	保管期限			备注
		财政总预算	行政单位、事业单位	税收会计	
18	财政总预算会计旬报	3年			所属单位报送的保管2年
19	财政总预算会计月、季度报表	5年			所属单位报送的保管2年
20	行政单位和事业单位会计月、季度报表		5年		所属单位报送的保管2年
21	税收会计报表(包括票证报表)			10年	电报保管1年,所属税务机关报送的保管3年
四	其他类				
22	会计移交清册	15年	15年	15年	
23	会计档案保管清册	永久	永久	永久	
24	会计档案销毁清册	永久	永久	永久	

注:税务机关的税务经费会计档案保管期限,按行政单位会计档案保管期限规定办理。

二、 会计档案的销毁

对于保管期满经鉴定确实没有保存利用价值的会计档案可以进行销毁,但由于会计档案的重要性和机密性,销毁必须严格按照以下程序进行:

(1)由本单位档案机构会同会计机构提出销毁意见,编制会计档案销毁清册,列明销毁会计档案的名称、卷号、册数、起止年度和档案编号、应保管期限、已保管期限、销毁时间等内容。

(2)单位负责人在会计档案销毁清册上签署意见。

(3)销毁会计档案时,应当由档案机构和会计机构共同派员监销。国家机关销毁会计档案时,应当由同级财政部门、审计部门派员参加监销。财政部门销毁会计档案时,应当由同级审计部门派员参加监销。

(4)监销人在销毁会计档案前,应当按照会计档案销毁清册所列内容清点核对所要销毁的会计档案;销毁后,应当在会计档案销毁清册上签名盖章,并将监销情况报告本单位负责人。

(5)保管期满但未结清的债权债务原始凭证和涉及其他未了事项的原始凭证不得

销毁,应当单独抽出立卷,保管到未了事项完结时为止。单独抽出立卷的会计档案,应当在会计档案销毁清册和会计档案保管清册中列明。正在项目建设期间的建设单位,其保管期满的会计档案不得销毁。

达标训练

知识训练

一、选择题(单项选择)

1.企业设立档案机构的,当年形成的会计档案(   )年度终了后,可暂由本单位会计机构保管。

    A.2 年　　　　　　B.半年　　　　　　C.1 年　　　　　　　D.3 个月

2.根据《会计档案管理办法》,企业现金日记账和银行存款日记账的保管年限为(   )。

    A.10 年　　　　　　B.15 年　　　　　　C.25 年　　　　　　　D.永久

3.档案部门接收保管的会计档案需要拆封重新整理时,正确的做法是(   )。

    A.由原封装人员拆封整理

    B.由财务会计部门拆封整理

    C.由档案部门拆封整理

    D.档案部门会同原财务会计部门和经办人员共同拆封整理

4.根据《会计档案管理办法》,各种总账、明细账的保管年限为(   )。

    A.5 年　　　　　　B.10 年　　　　　　C.15 年　　　　　　D.25 年

5.(   )是指会计凭证、会计账簿和财务会计报告等会计核算专业材料,是记录和反映单位经济业务的重要历史资料和证据。

    A.会计报表　　　　B.会计档案　　　　C.会计总账　　　　D.汇总凭证

6.定期保管会计档案的保管期限分为(   )五类。

    A.1 年、3 年、5 年、10 年、15 年　　　　B.3 年、5 年、10 年、15 年、25 年

    C.3 年、5 年、10 年、20 年、30 年　　　　D.5 年、10 年、20 年、30 年、40 年

7.定期保管的会计档案中,月、季度财务报告的保管期为(   )。

    A.3 年　　　　　　B.5 年　　　　　　C.15 年　　　　　　　D.25 年

8.定期保管的会计档案中,现金和银行存款日记账的保管期限为(   )。

    A.3 年　　　　　　B.5 年　　　　　　C.15 年　　　　　　　D.25 年

9.财政部门销毁会计档案时,应当由(   )派人员参加监销。

    A.同级审计部门　　　　　　　　B.上级审计部门

    C.同级财政部门和审计部门　　　　D.财政部门内部

10.会计档案的保管分为永久、定期两类。定期保管的会计档案期限最长为(   )。

A.15 年　　　　B.20 年　　　　C.25 年　　　　D.30 年

二、判断题（判断正确与否并简要阐明理由）

1.未结清的债权债务原始凭证和涉及其他未了事项的原始凭证,应由档案部门保管到未了事项完结后才能销毁。　　　　　　　　　　　　　　　　　　（　　）

2.根据《会计档案管理办法》,企业银行存款余额调节表的保管年限为 15 年。

（　　）

3.各单位保存的会计档案经本单位负责人批准,可以借出。　　　　　　（　　）

4.不按规定管理会计档案,致使会计档案损毁、遗失的应当受到法律的制裁。

（　　）

5.各单位保存的会计档案原则上不得借出,但如有特殊需要,经本单位负责人批准,可以借出。　　　　　　　　　　　　　　　　　　　　　　　　　（　　）

6.本单位的会计档案机构为方便保管会计档案,可以根据需要对其拆封重新整理。

（　　）

7.企业销毁会计档案时,应由本企业档案部门和会计部门共同派人员监销,监销人在销毁前应清点核对,销毁后在销毁的清册上签名盖章,并报告单位负责人。

（　　）

8.财政部门销毁会计档案时,应当由同级会计档案机构派人员监销。　　（　　）

9.会计档案一般分为会计凭证、会计账簿、财务报告三类。　　　　　　（　　）

10.单位合并后原单位仍存续的,其会计档案仍由原各单位保管。　　　（　　）

三、简述题

1.简述会计档案的归档及各类档案的保管期限。

2.简述会计档案的销毁程序。

能力训练

阅读下面材料,思考后,说一说。

经检查,某企业在会计档案管理中存在以下情况(该企业设有档案管理机构):

1.该企业会计档案的保管年限如下:预算、计划、制度等文件材料和银行存款余额调节表各保管5年,总账、明细账各保管10年,年度会计报表保管25年,银行对账单永久保管。

2.该企业全部会计档案由财务会计部门自行封包保存,全体共同负责,必要时提供查阅。

3.纪检部门办理经济案件需要查阅有关原始凭证,经本单位负责人批准,予以提供方便。

4.会计档案保管期满后,由财务会计部门提出销毁意见,部门负责人批准后全部烧毁。

5.所烧毁的会计档案中含有未结清的应收销货款单据。

6.会计档案烧毁时,由财务会计部门的出纳员在场监销。

7.会计档案烧毁后,监销人未办理任何手续。

讨论:

1.该企业的会计档案管理是否正确?请逐项判断正误,并说明原因。

2.请仔细阅读我国《会计档案管理办法》,结合案例说说应该如何对会计档案进行管理?

知识拓展

目前电算化会计档案管理存在的主要问题

1.电算化会计档案管理制度有待完善

电算化会计档案的收集、管理、查阅、销毁仍沿用手工系统的制度;没有对会计电算化信息系统档案保管人员的职责作出相应的规定;没有采取相应的保障措施来改善保管会计档案的环境等。

2.档案管理人员的业务素质有待提高

在电算化会计档案管理中,档案管理人员缺少档案管理应有的专业知识和计算机应用知识,造成电算化档案管理工作整体水平不高。

3.相关人员的电子档案管理意识较弱

由于会计人员的电算化操作能力较低,对电算化档案的重视不足,操作人员的时间观念不强等原因,导致不能及时按规定将财务系统中的会计资料备份到外存储器中保存,有时又不能正确进行电子文档的备份和检查,造成会计资料的假备份,出现磁盘上的标签与电子文档不符的现象。

4.对收集、整理、利用工作重视不够

目前,大多数单位都实行了会计电算化,重视纸质会计档案,轻视电算化会计档案的现象却普遍存在,归档的只是传统的纸质档案,而电算化会计档案则保存在财务部门,这就给电算化会计档案的规范管理带来了难度。有的单位为了适应电算化信息系统技术、制度环境的变化,会计软件进行了升级,而原有的会计软件及资料未能及时进行整理归档,随着时间的推移,会计档案的完整性、安全性就得不到保证。

5.电算化会计档案自身的特点所形成的问题

(1)电算化会计档案的安全性要求较高。电算化会计档案必须借助于一定的环境(特定的计算机硬件与软件系统)才可以使用,所以极易受计算机病毒的攻击。

(2)实行电算化以后,形成的纸质档案多为打印机打印而成,打印字迹经过一段时间后往往会褪色,达不到规定的保存期限要求。

(3)电算化会计档案对保存环境要求更高。电算化会计档案的载体不仅是通过打印等输出的传统意义上的纸张,更主要的是磁性介质或光盘。

(4)电算化会计档案较传统会计档案具有易于修改、易受破坏且不留痕迹的特点,同时它们又受载体的质量、载体存放环境、载体存储信息的有效期等条件的影响。

（5）电算化会计档案的保存、管理和使用与会计软件的版本存储磁性介质或光盘质量密切相关，会计档案实行电算化时间越长，会计档案与财务软件的版本越多，同时也就对管理的要求越高。

项目六
特殊载体档案管理

学习目标

知识目标

掌握照片档案的概念和管理方法；

了解录音、录像档案管理的概念和管理方法；

明确实物档案的概念和管理方法；

掌握电子档案的概念和管理方法。

能力目标

能够正确进行照片档案的整理；

能够对录音、录像档案实施分类整理、编目与保管；

能够对实物档案实施编目与管理；

能够进行电子档案的科学管理。

案例引入

"南京大屠杀"照片档案

在新民主主义时期，一些普通民众也保护着照片档案。在这里值得大书特书的是"南京大屠杀"现场照片的收藏者罗瑾和吴弦。1938年初，一位日本军官到南京一家照相馆冲洗胶卷。罗瑾当时在该照相馆当学徒，他在冲洗这些胶卷时惊呆了，原来这些胶卷是日军屠杀中国人的血淋淋的现场照片。罗瑾意识到这些照片日后可能有用，便冒着生命危险当即偷偷加印了一套。之后，他又从日军送来的冲洗胶卷中，陆续加印了一些日军烧、杀、奸、掠的照片，总共30余张，再从中选出16张，装入自制相册收藏起来。1940年，罗瑾在南京某电讯集训队学习时，把相册带进集训队，藏在床铺底下。一天，日军突然闯进大搜查，罗瑾马上把相册转移到厕所的壁缝里。后被同在集训队学习的吴弦发现。吴弦不知谁人所藏，又怕被日军发现，就将相册悄悄转移到通讯队所在地毗卢寺佛像的底座下。日军投降后，吴弦立即把相册呈交给南京临时参议会。1946年秋，前日军第六师团一号头目谷寿夫在南京被审判。当谷寿夫企图抵赖南京大屠杀罪行时,吴弦提供的16张照片成为揭露日军暴行的铁证。谷寿夫被判处死刑。几十年来,这些照片将日本军国主义的罪行赤裸裸地钉在历史的罪恶柱上,永世不得抵赖。

【请你思考】

1.什么是照片档案?

2.案例中的照片档案为什么能够成为揭露日军暴行的铁证? 这说明了照片档案有什么作用?

3.如果发现珍贵的照片档案,我们应该如何处置?

理论导读 ···

任务一 照片档案管理

一、 照片档案的概念

照片档案是国家机构、社会组织或个人在社会活动中直接形成的以静止摄影影像为主要反映方式的有保存价值的历史记录。照片档案一般包括底片、照片和说明三部分。芯页是用以固定照片或底片,并标注说明的中性偏碱性纸质载体,是照片册、底片册的组成单元。

二、 照片档案的收集

》(一)收集范围

(1)记录本单位主要职能活动和重要工作成果的照片:①领导人和著名人物参加与本单位、本地区有关的重大公务活动的照片;②本单位组织或参加的重要外事活动的照片;③记录本单位、本地区重大事件、重大事故、重大自然灾害及其他异常情况和现象的照片。

(2)记录本地区地理概貌、城乡建设、重点工程、名胜古迹、自然风光以及民间风俗和著名人物的照片。

(3)其他具有保存价值的照片。

≫ (二)收集要求

(1)对属于收集与归档范围的照片,应按照规定定期向本单位档案机构或档案工作人员归档,集中管理,任何单位或个人不得据为己有。

(2)对存有真伪疑义的照片应采取必要措施进行鉴定。

(3)对反映同一内容的若干张照片,应选择其主要照片归档。主要照片应具备主题鲜明、影像清晰、画面完整、未加修饰剪裁等特点。

(4)底片、照片、说明应齐全。

(5)底片与照片影像应一致。

(6)对无底片的照片应制作翻拍底片,对无照片的底片应制作照片。

(7)照片档案的移交和征集应符合有关标准的要求。

≫ (三)收集时间

(1)对具有归档价值的照片,其摄影者或承办单位应及时整理,向档案室归档,一般不应跨年度。

(2)照片档案应随立档单位其他载体形态的档案一起向有关档案馆移交。在特殊情况下,经同级档案行政管理部门同意可以提前或延迟移交。

(3)档案馆应按收集范围随时征集零散的、对国家和社会具有保存价值的照片。

三、　照片档案的整理

照片档案的整理应遵循有利于保持照片档案的有机联系、有利于保管、有利于提供利用的原则。照片档案的底片与照片应分开存放。

≫ (一)底片的整理

1.底片的编号

底片号是固定和反映底片在全宗内排列顺序的一组字符代码,由全宗号、保管期限代码、张号组成。其格式如下:全宗号—保管期限代码—张号。

(1)全宗号:档案馆给立档单位编制的代号。

(2)保管期限代码:分别用"1、2、3"或"Y、C、D"对应代表永久、长期、短期。

(3)张号:在某一全宗某一保管期限内底片的排列从"1"开始的顺序编号。

2.底片号的登录和底片袋的标注

应使用铁笔将底片号横排刻写在胶片乳剂面片边处(刻写不下时,前段可不写),不得影响画面;也可采用其他方式将底片号附着在胶片乳剂面片边处,不得污染胶片。底片号登录顺序应与照片号登录顺序保持一致。

底片放入底片袋内保管,一张一袋。应在底片袋的右上方标明底片号。对翻拍底片,应在底片袋的左上方标明"F"字样。对拷贝底片,应在底片袋的左上方标明"K"字样。

3.底片的入册

底片册一般由 297 mm × 210 mm 大小的若干芯页和封面、封底组成。应按底片号顺序将底片袋依次插入底片册。芯页的插袋上应标明相同的底片号。对幅面超过底片册芯页尺寸的大幅底片,应在乳剂面垫衬柔软的中性偏碱性纸张后,放入专用的档案袋或档案盒中,按底片号顺序排列。

4.册内备考表

册内备考表项目包括本册情况说明、立册人、检查人、立册时间。册内备考表应放在册内最后位置。

本册情况说明,应填写册内底片缺损、补充、移出、销毁等情况。对底片册立册以后发生或发现的问题,应由有关的档案管理人员填写说明,并签名、标注时间。

5.底片册的封面、册脊和排列

底片册的封面应印制"底片册"字样;底片册册脊的项目包括全宗号、保管期限、起止张号、册号;底片册按照全宗号、保管期限、册号的顺序排列,上架保存。

≫(二)照片的整理

1.分类排列

照片档案应在全宗内按保管期限—年度—问题进行分类。跨年度且不可分的照片,也可按保管期限—问题—年度进行分类。分类方案应保持前后一致,不应随意变动。然后,在分类方案的最低一级类目内,按问题结合时间、重要程度等进行排列。

2.编号入册

照片号是固定和反映每张照片在全宗内分类与排列顺序的一组字符代码,有全宗号—保管期限代码—册号—张号或全宗号—保管期限代码—张号两种格式。

照片册一般由 297 mm × 210 mm 大小的若干芯页和封面、封底组成。芯页以 30页左右为宜,有活页式和定页式两种。应按照分类、排列顺序即照片号顺序将照片固定在芯页上,组成照片册,如图 6-1 所示。

3.照片卡片说明的填写

说明应采用横写格式,分段书写,如表 6-1 所示。其格式及内容如下:

(1)题名:应简明概括、准确反映照片的基本内容,人物、时间、地点、事由等要素尽可能齐全。

(2)照片号:编号方法见前。

(3)底片:如采用照片、底片合一编号法,可不填写底片号。

(4)参见号:是指与本张照片有密切联系的其他载体档案的档号,如参见文书档案

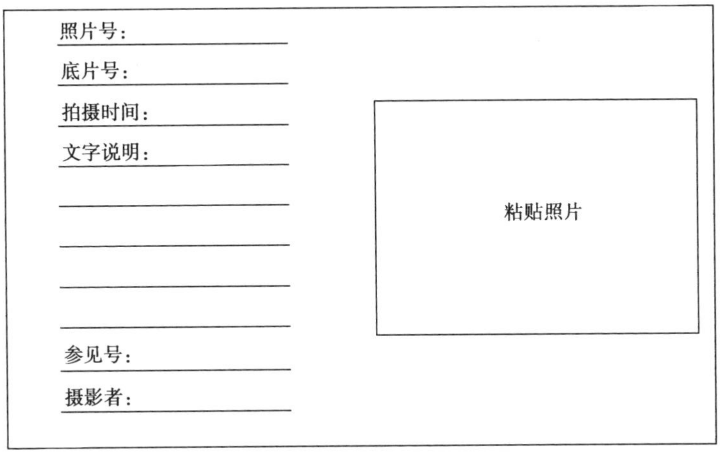

图 6-1　照片册芯页

0113-2-18 或科技档案 G-J-21。

（5）时间：照片的拍摄时间用 8 位阿拉伯数字表示，如 2010 年 3 月 2 日写作 20120302。

（6）摄影者：一般填写个人，必要时可加写单位。

（7）文字说明：应综合运用事由、时间、地点、人物、背景、摄影者等要素，概括揭示照片影像所反映的全部信息；或仅对题名未及内容作出补充。其他需要说明的事项亦可在此栏表述，例如照片归属权不属于本单位的，应注明照片版权、来源等。

（8）密级：应按 GB/T 7156 所规定的字符在照片周围选一固定空白处标明，使用印章亦可。

表 6-1　照片卡片说明式样

题名	××市副市长×××在 2012 年全市档案工作会议上讲话	题名	××市档案局局长×××在 2012 年全市档案工作会议上讲话
照片号	106-2-1-001	照片号	106-2-1-001
底片号	106-2-1-001	底片号	106-2-1-001
参见号		参见号	
时间	20120120	时间	20120120
摄影者	×××	摄影者	×××
文字说明	2012 年 1 月 20 日××市档案局召开全市档案工作会议，参加会议人员有：区县分管县长、档案局长、副局长、市级机关有关单位档案人员。会议内容安排部署 2012 年目标任务及开展档案工作规范化管理等	文字说明	2012 年 1 月 20 日××市档案局召开全市档案工作会议，参加会议人员有：区县分管县长、档案局长、副局长、市级机关有关单位档案人员。会议内容安排部署 2012 年目标任务及开展档案工作规范化管理等
题名		题名	

续表

照片号		照片号	
底片号		底片号	
参见号		参见号	
时间		时间	
摄影者		摄影者	
文字说明		文字说明	

此外,单张照片的说明,可根据照片固定的位置,在照片的右侧、左侧或正下方书写。对大幅照片的说明可另纸书写,与照片一同保存。一组(若干张)联系密切的照片按顺序排列后,可拟写组合照片说明。采用组合照片说明的照片,其单张照片说明可以从简。

4.照片档案目录的编制

照片档案目录种类包括册内目录、基本目录、分类目录、主题目录、摄影者目录等。

照片档案基本目录的必备项目有照片号、题名、时间、摄影者、底片号、备注,可根据需要增加项目。基本目录的条目应按照片号排序。

册内照片目录为选择性目录。其组成项目有照片号、题名、时间、页号、底片号、备注。册内目录的条目应按照片号排序。册内目录位于册内最前面,式样如表6-2所示。

表6-2 照片档案册内目录

照片号	题名	拍摄时间	页号	底片号	备注

四、照片档案的保管

》(一)底片袋、底片册、照片册使用材料

底片袋应使用表面略微粗糙和无光泽的中性偏碱性纸制材料制作,使用中性胶粘剂,接缝应在袋边。底片册、照片册所用封面、封底、芯页均应采用中性偏碱性纸质材料制作,且不易产生碎屑或脱落的纤维。

≫（二）底片、照片保存装具要求

底片、照片应在能关闭的装具中保存,如存储柜、抽屉、有门的书架或文件架等。储存柜架应采用不可燃、耐腐蚀的材料,避免使用木制及类似材料。木制材料易燃烧、易腐蚀,还可能挥发出某些有害气体,促使底片、照片老化或褪色。储存柜架的喷涂用料应稳定耐用,且对储存的底片、照片无有害影响。对储存柜架进行排列时,应保证空气能在其内部循环流通。

≫（三）底片、照片保存环境要求

（1）底片、照片应恒温、恒湿保存。长期储存环境,24 小时内温度的周期变化不应大于±2 ℃,相对湿度变化不应大于±5%。中期储存环境,24 小时内温度的周期变化不应大于±5 ℃,相对湿度变化不应大于±10%。这样的温度、湿度条件,应在各单独的储存器具内或整个储存室内加以保证。底片、照片储存的温、湿度与提供利用房间的温、湿度若存在较大差别,应设缓冲间,在其提供利用前应在缓冲间过渡几小时。

（2）进入储存室或储存柜的空气应首先经过机械过滤器过滤,以免空气中的固体颗粒擦伤胶片或与胶片起反应。

（3）库房条件和防火、防水、防潮、防日光及紫外线照射、防污染、防有害生物、防震、防盗等要求,应符合 JGJ 25 的规定。

≫（四）严格的使用和存放规则

（1）储存库房应除了要保持整齐、清洁外,还应该有严格的使用和存放规则。

照片档案入库前,对受污染的照片、底片应进行必要的技术处理。接触底片的人员应戴洁净的棉质薄手套,轻拿底片的边缘。底片册、照片册应立放,不应堆积平放,以免堆在下面的底片、照片受压后造成粘连。

（2）每隔两年应对底片、照片进行一次抽样检查,不超过五年进行一次全面检查。若温、湿度出现严重波动,应缩短检查的间隔期。

检查中应密切注意底片、照片的变化情况（卷曲、变形、变脆、粘连、破损、霉斑、褪色等）,亦应注意包装材料的变质问题,并做好检查记录。若发现问题,应查明原因,及时采取补救措施。

任务二　声像档案管理

一、　声像档案的概念

声像档案包括录音档案和录像档案,是一种用专门的器械和材料,采用录音、录像的方法,记录声音和图像的一种特殊载体的档案。有唱片、磁带录音、磁带录像、碟片、录音录像带等形式。

在录音、录像档案产生比较多的单位,经过审批后的录音、录像材料才能归档。与磁带内容有关的文字材料应与磁带同时归档。在录音、录像档案不多的单位,要通过各种方式开展经常性的收集。向有关人员宣传档案工作的基本常识,防止在未经审查与批准的情况下,把反映本单位基本活动面貌的磁带很快消磁,造成不可弥补的损失。

二、 声像档案的分类与编目

≫ (一)声像档案的分类

(1)在一般单位,声像档案形成的量不大,内容也比较单一,可暂不分类整理。

(2)声像档案较多的单位,如广播电台、电视台等,可按内容进行分类,通常按政治、经济、文学艺术、科学、教育等分为若干类别。如果数量多,还可以再分属类。分类时应把永久保留性节目与临时性节目分开,把机密的与一般的分开,把不同版种区别开来(原版、复制版、播出版)。

≫ (二)声像档案的编目

档案部门对验收并须入库的声像档案,应登记入册。如果数量少,只需建立总登记簿即可,按收到的先后次序入册即可。

登记的项目包括:编号、收到日期、录制日期、内容、责任者、录制单位、录制地点、放送时间、技术状况(消磁情况、模板质量)、数量备注等。编号采用流水编号或分类号—类流水号。

如档案数量多,可先进行分类,然后建立分类登记簿,登记项目如上。经过登记的声像档案应装在特制的盒内或套内,在盒套外面贴上标签,上面注明题目(内容)、讲演人、录制日期、卷(盘)数、编号、带长、时间等项内容。盒内还附有文字材料,并统一编号。

三、 声像档案的保护措施与存放环境

声像档案接收后,未经批准手续,不能随意消磁。如有必要消磁,只能征求有关业务部门和主管领导同意,履行签批手续后,方可消磁,并做好注销记录。

声像档案在保管中要注意以下几点:

(1)接收入库的磁带录音要装入特制的磁带盒内,在盒内应有固定盘心的定位装置。

(2)磁带装入盒后应松紧适度,不应过紧。

（3）磁带应卷绕平整，不能有折皱、弯曲、防止带体损坏。

（4）磁带要竖放，防止挤压，并定期绕带进行检查。

（5）磁盘盒应有一定的硬度，以防变形。

声像档案的存放条件要求比一般纸质档案的存放条件还要严格。除达到一般纸质档案的保管条件要求外，还要特别注意远离磁场，如果磁带离磁场太近，会使磁带退磁或磁化，造成信号失落，影响重放效果。有条件的单位，可以使用防磁柜来存放录音录像档案效果更佳。

任务三　实物档案管理

一、　实物档案的概念

实物档案，是指法人、其他组织以及个人在其工作活动中形成的对国家和社会有保存价值的以物质实体为载体的物品档案。

实物档案的归档范围包括：

（1）本单位获得的各种奖状、奖杯、奖牌、锦旗、荣誉证书、光荣册等。

（2）上级领导、知名人士、有关单位赠送给本单位的题词、锦旗、牌匾、字画、工艺品等。

（3）本单位对外交往中获赠的重要纪念品。

（4）本单位组织的各种重大活动中形成的纪念品。

（5）机构成立以来使用过的牌、匾。

（6）本地区、本企业第一批生产的、获奖的及重要的产品样品。

（7）其他有保存价值的实物。

二、　实物档案的整理

实物档案的保管期限暂定为永久和定期两种。

≫ （一）归档实物的分类

归档实物以件为单位进行整理（成套实物为一件）。归档实物可按物品种类分类；实物档案较少的单位，可不分类。

≫ （二）归档实物的排列

归档实物可按种类结合时间进行排列，也可按归档时间顺序排列。

≫（三）归档实物的编号

归档实物应按分类方案和排列顺序逐件编档号，并在不影响实物品相的合适位置粘贴标签。标签式样如图6-2所示。

档号	106-008-001	保管期限	永久
正题名	荣获"全国档案系统先进单位"称号的奖牌		
发证单位	中华人民共和国人事部、国家档案局		
发证时间	2009年2月5日		
立档单位	××市档案局		

图6-2   实物档案标签

1.标签粘贴位置

（1）奖牌、证书、奖状：粘贴在右下角。

（2）奖杯：粘贴在杯座上。

（3）锦旗：粘贴在旗杆上。

2.归档实物的档号

一般由全宗号、类别号、件号组成（不进馆单位全宗号不填）。归档实物的档号有全宗号—类别号—件号和全宗号—件号两种格式。

≫（四）实物档案目录的编制

1.编制实物档案目录

归档实物应按分类方案和档号顺序编制实物档案目录。实物档案目录设置档号、题名、实物来源、形成日期、实物类别、实物数量、保管期限、存放地点、互见号、备注等项目，如表6-3所示。

表6-3   实物档案目录式样

档号	题名	实物来源	形成日期	实物类别	实物数量	保管期限	存放地点	互见号	备注
106-008-001	某市档案局荣获"全国档案系统先进单位"称号的奖牌	中华人民共和国人事部、国家档案局	20090205	奖牌	1	永久	档案室		
106-008-002	某市档案局荣获"2008年度先进党组织"称号的奖牌	中共某市直机关工委	20090100	奖牌	1	永久	荣誉室		
……	……	……	……	……	……	……	……		

2.编制实物档案目录封面

实物档案目录封面设置全宗名称、实物类别等项目,如图6-3所示。其中全宗名称为必填项,实物类别为可选项。实物档案目录及实物档案目录封面用纸幅面尺寸采用国际标准 A4 型。

实物档案目录封面

全宗名称＿＿＿＿×市档案局＿＿＿＿

项目类别＿＿＿＿＿＿奖牌＿＿＿＿＿＿

图 6-3　实物档案目录封面

此外,归档的实物应当拍照归档,所拍照片纳入本单位照片档案的管理,两者之间要建立准确、可靠的标识关系。本单位在对外交往中赠送给对方的重要实物,也应当拍照归档。

三、　实物档案的保管、利用、移交

实物档案应使用专库或专柜保管,定期除尘,做好防虫、防锈蚀的技术保护,确保实物档案完好无损。利用实物档案必须严格履行借阅登记手续,珍贵的或不易搬动的实物档案,一般提供实物档案照片使用。实物档案移交时,交接双方应办理移交手续,如表6-4所示。

表 6-4　实物档案移交目录

序号	移交部门或移交人	内容	件数	接收时间	备注

任务四　电子档案管理

一、　电子档案的概念

电子文件是指在数字设备及环境中生成,以数码形式存储于磁带、磁盘、光盘等载体,依赖计算机等数字设备阅读、处理,并可在通信网络上传送的文件。电子公文,我们这里专指各地区、各部门通过由国务院办公厅统一配置的电子公文传输系统处理后，形成的具有规范格式的电子数据。电子公文是电子文件的一个特殊组成部分，电子文件与电子公文是包含关系。

电子文件有特定的载体——磁带、磁盘、光盘等，有构成信息的特定形式——数码形式，必须依赖计算机软、硬件设备才可以阅读处理，通过现代化的网络技术可方便快捷地查找、传输所载信息，这是电子文件共有的特点。

电子文件归档，就是通过电子计算机将整理好的电子文件和它生存的环境条件一并转存在磁性记录材料或光盘等载体上储存。只有具有参考和利用价值的电子文件才可归档保存，电子文件归档后即形成电子档案。

随着电子计算机的广泛应用，电子文件在我们工作过程中已经大量产生，但是，我们在电子文件收集、积累、归档方面的工作没有及时跟上，电子文件管理方面存在许多问题：

(1)草稿性电子文件处于自生自灭状态。多数单位只用电子计算机起草文件，一旦打印出了纸质正式文件，作为草稿性的电子文件就被忽视。

(2)辅助性电子文件处于无人管理的状态。一些单位虽然注意到了电子文件便于查阅等优点，在计算机内保存了大量的电子文件，把它当作纸质文件的一个辅助，但杂乱无章，没有对电子文件进行系统化整理，管理人员不确定，责任不明确，等同于无人管理。

(3)有些电子文件存储载体不安全，信息记录格式不标准。有存在硬盘上的，有存在软盘上的，也有保存在制式不同的光盘上的，有安全隐患。

(4)电子文件生成的设备环境数据缺少登记，一些相关软件参数也缺少妥善的保护措施。电子文件对设备有依赖性，一些单位保留电子文件时，没有将其生成的软件及设备等方面的信息保留下来。

(5)档案工作人员缺少电子文件归档管理的知识和经验。

电子文件蕴藏着丰富的信息资源，管理不好，利用不好都是资源的巨大浪费。随着办公自动化的日益普及，电子文件的归档与管理的重要性变得愈加重要了。

在一个单位内部，电子文件从形成到归档，要跨越多个部门，所以，电子文件归档工作应当由单位的综合部门或主要负责人统一协调，指定专门机构或专人负责。原则上，电子文件的形成、承办、归档等工作由电子文件形成部门负责，档案保管部门予以指导监督，并对保管方法提出意见和建议。归档后形成的电子档案管理工作由档案保管部门负责，电子文件形成部门提供协助和支持。这样既有统一领导，又有明确分工；既有严格管理，又有相互协作，并能够充分保证电子文件归档后形成的电子档案的真实性、完整性、有效性。

二、　电子档案管理工作的内容

电子档案管理工作由电子文件整理归档、电子档案保管利用、电子档案鉴定销毁、电子档案登记统计等工作构成。

》（一）电子文件整理归档

电子文件归档通常要经历以下几个环节：收集积累、鉴定检测、整理归档、移交和接收。

1.收集积累

电子文件收集归档时应注意真实性、完整性和有效性的统一。

真实性，包括原始性和准确性。所谓原始性即是否是形成时的，或通过审批更改的电子文件。所谓准确性，即是否是产品定型技术状态。

完整性，要求归档的电子文件既要有完整的文件信息，又要有背景信息和元数据。

有效性，就是达到档案的功能价值，如凭证作用等，是真实性在利用方面的一个表现。要确保电子档案的真实性、完整性、准确性需要建立规范的电子文件管理制度。

（1）电子文件收集范围。

①记录了重要文件的主要修改过程和办理情况，有查考价值的电子文件及其电子版本的定稿均应被保留。

②正式文件是纸质的，如果保管部门已开始进行向计算机全文的转换工作，则与正式文件定稿内容相同的电子文件应当保留，否则可根据实际条件或需要，确定是否保留。

③公务或其他事务处理过程只产生了电子文件时，应采取严格的安全措施，保证电子文件不被非正常改动。同时应随时对电子文件进行备份，存储于能够脱机保存的载体上。

④在网络系统中处于流转状态，暂时无法确定其保管责任的电子文件，应采取捕获措施，集中存储在符合安全要求的电子文件暂存存储器中，以防散失。

（2）几种电子文件收集时的技术处理。

①对于文字处理技术形成的文本电子文件，收集时应注明文字存储格式、文字处理工具等，必要时同时保留文字处理工具软件。文字型电子文件以 XML、RTF、TXT 为通用格式。

②对用扫描仪等设备获得的采用非通用文件格式的图像电子文件，收集时应将其转换成通用格式，如无法转换，则应将相关软件一并收集。扫描型电子文件以 JPEG、TIFF 为通用格式。

③对用计算机辅助设计或绘图等设备获得的图形电子文件，收集时应注明其软、硬件环境及相关数据。对用视频或多媒体设备获得的文件以及用超媒体链接技术制作的文件，应同时收集其非通用格式的压缩算法和相关软件。视频和多媒体电子文件以 MPEG、AVI 为通用格式。

④对于音频设备获得的声音文件，应同时收集其属性标识、参数和非通用格式的相关软件。音频电子文件以 MAV、MP3 为通用格式。

⑤对通用软件产生的电子文件,应同时收集其软件型号、名称、版本号和相关参数手册、说明资料等。专用软件产生的电子文件,原则上应转换成通用型电子文件,如不能转换,收集时则应连同专用软件一并收集。

计算机系统运行和信息处理等过程中涉及的与电子文件处理有关的参数、管理数据等应与电子文件一同收集。对套用统一模板的电子文件,在保证能恢复原形态的情况下,其内容信息可脱离套用模板进行存储,被套用模板作为电子文件的元数据保存。

（3）电子文件收集登记。

每份电子文件均应在《电子文件登记表》（表6-5、表6-6）中登记,电子文件登记表应与电子文件同时保存。电子文件登记表如果制成电子表格,应与电子文件一同保存,永久保存的电子表格应附有纸质等拷贝件并与相应的电子文件拷贝一起保存。

表 6-5　电子文件登记表（首页）

<table>
<tr><td rowspan="6">文件特征</td><td colspan="2">形成部门</td><td></td><td colspan="2"></td><td></td></tr>
<tr><td colspan="2">完成日期</td><td></td><td>载体类型</td><td colspan="2"></td></tr>
<tr><td colspan="2">载体编号</td><td colspan="4"></td></tr>
<tr><td colspan="2">通信地址</td><td colspan="4"></td></tr>
<tr><td colspan="2">电话</td><td></td><td>联系人</td><td colspan="2"></td></tr>
<tr><td rowspan="4">设备环境特征</td><td colspan="2">硬件环境
（主机、网络服务器
型号、制造厂商等）</td><td colspan="4"></td></tr>
<tr><td rowspan="3">软件环境
（型号、版本等）</td><td>操作系统</td><td colspan="3"></td></tr>
<tr><td>数据库系统</td><td colspan="3"></td></tr>
<tr><td>相关软件
（文字处理工具、
文字浏览器、
压缩或解密软件等）</td><td colspan="3"></td></tr>
<tr><td rowspan="4">文件记录特征</td><td colspan="2" rowspan="2">记录结构
（物理、逻辑）</td><td rowspan="2"></td><td rowspan="2">记录类型</td><td>☐定长
☐可变长</td><td>记录总数</td></tr>
<tr><td>☐其他</td><td>总字节数</td></tr>
<tr><td colspan="2">记录字符及图形、
声音、视频
文件格式</td><td colspan="4"></td></tr>
<tr><td colspan="2">文件载体</td><td colspan="2">型号:
数量:
备份数:</td><td>☐一件一盘　☐多件一盘
☐一件多盘　☐多件多盘</td><td></td></tr>
</table>

续表

制表审核	填表人(签名) 　　年　　月　　日
	审核人(签名) 　　年　　月　　日

表 6-6　电子文件登记表(续页)　　　　　第　页

文件编号	题名	形成时间	文件稿本代码	文件类别代码	载体编号	保管期限	备注

注:电子文件稿本代码:M—草稿性电子文件;U—非正式电子文件;F—正式电子文件。

电子文件类别代码:T—文本文件;I—图像文件;G—图形文件;V—影像文件;A—声音文件;O—超媒体链接文件;P—程序文件;D—数据文件。

(4)备份。

为保证电子文件安全归档,电子文件形成部门在归档前,应定期制作电子文件备份。

2.鉴定检测

电子文件归档时,要对电子文件的真实性、完整性、有效性进行鉴定。确定密级,是否属于归档范围,划定保管期限。具体程序如下:

(1)电子文件形成部门按照规定项目对电子文件的真实性、完整性和有效性进行检验。

(2)填写《归档电子文件移交、接收检验登记表》,如表 6-7 所示。负责人签署审核意见。

表 6-7　归档电子文件移交、接收检验登记表

检验项目	单位名称	
	移交单位	接收单位
载体外观检验		
病毒检验		
真实性检验		
完整性检验		
有效性检验		
技术方法与相关软件说明 登记表、软件、说明资料检验		
填表人(签名)	年　月　日	年　月　日
审核人(签名)	年　月　日	年　月　日
单位(印章)	年　月　日	年　月　日

(3)按照单位制订的归档范围,确定电子文件是否归档。

(4)检查归档范围内的电子文件是否包括背景信息和元数据。

(5)划分密级,确定使用权限。

(6)划分保管期限,并在电子文件机读目录上逐件标识。

电子文件归档时,要对归档电子文件的基础技术条件进行检测,检测内容包括硬件环境的有效性、软件环境的有效性、信息记录格式、病毒检查等。

3.整理归档

电子文件归档前要进行系统整理。整理以件为单位,同一全宗内的电子文件按照"年度—保管期限—机构(问题)"或"保管期限—年度—机构(问题)"进行分类,方法与文书档案相同。建议按"年度—保管期限—机构(问题)"分类,这是因为多数单位每年形成的电子文件有相当数量,同时考虑的是这种方法与传统档案分类方法的一致性。

完成分类的电子文件要按类别代码集中保存到存储载体上。

电子文件归档可分两步进行,对实时进行的归档先进行逻辑归档,然后进行物理归档。具体步骤如下:

(1)将电子文件的管理权从网络上转移至档案部门,存储格式和位置暂时不变。

(2)把带有归档标识的电子文件集中拷贝到耐久性好的载体上,一式三套,一套封存保管,一套提供利用,一套异地保存。

(3)在电子文件载体中建立相应的机读目录。

（4）在存储载体上贴写标签，注明载体序号、全宗号、类别号、密级、保管期限、存入日期等。

（5）以"盘"为单位填写《归档电子文件登记表（首页）》，以"件"为单位填写《归档电子文件登记表（续页）》（这两个表格可参考表 6-6 和表 6-7）。

（6）对已归档的电子档案载体进行写保护，禁止写操作。

归档后，电子文件的形成部门应将存有归档前电子文件的载体保存一年以上。

4.移交和接收

检验移交：对归档电子文件，应按有关规定进行认真检验。在检验合格后将其如期移交档案馆等档案保管部门，进行集中保管。在已联网的情况下，归档电子文件的移交和接收工作可在网络上进行，但仍需履行相应的手续。

文件形成单位在移交电子文件之前，档案保管部门在接收电子文件之前，均应对归档的每套载体及其技术环境进行检验，合格率达到 100% 时方可交接。检验项目如下：

（1）载体有无划痕，是否清洁。

（2）载体有无病毒。

（3）核实归档电子文件的真实性、完整性、有效性检验及审核手续。

（4）核实登记表、软件、说明资料等是否齐全。

（5）对特殊格式的电子文件，应核实其相关的软件、版本、操作手册等是否完整。

检验结果分别由移交单位、接收单位填入《归档电子文件移交、接收检验登记表》的相应栏目。

档案保管部门应按照要求及检验项目对归档电子文件逐一验收。对检验不合格者，应退回形成单位重新制作，并再次对其进行检验。档案保管部门验收合格，完成《归档电子文件移交、接收检验登记表》的填写、签字、盖章环节。登记表一式两份，一份交电子文件形成单位，一份由档案保管部门自存。

≫（二）电子档案的保管与利用

1.电子档案的保管

归档电子文件的保管除符合纸质档案的所有要求外，还应符合下列条件：

（1）归档载体应作防写处理，避免擦、划、触摸记录涂层。

（2）单片载体应装盒，竖立存放，且避免挤压。

（3）存放时应远离强磁场、强热源，并与有害气体隔离。

（4）环境温度选定范围：17~20 ℃；相对湿度选定范围：35%~45%。

归档电子文件的形成单位和档案保管部门每年均应对电子文件的读取、处理设备的更新情况进行一次检查登记。设备环境更新应确认库存载体与新设备的兼容性；如不兼容，应进行归档电子文件的载体转换工作，原载体保留时间不少于 3 年。保留期满后对可擦写载体清除后重复使用，不可清除内容的载体应按保密要求进行处置。

对磁性载体每满 2 年、光盘每满 4 年进行一次抽样机读检验,抽样率不低于 10%,如发现问题应及时采取恢复措施。对磁性载体上的归档电子文件,应每 4 年转存一次。原载体同时保留时间不少于 4 年。档案保管部门应定期将检验结果填入《归档电子文件管理登记表》。

2.档案的利用

电子档案的利用要注意以下几点:

(1)归档电子文件的封存载体不应外借。

(2)未经批准任何单位或人员不允许擅自复制电子文件。

(3)利用时应使用拷贝件。

(4)利用时应遵守保密规定。

(5)对具有保密要求的归档电子文件采用联网的方式利用时,应遵守国家或部门有关保密的规定,有稳妥的安全保密措施。

(6)要严格界定电子档案的利用范围,利用者对归档电子文件的使用应在权限规定范围之内。

>>> (三)电子档案的鉴定销毁

到保管期限的电子档案要经过鉴定,确认没有保存价值后,经合法程序审定后,进行销毁,具体办法参照国家关于档案鉴定销毁的有关规定执行。

属于保密范围的电子文件,如存储在不可擦除载体上,应连同存储载体一起销毁,不属于保密范围的归档电子文件可进行逻辑删除。

>>> (四)电子档案的登记统计

从电子文件形成开始,要不间断地对电子文件的有关处理操作进行登记与统计,这是一项十分困难的工作,但也是必须做好的一项工作。

达标训练 ••

知识训练

一、选择题(单项选择)

1.磁带的存放方法是( )。

    A.平放   B.卷放   C.竖放   D.叠放

2.录音、录像档案以音乐、语言和形象传播文化和知识,使利用者有"身临其境"之感,这体现了它的什么特点?( )

    A.存储性   B.真实性   C.直感性   D.动态性

3.录音、录像档案如果接近超过( )奥斯特的磁场,信息就有可能丢失。

    A.50   B.60   C.70   D.80

4.磁带应每隔(　　)月重绕一次。

  A.4~10　　　　　B.6~12　　　　　C.8~12　　　　　D.10~12

5.照片档案由底片、照片和(　　)构成。

  A.底片袋　　　　B.照片簿册　　　　C.文字说明　　　　D.照片目录

6.照片档案的收集除了接收、征集以外,对某些个人手中珍贵的照片还可以(　　)。

  A.复印　　　　　B.仿制　　　　　C.翻拍　　　　　D.扫描

7.存储在磁性载体上的电子文件,要定期进行数据读取检验,间隔时间一般在(　　)。

  A.1~2年　　　　B.2~4年　　　　C.2~3年　　　　D.1~3年

8.下面哪一种做法是正确的?(　　)

  A.多张照片用盒子或袋子装在一起　B.照片簿册立放

  C.卷片压摞叠放　　　　　　　　　D.声像档案放在光线强烈的地方

9.不适宜的温、湿度将造成照片和底片出现各种变质与损毁。如果温度过高,则会出现下面哪一种情况?(　　)

  A.底片中明胶融化,易粘连　　　　B.发霉变质

  C.发生断裂、干裂　　　　　　　　D.信息丢失

10.将彩色照片处理成(　　)照片,有利于长期保存。

  A.反转　　　　　B.黑白　　　　　C.负片　　　　　D.图像数据

二、判断题(判断正确与否并简要阐明理由)

1.实物档案一般一组实物编一个号码。　　　　　　　　　　　　(　　)

2.声像档案要使用规范材质。　　　　　　　　　　　　　　　　(　　)

3.存储在磁性载体上的电子文件,要定期进行数据读取检验,间隔时间一般在1~2年。　　　　　　　　　　　　　　　　　　　　　　　　　　(　　)

4.购进或外单位赠送的照片,如果只是作为相互学习与交流用,则可视为资料存放。　　　　　　　　　　　　　　　　　　　　　　　　　　　(　　)

5.档案部门一般应该保存声像制品的母带,在利用时则尽量使用复制带。(　　)

6.录像档案一般保管期限为永久。　　　　　　　　　　　　　　(　　)

7.照片档案有的可以不需要文字说明。　　　　　　　　　　　　(　　)

8.电子文档中,存储载体代码用字母表示:CD—光盘,MT—磁带,MD—磁盘。　　　　　　　　　　　　　　　　　　　　　　　　　　　　　　(　　)

9.磁性载体上的归档电子文件,每4年转存一次。　　　　　　　　(　　)

10.电子文档号正确的组成是文件扩展名—电子文件数位号—档号。　(　　)

三、简述题

1.底片档案的具体整理方法如何?

2.什么是实物档案?

3.纸质文书档案数字化一般分几个步骤？

4.如何理解纸质文件与电子文件双套归档问题？

能力训练

一、阅读下面材料，思考后，说一说。

小张进入某公司工作，在办公室助理岗位工作了一年后，遇到公司档案管理的评估工作，领导就派小张临时去档案室帮忙做好档案的管理工作。档案室主任把照片档案的整理任务分配给他，小张对文书档案整理比较熟悉，但对照片档案与图纸档案的整理却一窍不通，不知道照片应该如何分类及组卷整理。在学习了相关内容后，针对照片的分类与整理问题，请你给他一些建议。

讨论：

1.照片档案如何分类？

2.照片的档案如何整理？

二、根据下面给定材料，分小组，做一做。

（一）填写照片档案卷内目录

1.×××公司 30 周年庆典活动场景 5 张照片，拍摄于 2018 年 4 月 2 日。

2.×××公司 30 周年庆典活动"展 30 年风采，创新世纪辉煌"系列活动中体现领导关怀的照片 2 张，拍摄于 2018 年 3 月 28 日。

3.×××公司 30 周年庆典活动"展 30 年风采，创新世纪辉煌"系列活动中体现公司改革发展的照片 2 张。

说明：照片的流水号自 1581 开始。

（二）填写电子光盘档案卷内目录

1.市政协领导视察×××公司，形成日期 2018 年 1 月 9 日。

2.×××公司党委会议，形成日期 2018 年 1 月 21 日。

3.×××公司职工代表会议，形成日期 2018 年 1 月 22 日。

4.3 号机改造施工典礼，形成日期 2018 年 2 月 20 日。

5.研究院入住科技园签字仪式，形成日期 2018 年 3 月 28 日。

6.企业文化建设年启动仪式，形成日期 2018 年 4 月 8 日。

7.2008 年度股份公司股东大会，形成日期 2018 年 4 月 16 日。

（三）填写书画档案卷内目录

1.×××题词：××公司要向高精尖方向发展，建设有浙江特色的新型 AA 企业。日期 2017 年 3 月 12 日。

2.×××题词：发扬开拓精神，加快技术改造，把××公司建设成为技术精湛、管理先进、产品优良、环境优美的现代化企业。日期 2017 年 4 月 2 日。

3.×××题词：坚持改革，不断创新，保持荣誉，继续前进。日期 2017 年 5 月 16 日。

4.××单位赠送一幅写意画：雄鹰展翅。日期 2017 年 10 月 20 日。

5.×××赠送一幅山水画：长江之水。日期 2017 年 12 月 9 日。

知识拓展 ··

怎样做好电子档案管理

建立电子档案管理制度。电子档案从形成到开发利用,中间经过很多环节。任何一个环节的职责不清、制度不明或考虑不周,都可能影响电子档案的原始性和真实性。

要对电子档案的存储载体有严格要求,明确保护措施,避免因存储载体原因而对电子档案的原始性、真实性和完整性造成危害。

做好电子档案利用时的保密工作。电子档案在利用中的保密与安全是十分重要的。由于电子档案利用方式与所依赖技术的多样化,导致了利用工作的复杂性。同纸质档案相比,电子档案利用过程中的保密性与安全性更加难以控制。因此,加强电子档案的利用管理,就显得特别重要。从信息安全的角度出发,在电子档案的利用中,可采取两项措施:审核使用权限和划分密级层次。

保证电子档案载体的安全。防光、防湿、防尘、防磁是妥善保管电子档案载体的重要措施。电子档案载体应避光保存,在利用时,最大限度地减少曝光时间和曝光强度。同时可采用去湿机、空调调节系统等设备调节库内温度和湿度,使环境温度保持在17~20 ℃,相对湿度保持在35%~45%。电子档案要采用密封保存,以防灰尘落在载体上。

电子档案和纸质档案并存。纸质档案便于长期或永久保存,而利用较不方便;电子档案便于利用,但难于永久保存。在这种情况下,两种载体的档案会在一定时期内并存。现在普遍的做法是"双套制",即在保存电子文件的同时,把电子文件以硬拷贝输出形成纸质文件保存。两种载体档案并存要特别注意两种档案内容上的一致性,在电子档案著录、编号、签署、更改、更新时应注意保证电子档案与纸质档案相符。

项目七
档案保管工作

学习目标

知识目标

了解档案保管工作的含义、原则和任务；

熟悉影响档案寿命的因素与针对措施；

明确档案保管的条件与设施以及库房管理措施。

能力目标

清楚档案库房建设要求；

能够掌握档案保管对物质条件的要求；

能够应用档案保管工作的技术与方法。

案例引入

居安思危 未雨绸缪

上海市杨浦区档案局在高温梅雨季节来临前，积极采取措施消除安全隐患，认真做好档案保护各项工作。对库房进行全面细致的安全检查；做好除湿降温设备的维护保养工作，对库房内除湿机的滤网全部进行清洗，把所有档案装具的防虫、防霉药剂更换一遍；加大库房安全管理力度，密切关注天气情况，每天进行库房温湿度检查，做好温湿度控制，确保库房温湿度在标准的范围之内，保护档案安全；在暴雨、台风等灾害天气来袭时，加大库房巡查力度，防止安全事故发生；完善各项应急处置预案，针对高温梅雨季节及暴雨、台风等灾害天气可能造成档案受潮、霉变，库房渗水等安全隐患做好应急处置预案，一旦有险情发生，确保人员到位、措施到位，最大程度保证档案安全，杜绝档案安全事故发生。

（摘自：魏强.居安思危 未雨绸缪[N].中国档案报,2013-06-28(2).）

【请你思考】

1.上海市杨浦区档案局档案保管状况如何？

2.档案保管需要什么物质条件？你认为应该如何做好档案保管工作？

理论导读 ···

任务一　认识档案保管

一、档案保管工作的含义

　　档案保管工作,是档案管理工作中的一个环节,也是所有档案管理环节的共同任务。简单地说,就是指档案排架入库后的档案存放管理以及维护档案完整与安全的活动。具体由档案工作人员根据不同档案制成的材料,使用一定的设备和装具,采取适当的措施和方法,妥善保存档案,目的是延长档案寿命,保证档案信息的长远利用。

二、档案保管工作的原则

≫ (一)预防为主,防治结合

　　"防"是指预防档案的损坏,防止档案的污染、损坏和丢失;"治"是指对已损毁的档案进行复制或修补的活动。因为入库的档案绝大部分是完好的,因此保证大量完好无损的档案,是档案保管工作的首要任务,其中"防"是主导,"治"是补充。"预防为主,防治结合"是档案保管工作的基本原则。

≫ (二)突出重点,兼顾一般

　　档案工作人员在进行档案管理过程中,要注意区分重点档案与一般档案。对于本单位的核心档案、长久保管期限的档案要采取措施重点保护,重要档案(包括重要数字档案)可采用多套保存或异地保存;对于一般性档案、一定保管期限内的档案必须提供适合的保管条件,确保其在保管期限内的安全和提供利用的方便。

≫ (三)加强管理,时常检查

　　加强档案库房的日常管理,对延长档案的寿命、做好档案保管工作非常重要。平时检查工作主要从以下几个方面进行:归档与接收的档案要及时入库;调阅完毕的案卷要及时复位;案卷要进行定期的清点和检查,发现问题要及时处理等。只有做好库房的日常管理工作,才能保证档案保管工作的有效运行。

≫（四）自力更生、勤俭节约

一些单位因规模、效益等问题，一时无法达到档案保管工作条件要求时，档案工作人员应自力更生，创新性地做好档案保管工作。

≫（五）立足长远、保证当前

档案工作的最终目的是档案的利用，因此档案保管工作必然要考虑档案信息的长远安全性；同时档案也有它的现实价值，也要注重其现实价值的利用。因此既不能因为强调保护而不考虑利用的方便，也不能为了现实利用的方便危及档案的安全，进而影响档案的长远利用。

三、 档案保管工作的任务

档案的载体在保存过程中可能会受到各种因素的损害，包括自然因素和人为因素。为维护档案的完整与安全，档案保管必须完成以下三项任务：

≫（一）防治档案损毁

防治档案损毁是档案保管工作的首要任务，从现实看，档案的损坏无法避免，这就要求档案工作人员积极采取必要的技术手段与方法，消除危害因素，改善保存环境，妥善保护档案。

≫（二）延长档案寿命

影响档案寿命的因素主要有社会因素（人为因素）和自然因素两方面。

1.社会因素

（1）政治、战争等原因，有意或无意地损毁了某些档案，破坏了一定历史时期、一定历史事件的完整或真实的记录。

（2）档案工作者的不敬业、不专业等原因会造成档案管理不善或混乱现象。

（3）档案利用者如果不遵守制度、不重视档案、不注意保护或者使用不善，也会导致档案的损坏、丢失甚至整体系统的混乱。

（4）在档案管理与利用过程中，档案会发生老化与磨损。

2.自然因素

（1）档案制成材料本身的原因。

（2）档案所处环境和保管档案的库房条件。

自然因素主要包括温度、湿度、有害气体、光线、档案害虫、灰尘、老鼠、霉菌、火灾、磁场等。

≫（三）维护档案安全

维护档案的安全，一是指档案的物质实体要得到最大程度的安全保存，二是指保密的档案信息不能泄密。

四、 档案保管工作的意义

搞好档案保管工作有着极其重要的意义：

（1）有利于延长档案的寿命。

（2）有利于档案的信息开发利用。

（3）有利于维护党和国家的历史面貌，为教育后代提供完整、生动的素材。

任务二 档案保管对物质条件的要求

做好档案保管工作，必须具备一定的保管档案的物质条件，档案保管的物质条件是档案库房管理所需一切物质装备的总称。

一、 档案库房

档案库房是保存档案的重要基地，是档案保管的最基本的物质条件。档案库房的建设应当遵循"适用、经济、美观"的原则，设计符合安全、卫生等要求，满足实际功能的需要。在无法达到要求的情况下，档案库房建设应尽量做到：面积够用，功能专用，结构坚固，远离火源、水源、污染源等，门窗封闭性能必须良好。

二、 档案装具

档案装具，是指存放档案的厨、架、柜和箱等设备，是档案工作环境必备的基本物质条件。档案装具种类很多，从形状上分，有箱、架、柜；从用材上分，有金属和木质两种。档案装具的设计应符合坚固耐久、不损害档案、便于管理，有利于合理利用库房空间以及经济美观的要求。

三、 设备（固定资产）

档案保管设备是指在档案保管、保护工作中使用的机械、仪器、仪表、器具等技术设备，主要有：

(1)去湿机、加湿机、空调、通风设备。

(2)温、湿度测量及控制设备。

(3)防盗、防火报警器,灭火器。

(4)装订机、复印机、缩微拍照设备。

(5)计算机,光盘刻录机,摄像、照相器材。

(6)通信及闭路电视监控设备。

(7)消毒灭菌设备。

(8)档案进出库的运送工具。

四、 包装材料

目前,我国包装档案的材料主要为卷皮、卷盒和包装纸三种,要求符合国家的有关规定,利于档案保管。

五、 档案保管对消耗品、专用品等的要求

保管好档案,还需准备一定的易耗低值物品,如防霉、防虫药品,吸湿剂,各种表格及管理性的办公用品等。

档案馆(室)应根据档案保管的整体要求和自身的情况,本着合理、有效、实用、节约的原则对这些物质条件进行配置。

任务三 档案保管工作

档案保管工作是指在档案入库后所进行的存放、日常维护和安全防护等管理方面的工作。

一、 做好档案库房管理工作

≫（一）建立库房管理制度

(1)人员出入库管理制度。

(2)档案出入库管理制度。

(3)档案清点交接制度。

(4)用电安全及防火制度。

(5)安全检查制度。

【小案例】

某公司档案管理制度不健全,档案工作人员安全意识薄弱,档案管理员经常随手将档案室钥匙放在桌子上去办别的事情。一天,公司员工小李以借阅档案为名来到档案室,趁档案管理员小王帮他查找档案之际,用事先准备好的胶泥复制了档案室钥匙,下班后窃取了该公司的一些机密档案,卖给了其他公司,给本公司带来巨大的经济损失。

≫ (二)建立库房档案保管秩序

1.档案库房编号
(1)为所有库房统一编号。
(2)分区编号。

2.档案装具的排列与编号要求做到
(1)整齐一致。
(2)宽度适宜。
(3)避光通风。
(4)空间利用合理。
(5)统一编号,顺序从左到右、从上到下。

3.档案排列和存放
(1)档案排列:档案一般按全宗进行排列,排列方法有两种:一是按全宗的顺序号排列;二是按全宗的分类排列。特殊载体档案,可根据载体材料的不同,将纸质档案和其他特殊载体的档案(如照片、磁盘、光盘等)分库存放、排列或排架。
(2)档案存放:采取竖放、平放、卷放、折叠四种形式。

4.编制档案存放位置索引
档案存放位置索引是标明馆藏档案存放状况的一种索引图表。可分为两种,如表7-1、表7-2所示。

表 7-1　全宗内各类档案存放地点索引

全宗名称:			全宗号:				
案卷目录号	案卷目录名称	目录中案卷起止号	存放位置				
			楼	层	房间	档案柜架	栏	格

表 7-2　档案库房和柜(架)的档案存放地点索引

楼：		层：	房间：					
档案柜(架)	栏	格	存放档案					
			全宗号	全宗名称	案卷目录号	案卷目录名称	目录中案卷起止号	

5.制作档案代理卡

档案代理卡又称代卷卡,插放在所调出档案原存放的位置上,提示案卷的去向及用途,避免归卷时将档案误放,如表 7-3 所示。

表 7-3　档案代理卡

全宗号	目录号	案卷号	移出日期	移往何处		库房管理人员签名(移出)	归还日期	库房管理人员签名(收回)
				单位名称	经手人姓名			

6.建立全宗卷

全宗卷记载立档单位和全宗历史变化情况。它不是全宗内文件的组成部分,而是档案馆(室)在工作活动中形成的一种档案,且随着全宗的流动相应地保存在全宗档案所在的档案馆(室)。全宗卷应单独集中保管,按全宗号进行排列。当档案移交时,其相应的全宗卷也应随之移交。

二、 保护好使用过程中的档案

在档案馆(室)中,档案并不是一直静止地存放在库房及装具里,而是处在一种动、静交替的状态之中。这就要求在档案使用过程中,做好其维护与保管工作。

≫ (一)建立、健全维护与保护档案的制度

(1)档案使用的登记和交接制度。

(2)档案使用行为的管理与限制制度。

≫（二）掌握合理维护与保护档案的方法

（1）控制调阅档案的数量与顺序。

（2）对档案利用行为进行现场监督与检查。

（3）限制档案利用者的利用方式及利用场所。

（4）对重要档案采取保护性措施。

三、采取专门措施保护档案

为了保证档案的安全，必须根据本单位的具体情况，采取专门的措施，最大限度地避免外界不良因素对档案的侵害。主要方法如下：

≫（一）"八防"措施

（1）防火——要求在装具的选用、电器及其线路的安装等方面消除一切隐患，同时还必须设置消防器材。

（2）防盗——要求库房门窗坚固（最好安上防盗门），尽量安装防盗报警装置，离开库房时严格检查并锁好房门，有条件的安装摄像监控设备。

（3）防水——要求库房建在地势较高、有利于防洪的位置，库房内及附近不能有水源。

（4）防潮——要求每天测量库房温度，发现湿度过低时及时调整。

（5）防霉——要求定期检查档案文件，放置防霉药剂，发现有霉变迹象应及时通风。

（6）防虫——要求入库时对档案进行灭菌消毒，在库房内定期检查，放置防虫药品，搞好库房卫生，破坏害虫的生存环境。

（7）防尘——要求库房及装具有良好的密闭性，并搞好库房及装具卫生，保持清洁。

（8）防光——要求库房尽量无窗；若有窗，也应尽可能小，同时安装磨砂、带花纹或有色的玻璃，并配置窗帘，照明灯具应为白炽灯。

≫（二）库房的温湿度控制

（1）库房温湿度：根据研究表明，适宜于纸质档案保存的库房湿度是 $14\sim24$ ℃，相对湿度为 $45\%\sim60\%$。

（2）控制和调节温湿度的办法：对库房进行严格封闭；使用增温、增湿或降温、减湿等机械设备；通风等。

还有一些其他措施，比如可放置水盆、挂置湿纱布等来增湿；放置木炭、生石灰等来降湿。

达标训练 ···

一、选择题(单项选择)

1.库房较为适宜的温度为( ),相对湿度为( )。

    A.8~14 ℃,35%~45%　　　　　　　　B.14~24 ℃,45%~60%

    C.24~30 ℃,60%~70%　　　　　　　　D.8~14 ℃,60%~70%

2.属于档案保管设备一项的是( )。

    A.去湿机　　　　　B.库房　　　　　　C.装具　　　　　　D.卷皮

3.档案保管工作的一个突出特点是它必须借助一定的( )。

    A.人力资源　　　B.物质条件　　　C.财力基础　　　　D.科技条件

4.统一保存和管理本机关档案的内部机构是( )。

    A.档案馆　　　　　B.档案室　　　　C.档案行政机关　　D.企业档案馆

5.档案装具在库房中的排放应该( )。

    A.紧贴窗户　　　B.紧贴墙壁　　　C.与窗平行　　　　D.与窗垂直

6.1987年国家档案局颁发的《文书档案保管期限表》属( )。

    A.通用档案保管期限表　　　　　　　B.专门档案保管期限表

    C.同系统机关档案保管期限表　　　　D.机关档案保管期限表

7.档案的寿命长短与档案( )工作有直接关系。

    A.整理　　　　　　B.保管　　　　　C.收集　　　　　　D.检索

8.珍贵档案的存放方式是( )。

    A.竖放　　　　　　B.平放　　　　　C.卷放　　　　　　D.折叠竖放

9.档案库房建筑应遵循( )、经济和美观的原则。

    A.大方　　　　　　B.高大　　　　　C.适用　　　　　　D.气派

10.直接影响档案"自然寿命"的环境因素是( )。

    A.进出库制度　　　　　　　　　　　　B.库房温湿度控制

    C.八防措施　　　　　　　　　　　　　D.库房有序化

11.下面哪一项属于档案自然损毁的内因?( )

    A.文件制成材料的变化　　　　　　　B.不适宜的温湿度

    C.机械磨损　　　　　　　　　　　　D.战争

12.在库房内放置哪一种物品可以适当降温?( )

    A.水盆　　　　　　B.湿草垫　　　　C.麻绳　　　　　　D.硅胶

13.档案库房的"八防"措施,包括有防火、防水、( )、( )、( )、防光、防尘和防盗。

    A.防潮　防霉　防虫　　　　　　　B.防霉　防有害气体　防虫

    C.防霉　防有害气体　防潮　　　　D.防潮　防虫　防有害气体

14.使用密集架的优点不包括( )。

    A.防火　　　　　　　　　　B.防尘

    C.对地面的承重能力要求较高　D.节约占地面积

15.定期清点的目的在于及时发现是否有( )。

    A.霉变、虫蛀现象　　　　　　B.潜在隐患

    C.档案去向不明　　　　　　D.未履行严格手续的档案调出现象

二、判断题(判断正确与否并简要阐明理由)

1.保管期限就是文件的保管价值。　　　　　　　　　　　　　　( )

2.档案损毁的原因有两个方面:一是人为损毁;二是偶然损毁。　( )

3.库房里可以用日光灯(荧光灯)作为照明灯具。　　　　　　　( )

4.平放档案是为了存取方便。　　　　　　　　　　　　　　　( )

5.制成材料本身的变化是档案自然损毁的外因。　　　　　　　( )

6.全宗卷实质上是档案管理活动中所形成的"档案",也是档案管理活动的原始
记录。　　　　　　　　　　　　　　　　　　　　　　　　　　( )

7.档案的保管设备指档案库房。　　　　　　　　　　　　　　( )

8.档案存放位置索引是一种行之有效的档案微观管理手段。　　( )

9.档案柜、箱、架的制成材料选用金属的目的是为了更有利于防潮。( )

10.档案库房编号一般先编建筑物号。　　　　　　　　　　　( )

三、简述题

1.说说档案保管工作的基本任务及意义。

2.延长纸质档案寿命的方法有哪些?

3.档案保管"八防"措施指的是什么?

4.简述档案代理卡的含义与作用。

5.谈谈档案使用过程中的维护与保护制度的主要内容与方法。

四、案例分析

2002年7月26日,某市一学校向所属派出所报警:该学校的档案室被盗,1996—2000年的财务档案和文书档案被洗劫一空。民警对周边地区展开了排查,最后在一废品收购站内发现了已被变卖的12编织袋档案。变卖人是从外地来本市收废品的李某。27日8时许,民警将李某当场抓获。该市公安分局依法对李某治安拘留10日。

原来,李某发现该学校因放假留守人员较少,遂于26日8时许,趁人不备撬门破锁进入档案室,分几次把所有档案装进编织袋,当废纸变卖了现金200元。

(改编自:陈琳.档案管理技能训练[M].北京:机械工业出版社,2013.)

【分析讨论】

1.该学校为什么会发生这样的事情?

2.怎样才能避免类似事情发生?

知识拓展

关注高温高湿季节档案霉菌的防治

预防霉菌危害的对策：

（一）控制温湿度

霉菌的生长、繁殖与环境温湿度有密切的关系。在日常工作中，应严格按照《档案馆建筑设计规范》（JGJ 25—2010）等有关规定，馆区内应排水通畅，不得出现积水；档案库应防潮、防水，如纸质档案库的温湿度要求为温度 14～24 ℃、相对湿度 45%～60%。目前降温去湿的方法很多，如使用空调、安装去湿机、自然通风等，这些方法都可不同程度地降低库内温湿度，防止霉菌发生和繁殖蔓延。

（二）预防性控制传染源的传入

（1）检查隔离法：要对接收进馆的档案进行全面彻底检查，如发现明显的菌斑（俗称霉斑）绒毛似的菌丝，要隔离开来，消毒处理后再入库，以防霉菌传染源随着这些材料入库蔓延。

（2）空气消毒方法：以紫外线杀菌和过滤除菌为例。

紫外线杀菌：为了杀灭室内空气中的污染菌，通常使用紫外线消毒灭菌，减少污染。该法适合于空库房消毒，因紫外线对纸张有破坏作用，不能直接用于纸质档案的灭菌。紫外线灭菌灯，是一种能杀灭物体表面微生物的灯具，在《紫外线表面消毒效果评价方法与标准》（GB 1591—1995）中规定了灯管的辐射强度、安装时离地面的垂直距离等，在实际应用时应严格按照有关规定操作。

过滤除菌：过滤除菌的原理主要是随流阻留、重力沉降和静电吸附等。应用于空气过滤除菌的滤材都具有复层的网状微孔结构，材料性能、网状纤维的粗细、层次多少及微孔大小等，是影响过滤效果的直接因素。为保持除菌效果，应定期对过滤器消毒、除菌。

（三）预防突发性水灾事件引发的霉菌危害

积极应对水灾事件中受损材料的霉菌预防。在抢救整理过程中要严密监视受损状况，及时采取减湿干燥措施，防患于未然。若发现明显绒毛状菌丝体，要及时进行隔离。

（四）加强检查

在高温高湿季节，应当派专人进行库房检查，排查隐患，及时去除不利因素；配备放大镜、显微镜等工具，采取随机抽样方法检查档案材料，发现霉变及时处理。

（资料来源：刘艳莉，陶琴.关注高温高湿季节档案霉菌的防治[N].中国档案报，2011-07-11(3).)

项目八
档案检索与统计工作

学习目标

知识目标

认识档案检索工作与统计工作的内容、意义;

熟悉档案著录标引和检索工具的种类;

熟悉档案登记的内容和档案统计的方法。

能力目标

能够理解档案检索工作、统计工作的含义;

能够掌握档案著录规则、标引方法;

能够编制主要检索工具;

能够进行档案统计的分析。

案例引入

编制检索工具 提高利用效率

档案专业的小王毕业后去了某制药公司档案室工作,一段时间后,他发现该公司不重视档案检索利用工作,检索工具只有案卷目录和专题目录。案卷目录虽系统完整,但著录内容偏于笼统,不能很好地反映全宗内所有档案的情况;专题目录虽有,但种类很少,缺乏连续性,实用价值不高。这使得公司人员查阅档案时速度很慢或出现漏查、错查情况,大家对此很是不满。于是,小王发挥自己专业特长,根据公司人员经常查找的档案资料的情况和档案室所藏档案情况,完善了案卷目录和专题目录,新编了文号索引、分类目录和全宗指南等几种检索工具。投入使用后,明显提高了档案利用的效率。

【请你思考】

1.档案检索工作指什么?

2.常用检索工具有哪些? 如何进行编写?

理论导读 ···

任务一　认识档案检索

一、档案检索工作的内容

档案检索是对档案信息进行系统存储和根据需要进行查找的工作。档案检索包括档案信息存储和查找两个具体过程。

》（一）档案存储

（1）著录标引。

（2）编制检索工具。

》（二）档案查找

（1）确定查找内容。

（2）查找。

二、档案检索效率

档案检索效率是指在检索过程中满足利用者需要的全面性和准确性程度，它是衡量档案检索系统性能以及每一个检索过程质量高低的最基本的指标。档案检索效率通常采用检全率（查全率）和检准率（查准率）两个指标来衡量和表示。

检全率是指满足利用者要求的全面程度，与之相对应的是漏检率。其公式为：

$$检全率 = \frac{检出的有关档案}{全部有关档案} \times 100\%$$

$$漏检率 = \frac{未检出的有关档案}{全部有关档案} \times 100\%$$

检准率是指满足利用者要求的准确程度，与之相对应的是误检率。其公式为：

$$检准率 = \frac{检出的有关档案}{检出的全部档案} \times 100\%$$

$$误检率 = \frac{检出的不相关档案}{检出的全部档案} \times 100\%$$

【小案例】

某高校的王老师为写作论文去学校档案室查找有关教育改革方面的档案,该学校档案室室藏有关档案 40 件,经查询检索出有关的档案 35 件。经阅读,发现其中 25 件是相关文件,10 件为不相关文件。那么,其检全率是 $35 \div 40 \times 100\% = 87.5\%$;漏检率是 $5 \div 40 \times 100\% = 12.5\%$;检准率是 $25 \div 35 \times 100\% \approx 71.4\%$;误检率是 $10 \div 35 \times 100\% \approx 28.6\%$。

三、 档案检索语言和符号

检索语言和符号,是检索工作中存储档案形式和内容特征信息时使用的记录工具。

≫ (一)档案检索语言

档案检索语言也称标引语言,它是根据检索的需要而编制的一种专门语言;与自然语言不同,它是一种人工语言。检索语言具有单一性和专业性的特点。

≫ (二)档案检索符号

档案检索符号又称标识符号,包括:

(1)实体符号:档案馆(室)代码、档案分类号、全宗号、案卷目录号、案卷号、页号、缩微号等。

(2)容具符号:库房号、装具号、柜架号、栏格号等。

(3)标识符号:著录项目标识符和著录内容识别符。

任务二　档案著录与标引

一、 档案著录的含义

档案著录是指在编制档案目录时,对档案内容和形式特征进行分析、选择和记录的过程。

二、《档案著录规则》简介

≫ (一)著录项目

档案的著录项目是指用以揭示档案内容和形式特征所需要的记录事项。《档案著录规则》中规定的著录项目有：

（1）题名与责任说明项。该项包括正题名、并列题名、副题名及说明题名文字、文件编号、责任者、附件6个单元。

（2）稿本与文种项。该项包括稿本、文种2个单元。

（3）密级与保管期限项。该项包括密级、保管期限2个单元。

（4）时间项。

（5）载体形态项。该项包括载体类型、数量及单位、规格3个单元。

（6）附注与提要项。该项包括附注、提要2个单元。

（7）排检与编号项。该项包括分类号、档案馆代号、档号、电子文档号、缩微号、主题词或关键词6个单元。

其中正题名、责任者、时间、分类号、档号、电子文档号、缩微号、主题词或关键词为主要著录项目，其余为选择著录项目。只著录必要项目的，称为著录简要级次；除了必要项目，还全部或部分著录选择项目的，称为著录详细级次。

≫ （二）标识符号

标识符号是表示不同著录项目和著录含义的标志。为识别各著录项目、单元（小项）及其内容，应添加如下规定的标识符：

（1）".—"置于下列各著录项目之前：稿本与文种项、密级与保管期限项、时间项、载体形态项、附注项。

（2）"＝"置于并列题名之前。

（3）":"置于下列各著录单元之前：副题名及说明题名文字、文件编号、文种、保管期限、数量及单位、规格。

（4）"/"置于第一个责任者之前。

（5）";"置于多个文件编号之间、多个责任者之间。

（6）","置于相同职责、身份省略时的责任者之间。

（7）"＋"置于每一个附件之前。

（8）"〔 〕"置于下列著录内容的两端：自拟著录内容、文件编号中的年度。

（9）"（ ）"置于下列著录内容的两端：责任者所属机构名称、责任者真实姓名、责任者职责或身份、外国责任者国别及姓名原文、中国责任者的时代、历史档案中的朝代纪年、农历、地支代月、韵目代日转换后的公元纪年。

（10）"?"用于不能确定的著录内容，一般与"〔 〕"号配合使用。

（11）"-"用于下列著录内容之间：日期起止和档号、电子文档号、缩微号各层次之间。

（12）"…"用于节略内容。

（13）"□"用于每一个残缺文字和未考证出时间的每一数字。未考证出的责任者及难以计数的残缺文字用3个"□"号。

≫（三）著录条目格式

著录格式是著录项目在条目中的排列顺序及其表达方式。《档案著录规则》规定，一般使用段落符号式条目格式，实际工作需要时也可使用表格式条目格式。

段落符号式是指将著录项目分为若干段落，每个项目之间用符号区分开来的著录格式，这种格式每一著录项目的字数不受限制，如图 8-1 所示。

分类号	档案馆代号
档　号　　　　电子文档号　　　　缩微号	
正题名=并列题名:副题名及说明题名文字:文件编号/责任者+附件.—稿本:文种.—密级:保管期限.—时间.—载体类型:数量及单位:规格.—附注	
提要	
主题词或关键词	

图 8-1　著录段落符号式

【小案例】

GB 35-21	00052
9-2-1-9	22-5
关于印发《××市 2017 年流行性感冒疫苗接种实施方案》的通知:×政办〔2017〕139号/×市人民政府办公厅+×市 2017 年流行性感冒疫苗接种实施方案.—正本:通知.—公开:永久.—20170908.—5 页:297 mm×210 mm	
各县(市)、区人民政府,市政府有关部门执行《×市 2017 年流行性感冒疫苗接种实施方案》	
卫生　防疫　方案　通知	

表格式是指将著录项目名称及填写位置印制成表格的条目格式，这种格式直观，易于掌握，但每一著录项目的字数受表格大小的限制，如表 8-1 所示。

表 8-1　著录表格式

分类号		档案馆代号		档号	
题名			责任者		
时间		文件编号	密级	保管期限	
附件			稿本	数量及单位	
附注					
主题词					
提要(可安排在背面)					

≫（四）著录用文字、著录信息源

著录用文字必须规范化。汉字应使用规范化的简化汉字。外文与少数民族文字应依照其文字规则书写。文件编号项、时间项、载体形态项、排检与编号项中的数字应使用阿拉伯数字。图形及符号应照录，无法照录的可改为其他形式的相应内容，并加"〔 〕"号。

档案的著录信息来源于被著录的档案。单份或一组文件著录时主要依据文头、文尾。一个或一组案卷著录时主要依据案卷封面、卷内文件目录、备考表等。被著录档案本身信息不足时，参考其他有关的档案资料。

≫（五）著录项目细则

1.题名与责任说明项

题名，又称标题、题目，是表达档案中心内容、形式特征的名称。责任者，也称作者，是指对档案内容进行创造、负有责任的团体或个人。

（1）正题名。正题名是档案的主要题名，一般指单份文件文首的题目和案卷封面上的题目，正题名照原文著录。单份文件没有题名，依据其内容拟写题名，并加"〔 〕"号。单份文件的题名不能揭示内容时，原题名照录，并根据其内容另拟题名附后，加"〔 〕"号。

（2）并列题名。并列题名是以第二种语言文字书写的与正题名对照并列的题名，必要时并列题名与正题名一并著录，并列题名前加"＝"号。

（3）副题名及说明题名文字。副题名是解释或从属于正题名的另一题名。副题名一般照原文著录，其前加"："号。说明题名文字指在题名前后对档案内容、范围、用途等的说明文字。必要时说明题名文字照原文著录，其前加"："号。如"：根据录音整理，未经本人审阅"。

（4）文件编号。文件编号是文件制发过程中由制发机关、团体或个人赋予文件的顺序号，包括发文字号、科研试验报告流水号、标准规范类文件的统编号、图号等。

文件编号照原文字符号著录，其前加"："号。如"：中发〔1980〕16号"。

（5）责任者。责任者只有一个时，照原文著录，其前加"／"号。

责任者有多个时，著录居于首位的责任者，立档单位本身是责任者的必须著录，其余视需要著录，责任者之间以"；"号相隔，如"／国家计委；国家科委；国家档案局"。同一责任者有多个职责或身份又必须著录时，可将多个职责或身份置于责任者后的"（　　）"中，职责或身份之间以"，"相隔。职责或身份相同的责任者之间以"，"号相隔，如"／徐昌霖（编剧，导演）；舒适，项堃，上官云珠（主演）"。

（6）附件。附件是指文件正文后的附加材料，只著录附件题名，其前冠以"＋"号。文件正文有多个附件时，应逐一著录各附件题名，各附件题名前均冠以"＋"号。

2.稿本与文种项

(1)稿本是指档案文件的文稿、文本和版本,其前加".—"号。

(2)文种是指文件种类的名称,其前加":"号。

3.密级与保管期限项

(1)密级是指文件保密程度的等级,其前加".—"号。

(2)保管期限一般按案卷组成时所定保管期限著录,其前加":"号。

4.时间项

时间项根据不同著录对象,分为文件形成时间、卷内文件起止时间等,其前均加".—"号。

时间项一律用8位阿拉伯数字表示,第1—4位数表示年,第5—6位数表示月,第7—8位数表示日。如".—20181201"。

5.载体形态项

载体形态项著录档案的载体类型标识及档案载体的物质形态特征。

(1)载体类型。档案的载体类型分为甲骨、金石、简牍、缣帛、纸、唱片、胶片、胶卷、磁带、磁盘、光盘等。以纸张为载体的档案一般不予著录,其他载体类型据实著录,其前加".—"号。

(2)数量及单位。数量为阿拉伯数字,单位用档案物质形态的统计单位,如"页""卷""册""张""片""盒""米"等。著录时其前加":"号。如".—15页"".—唱片:3张"。

(3)规格。规格指档案载体的尺寸及型号等,著录时其前加":"号。如".—缩微平片:2张:105 mm×148 mm"".—录像磁带:6盒:3/4英寸"。

6.附注与提要项

(1)附注项。附注项著录档案中需要解释和补充的事项。附注项的内容依各项目的顺序著录,项目以外需解释和补充的列在其后。每一条附注均以".—"号分隔。

(2)提要项。提要项是对文件和案卷内容的简介,应反映其主要内容、重要数据(包括技术参数等)。一般不超过200字。

7.排检与编号项

排检与编号项是目录排检和档案馆(室)业务注记项。

(1)分类号。分类号依据《中国档案分类法》和《档案分类标引规则》的有关规定著录。

(2)档案馆代码。档案馆代码依据《编制全国档案馆名称代码实施细则》所赋予的代码著录。档案馆代码在建立目录中心或报道交流时必须著录。

(3)档号。档号是档案馆(室)在整理和管理档案的过程中,以字符形式赋予档案的一组代码。档号中各号之间以"-"相隔。

（4）电子文档号。电子文档号是档案馆（室）管理电子文件的一组符号代码。

（5）缩微号。缩微号是档案馆（室）赋予档案缩微制品的编号。

（6）主题词或关键词。主题词是在标引和检索中用以表达档案主题内容的规范化的词或词组。主题词按照《档案主题标引规则》和《中国档案主题词表》及本专业、本单位的规范化词表进行标引。

三、 档案标引的含义

档案标引是指在档案著录中对档案内容进行分析和选择，并赋予其规范化检索标识的过程。其中赋予其分类标识的过程称为分类标引，赋予其主题标识的过程称为主题标引。

四、 档案标引的步骤

档案标引的步骤就是通过对档案内容进行分析，明确档案中记述的主要内容，然后用检索语言将其充分、准确、简明地表达清楚，如图 8-2 所示。

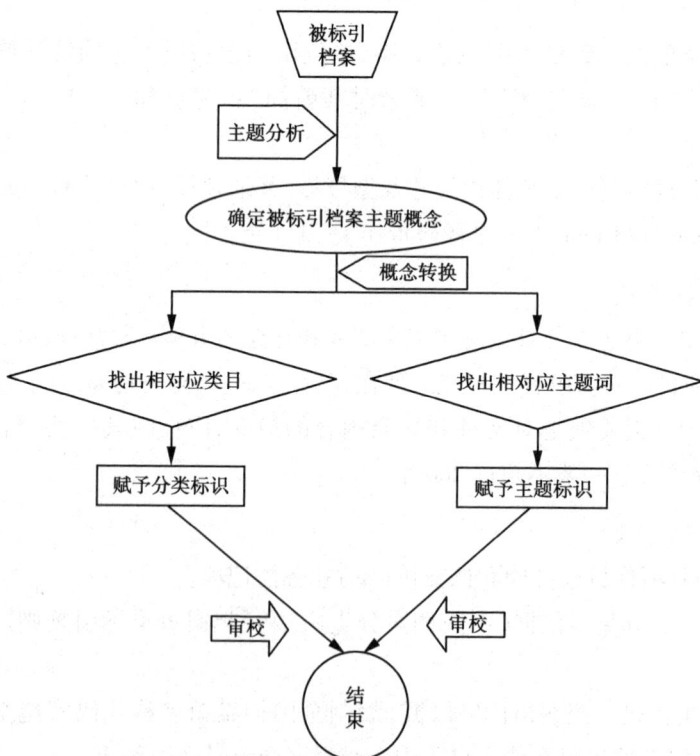

图 8-2　档案标引的步骤

任务三　档案检索工具与计算机检索

一、　档案检索工具的种类

档案检索工具的种类较多,根据不同的标准可进行不同的分类。目前比较常见的分类方法有以下几种:

(1)按编制方式分为目录、索引、指南。

(2)按载体形式分为书本式检索工具、卡片式检索工具、缩微检索工具、机读式检索工具。

(3)按检索范围分为全宗范围检索工具、档案馆范围检索工具、专题范围检索工具、馆际检索工具。

(4)按功能分为馆藏性检索工具、查检性检索工具、介绍性检索工具。

二、　常见档案检索工具

≫ (一)案卷目录

它是以案卷为单位,根据档案整理顺序组织起来的,固定案卷位置,统计案卷数量,监督、保护档案材料的一种管理工具,如表8-2所示。

表8-2　案卷目录表

案卷号		案卷题名	年度	件数	页数	保管期限	备注
馆编	室编						

≫ (二)全引目录

它是案卷目录与卷内文件目录"合二为一"的产物,并兼有案卷目录和卷内文件目录的功能,如表8-3所示。

表 8-3 全引目录表

档号		题名		数量	起止时间	备注
序号	文号	责任者	题名	页号	形成时间	备注

≫ (三)归档文件目录

它是以全宗为单位编制的所有归档文件名册。为适应档案管理现代化的需要，《归档文件整理规则》(DA/T 22—2000)规定,归档文件应依据分类方案和室编件号顺序编制归档文件目录,如表 8-4 所示。

表 8-4 归档文件目录表

件号		责任者	文号	题名	日期	页数	备注
室编	馆编						

≫ (四)分类目录

分类目录是根据体系分类法的原理,把档案主题按《中国档案分类法》的逻辑体系组织起来的检索工具。分类目录一般只采用卡片式,编制方法与步骤如下:

(1)填制卡片。

(2)排列卡片。

(3)安放导卡。

≫ (五)主题目录

主题目录是根据主题法的原理,用规范的词、词组揭示文件或案卷的主题内容,并按主题字顺组织起来的一种检索工具。主题目录大多采用卡片形式,主要特点是能够集中地揭示有关同一事物档案的内容,具有较好的特性检索功能。

≫ (六)专题目录

专题目录是集中、系统地揭示档案馆(室)内有关某一专门事物、某一专门内容档案的检索工具。专题目录一般采用卡片式,其编制方法如下:

（1）选题。

（2）选材。

（3）填卡。

（4）排列。

≫（七）人名索引

人名索引是揭示档案中所涉及的人物并指明出处的一种检索工具。人名索引可以分为综合性和专题性两种。综合性人名索引是将馆藏档案中所涉及的全部人名编成索引，专题性人名索引是根据所列专题范围，如任免、奖励、处分等对涉及该专题的人名编制索引（表 8-5）。

≫（八）地名索引

地名索引是揭示档案中所涉及的地名并指明出处的一种检索工具。地名索引的著录项目包括地名和档号两部分，一般按照地名首字的字顺排列。

表 8-5　人名索引表

姓名		曾用名		性别		出生年月			民族		籍贯	
简历												
档案内容摘要												
全宗号		案卷目录号		案卷号		页号		全宗号		案卷目录号		案卷号 |页号

≫（九）文号索引

文号索引是把档案的文号与档号相对应，提供按文号检索档案途径的一种检索工具。因为这种检索工具一般采用表格形式，所以也称文号档号对照表。其制表方法为：把同一年度、同一发文机关的文件编成表格，再把所有的表格装订成册即可，如表 8-6、表 8-7 所示。

表 8-6　文号索引一

00		10		20		30		40		50		60		70		80		90	
01		11		21		31		41		51		61		71		81		91	

续表

02		12	22	32	42		52	62	72	82	92	
03		13	23	33	43	2-1-3-3	53	63	73	83	93	
04		14	24	34	44		54	64	74	84	94	
05		15	25	35	45		55	65	75	85	95	
06		16	26	36	46		56	66	76	86	96	
07		17	27	37	47		57	67	77	87	97	
08		18	28	38	48		58	68	78	88	98	

表 8-7　文号索引二

	0	1	2	3	4	5	6	7	8	9
0										
1										
2										
3										
4					2-1-3-3					
5										
6										
7										
8										

≫（十）全宗指南

全宗指南是以文章叙述的形式介绍某一个全宗档案内容和成分及其意义的一种工具书,又称全宗介绍。全宗指南的主要内容包括立档单位的历史概况、全宗档案概况、全宗内档案内容与成分的介绍。

三、档案的计算机检索

随着办公自动化的发展,电子计算机已经成为必备和常用的工作设备和助手。电子计算机强大的处理信息功能为档案信息的存储和检索提供了一条广阔的道路。

≫（一）档案计算机检索的特点

（1）信息存储量大。

（2）检索速度快。

（3）检索效果好。

（4）检索途径多元化。

（5）检索灵活方便。

（6）对计算机系统的依赖性强。

》》(二)档案计算机检索系统的功能与流程

1.档案计算机检索系统的功能

（1）服务性功能。

（2）系统基础性功能。

2.档案计算机检索的流程

（1）输入阶段,将反映档案内容和形式特征的著录项目录入计算机,存入数据库,根据检索需要建立相应的倒排文档。

（2）输出阶段,根据利用者的提问编制恰当的检索策略,形成检索表达式,并将其输入计算机,在数据库中查找后将结果输出。

》》(三)档案计算机检索结构及其设计要求

1.档案计算机检索结构

（1）计算机硬件系统和计算机网络系统。

（2）档案计算机检索软件。

（3）档案文件数据。

2.计算机结构的设计要求

对计算机结构的设计要求,主要是对软件系统的设计要求。计算机检索软件系统应具有以下特点:

（1）系统先进、合理。

（2）系统结构标准化、规范化。

（3）系统功能完备。

（4）系统操作方便。

任务四　认识档案统计工作

一、　档案统计工作的内容

档案统计是反映和说明档案及档案工作现象的数量特征,进行收集、整理和分析的过程,是掌握与分析档案和档案工作基本情况,研究制定档案管理与档案事业建设的方针政策和计划,实行有效监督与指导的重要依据和手段。其工作内容主要包括档案的基本登记和综合统计两部分。

(1)从档案统计的工作程序上看,可分为档案统计调查、统计整理、统计分析和提供统计资料等环节。

(2)从档案统计的对象来看,可分为两个方面:一是对档案实体及其管理状况的统计;二是对档案事业的组织与管理状况的统计。目前,我国档案工作的基本情况统计可分为四个层次:①国家档案工作基本情况统计;②专业系统档案工作情况统计;③地方(包括省、市、地、县各级)档案工作基本情况统计;④档案馆、档案室档案工作情况统计。

(3)从档案统计的工作形式和方法看,根据不同目的和作用,可分为两大类:

①综合性统计和临时性调查统计。

主要是各级档案事业管理机构为了掌握全国或某一地区、某一部门的档案工作基本情况而制订的统计制度,包括定期统计报表、专题普查、抽样调查、重点调查和典型调查等多种方法。

②专项性情况和数量的登记。

主要是档案馆(室)结合具体业务工作进行的各项原始记录和统计台账。它具有基础统计和检索工具的双重性。通常的项目有卷内文件目录和案卷目录,档案收进、移出登记簿(表8-8),全宗名册或全宗目录(表8-9),全宗单(表8-10),档案目录登记簿,档案利用与效果登记簿等。原始登记是统计调查的基础,各档案馆(室)的原始登记与各级档案部门的统计工作相互结合,即形成档案统计网络。

表8-8　档案收进、移出登记簿

案卷目录号	案卷目录名称(组织机构名称)	所属年度	案卷收入			案卷移出／销毁				目录中现有数量		备注
			收入日期	目录中案卷数量	实收数量	移出日期	移往地点	移出原因和文据	移出数量	卷	米	

表8-9　全宗名册

全宗号	全宗名称	目录起止号	起止年度	档案数量		存放位置	初次进馆日期	移出说明	备注
				卷	米				

表 8-10　全宗单（正页）

全宗名称介绍	全宗名称起止日期	检索工具编制种类	
缩微及计算机应用情况			
备注			

二、 档案统计的基本要求

　　档案统计是档案业务工作的一个独立环节，应遵循准确性、客观性、科学性的基本要求。同时还需要遵循全国统计工作现代化的要求，做到统计指标体系完整化、统计分类标准化、统计调查工作科学化、统计基础工作规范化、统计计算和数据传输技术现代化、统计服务优质化。

任务五　档案统计的步骤与方法

　　档案统计大致可分为统计设计、统计调查、统计整理、统计分析四个阶段。

≫（一）档案统计设计

　　档案统计设计是指档案及档案工作数据的调查计划，包括资料收集、整理与分析过程的统计设想和科学安排，主要内容包括：

　　（1）明确统计调查目的和指标。一是了解参数（即总体的统计指标数值），用以说明总体特征，如某档案室利用人次和卷次、某档案馆馆藏档案数字化率等；二是研究现象之间的相关联系，以探索原因，如馆藏数量与利用数量的关系。

　　（2）确定统计调查的对象和观察单位。根据调查目的和指标来确定调查总体的同质范围，作为调查对象，而总体中的个体则为观察单位。

　　（3）统计调查方法。一般分为普查和非全面调查，非全面调查又包括典型调查和抽样调查。

　　（4）统计调查方式。包括直接观察、走访、填表和通信四种方式，前两者较为客观。

　　（5）调查项目和调查表的设计。

≫（二）档案统计调查

档案统计调查是档案统计工作的关键环节，基本任务是采取科学的方法，借助各种调查表，有计划、有组织地为档案统计获取原始数据。我国目前施行以下两种形式：

（1）统计报表。统计报表是各级档案行政管理部门和档案馆（室）按照一定的规定自上而下地向上级档案行政管理部门定期报送的统计材料。它是档案统计中最基本、最经常的一种调查方式。

（2）专门调查。专门调查是为了认识和解决某一专门问题而临时组织的调查。它是统计报表的补充形式，可分为普遍调查和抽样调查。

≫（三）档案统计整理

档案统计整理就是将调查获得的原始数据进行综合整理，使之规范化、系统化的过程。

≫（四）档案统计分析

档案统计分析是对统计资料进行综合归类、比较研究，用以揭示档案、档案工作内在联系与发展规律的活动。主要包括对比分析、相关分析与因果分析、静态分析和动态分析、综合分析、系统分析等方法。

达标训练 ∙∙∙

知识训练

一、选择题（单项选择）

1.著录时，可以不著录密级项的文件是（　　）。

　　A.内部级文件　　　B.机密级文件　　　C.秘密级文件　　　　D.国内级文件

2.置于第一个责任者之前的标识符号是（　　）。

　　A."/"　　　　　　B."+"　　　　　　C."："　　　　　　　D."—"

3.档案标引步骤主要包括两个方面，即主题分析和（　　）。

　　A.综合审校　　　B.文件特征查阅　C.正文浏览　　　　　D.概念转换

4.下列著录项目中揭示内容特征的项目是（　　）。

　　A.档号　　　　　B.作者　　　　　C.主题词　　　　　　D.载体

5.兼具案卷目录和卷内文件目录功能的档案检索工具是（　　）。

　　A.全引目录　　　B.分类目录　　　C.主题目录　　　　　D.文号索引

6.与档案馆代码齐头，著录于条目右上角第二行的编号是（　　）。

　　A.全宗号　　　　B.页号　　　　　C.缩微号　　　　　　D.案卷目录号

7.对档案的内容和形式特征进行分析、选择和记录的过程，就是（　　）。

A.收集整理　　　　B.价值鉴定　　　　C.编研　　　　　　D.著录标引

8.检索语言与自然语言的根本区别是它的(　　　)。

A.复杂性　　　　　B.单义性　　　　　C.专业性　　　　　D.易用性

9.相对于机关工作者而言,研究者的利用需求对(　　　)要求较高。

A.查全率　　　　　B.漏检率　　　　　C.查准率　　　　　D.误检率

10.构成计算机检索系统的要素不包括(　　　)。

A.硬件　　　　　　B.软件　　　　　　C.数据　　　　　　D.系统环境

二、判断题(判断正确与否并简要阐明理由)

1.文件编号不属于题名与责任说明项。　　　　　　　　　　　　　　(　　)

2.凡属自拟的著录内容,其两端都应置于"〔　〕"。　　　　　　　　(　　)

3.以文章叙述的方式介绍档案情况的检索工具是目录。　　　　　　(　　)

4.计算机检索的检索途径比较单一。　　　　　　　　　　　　　　　(　　)

5.全宗指南的内容包括立档单位的历史概况、馆藏档案情况介绍、档案的内容与成分、全宗内档案概况。　　　　　　　　　　　　　　　　　　　　　　(　　)

6.置于附件之前的标识符号是"＝"。　　　　　　　　　　　　　　(　　)

7.正题名、责任者、时间、档号、分类号、电子文档、缩微号、主题词或关键词属于主要著录项目。　　　　　　　　　　　　　　　　　　　　　　　　　　(　　)

8.段落符号式条目格式每一著录项目的字数受到限制。　　　　　　(　　)

9.档案的著录信息来源于被著录档案,被著录档案本身信息不足时可不进行著录。
　　　　　　　　　　　　　　　　　　　　　　　　　　　　　　(　　)

10.档案标引的最后工序是审校。　　　　　　　　　　　　　　　　(　　)

三、简述题

1.简述档案检索工作、档案统计工作的内容。

2.常用的档案检索工具有哪些?

3.档案检索效率指什么? 通过什么来衡量?

4.说说档案标引及具体步骤。

5.说说档案统计的步骤与方法。

能力训练

一、阅读下面材料,思考后,说一说。

某公司档案室先后接待了三个人:第一个人要查找生产规划这一专题的档案资料,第二个人要查找 2011 年的 5 号文件,第三个人只是想了解一下该档案室室藏情况。

讨论:你认为该档案室的工作人员怎样做才能满足他们的需要?

二、根据下面给定的材料,分小组,做一做。

根据所给文件,完成详细级次的档案文件著录卡片并进行标引。

××省劳动厅文件

×劳培〔2017〕195 号

××省劳动厅
关于印发《××省职业技能鉴定实施办法》的通知

各市、地、县劳动局(劳动人事局)、省级有关部门:

　　《××省职业技能鉴定实施办法》已经劳动部批准,现印发给你们,请按照执行。

　　附件:××省职业技能鉴定实施办法

××省劳动厅(印)

2017 年 10 月 20 日

主题词:职业技能　鉴定办法　通知

××省劳动厅办公室	2017 年 10 月 22 日

知识拓展

让百姓享受"一站式"服务、"一键式"检索的便利
——浙江省丽水市创建"1+9+N 档案协同管理系统"
实现市县乡 3 级机关电子档案共建共享

　　在浙江省丽水市缙云县工作的王某,因为评职称,需要查 5 年前他在庆元县荷地镇工作时的任职文件,来回 500 多公里的路程,让他很犯难。这时候,缙云县仙都管委会正在使用的"1+9+N 档案协同管理系统"帮他解决了这一难题。只见登录该系统,输入王某的名字,一份荷地镇政府关于王某任职的文件就显示在计算机的屏幕上。王某高兴地说:"太方便啦,太感谢啦!"

　　丽水市是浙江省的经济欠发达地区,下辖 9 个县(市、区),在档案信息化建设的道路上,怎样以最小的投入获取最大的收益,是近年来丽水市档案人一直思考的问题。经过丽水市档案部门的共同努力,"1+9+N 档案协同管理系统"应运而生。"1+9+N 档案协同管理系统"拆除了丽水市各级、各部门机关数字档案室的信息围墙,建设成覆盖 1 市 9 县的云档案信息共享系统,让老百姓方便地利用机关档案室的开放档案,享受"一站式"服务、"一键式"检索的便利。

按照"1+9+N"的模式,将市级、9个县(市、区)的党政机关和乡镇数字档案室整合到同一个网络平台上,形成以市级为中心,9县(市、区)为节点的强大的"云档案"。市、县、乡三级各机关不需要再单独配备数字档案管理服务器、管理软件和网络环境,只要借助全市统一的"云档案"信息共享网络平台,就可以随时对本机关形成的电子文件进行归档、移交、登记备份和共享查阅。该系统被浙江省档案局评为"创新破难十佳案例"。

丽水市"1+9+N档案协同管理系统"创新破难的工作亮点,可总结为"四个统一",即统一的网络平台,就是1市9县的档案管理系统服务器,分布式部署在政务外网上,运用"云计算技术",建成"档案云网络";统一的电子文件的技术标准,就是建设各部门OA的标准接口,根据《电子档案移交与接收办法》,运用电子文件封装技术,实现各部门OA系统电子公文和元数据向"1+9+N档案协同管理系统"的无缝迁移,打破各部门各自为政而形成的"信息孤岛"和"信息割据"的局面;统一的档案与电子文件的登记备份策略,就是以系统容灾备份和单点备份相结合,确保档案与电子文件的安全,在整个协同管理系统实现容灾备份的同时,对各部门的机关数字档案室数据实行单点个性化备份,一旦有个别部门出现数据问题,在不还原整个系统的情况下,可以对出问题的部门进行数据修复还原;统一的数字档案的展现方式,就是以市级为中心、9县市为节点,建立全市统一的档案与电子文件目录数据库和全文数据库,使1市9县已经开放的数字档案在同一个平台上实现"百度式"查阅利用,用户只要输入关键字,即可在自己的权限范围内检索市、县、乡三级所有机关档案室的电子文件和纸质档案数字化成果。

丽水市"1+9+N档案协同管理系统"的建立,有力地推进了全市档案信息化进程。目前,全市已经有400余个市、县、乡三级机关单位应用该系统进行电子文件的在线归档和移交工作,已经有开放共享电子文件200多万件,真正打通了档案信息社会共享通道,实现了市、县、乡三级N个机关档案室的"一站式"服务、"一键式"检索。

(资料来源:朱悦华.让百姓享受"一站式"服务、"一键式"检索的便利[N].中国档案报,2013-06-24(2).)

项目九
档案利用服务与编研工作

学习目标

知识目标

了解档案提供利用的形式与特点；

掌握档案利用服务工作的基本概念和常用方式；

熟悉档案利用服务工作以及常用参考资料的编研工作。

能力目标

能够理解档案利用服务的含义；

能够开展档案咨询工作；

能够编写单位的组织沿革和大事记；

能够编写专题概要和统计数字汇集；

能够结合主题进行档案展览的设计与布展工作。

案例引入

利用档案节省费用

杭州市锅炉集团股份公司在向国家申报上市时，由于其隶属关系不明确被退回申报材料。公司档案人员于 2010 年 4 月 27 日到杭州市档案馆，查阅该厂 1955—1999 年的组织隶属关系、机械局和市工业局关于干部的批复等材料，对重要材料进行了复印，从中理清了该厂的隶属关系，为该厂申报上市提供了资料。

【请你思考】

1.什么是档案利用服务工作？

2.在本案例的企业经营活动中档案发挥了什么作用？

3.档案在社会活动中还能起到哪些作用？

理论导读 ∙∙

任务一　认识档案利用服务与编研工作

一、档案的利用服务

≫≫ (一)档案利用服务的含义

所谓档案的利用服务,是指档案馆(室)以馆藏档案资料为基础,根据单位和社会的需求,通过一定的渠道和方法,向用户提供各种形式和内容的档案信息的活动。

档案的利用服务和利用档案既是两个不同的概念,又是两个具有密切联系的概念。档案的利用服务是指档案部门为满足利用者的需要,向利用者提供有关的档案信息;利用档案是指利用者到档案部门来获得档案信息。两者相辅相成,如果没有利用档案,那么档案的利用服务就毫无意义,因此利用档案是档案的利用服务得以存在的前提。反之,如果没有档案的利用服务,利用档案也不可能实现,因此,档案的利用服务是利用档案得以实现的条件。明确这两个概念,有利于档案部门明确自己的职责范围,有的放矢地开展工作,不断提高工作效率。

≫≫ (二)档案利用服务工作的基本内容

(1)熟悉馆(室)藏档案信息内容和成分。

(2)熟悉档案检索工具的使用方法。

(3)分析和预测社会对档案信息的需求特点。

(4)把握档案利用需求的发展规律。

(5)向档案用户开展档案咨询服务。

(6)向档案用户提供所需档案文献。

≫≫ (三)档案利用服务的地位

1.档案的利用服务是实现档案工作目的的主要手段

档案工作的根本目的,就是提供档案为党和国家以及各组织单位的各项工作服务,充分发挥档案的作用。从这个意义上说,档案的利用服务是实现档案工作目的的主要手段,是档案工作的中心任务。

2.档案的利用服务是检验档案工作质量的重要方法

在提供服务的工作中,能够比较客观地发现和了解档案工作中其他业务环节的优缺点,如收集的档案是否齐全、整理是否科学、鉴定是否准确、保管是否安全等,从而促使我们采取有效措施改进档案管理工作。

≫ (四)档案利用服务的意义

档案利用服务的意义在于档案工作是最实际有效的宣传手段。档案部门正是通过档案的利用服务来及时获得外界对其工作成果的信息反馈;档案部门也要通过档案提供利用工作这一窗口来捕捉外界的政治、经济、科学、文化等各种动向,以便不断地调整自己的结构和服务方向。

≫ (五)档案利用服务的主要对象

1.满足计划决策人员对档案的需求

提供综合性的、可靠的、涉及面广的档案材料;提供政策性文件和分析论证材料;提供历史上处理类似问题所形成的材料。

2.满足基层管理者对档案的需要

提供具体、详尽、实用性强的信息;提供与管理对象有关的信息;提供单位内部信息。

3.满足科研人员对档案的需要

提供一个或多个相关主题的档案信息;提供原始材料;提供完整、准确、系统的成套材料。

4.满足工程人员对档案的需要

提供具有较强针对性的具体信息材料,如查用某个具体图形、数据、报表等;提供专利文献和标准化材料,同类客体、同类项目或同行业的最新信息;提供时间要求迅速和及时;给予相对宽松的利用时间。

5.满足一般人员对档案的需要

提供一般文件的查阅;提供有关民生方面的信息;提供其他合法相关档案信息。

≫ (六)档案利用服务的规律

(1)重大事件之后,重要活动之前。
(2)重要纪念日前后。
(3)地方、部门编史、修志。

≫ (七)档案提供利用的基本方式

档案提供利用的具体方式是多种多样的,但归纳起来有以下几种基本方式:

（1）以档案原件方式提供利用。如档案馆（室）开辟阅览室,利用者在馆（室）内阅览一般文件原件;在某些情况下将档案原件暂时借出馆（室）外使用等。但不适用于比较珍贵的档案原件及容易损坏的历史档案。

（2）以档案复制品方式提供利用。如制作各种形式的档案原件复制本,代替原件在馆（室）内阅览或提供馆（室）外利用;编辑出版文件汇编和档案参考;进行档案的展览与陈列等。

（3）以档案信息内容方式提供服务。如编写各种参考资料,制发档案证明,函复查询外调,积极开展档案的咨询服务工作。

二、 档案提供利用的几种主要方法

1.档案阅览服务

档案阅览服务是指档案馆（室）在单位内部开辟阅览室,向利用者提供档案原件的一种服务方式。建立阅览室接待利用的方式,优越性很多:

（1）有专门设施,有专人监护和咨询,有利于保护档案原件的安全,也为利用者提供了较好的阅览条件。

（2）可以提高档案的周转率和利用率,避免因一人借出馆（室）外而妨碍多人利用之弊。

（3）阅览室是档案部门联系利用者的纽带,档案部门可以通过阅览室直接了解利用者对档案的需求,与用户建立良好的互动关系。使档案部门更好地了解和研究利用档案的情况,从而改进和提高档案利用工作。

2.档案阅览室的设置

为了便于档案馆（室）的管理,阅览室在为用户提供良好服务的同时,在设置上应该注意以下几点:

（1）选址适当。档案阅览室的地址应选择在接近库房、环境安静、开间宽敞、光线明亮的地点,以方便调卷和用户阅读文件。

（2）分区合理。档案阅览室内部应以利于管理、方便利用为原则,合理划分服务、检索工具、资料、阅读、视听、休息等不同功能区,使其布局既合理又美观舒适。

（3）设备适用。阅览室应设有服务台、阅览桌、存物处、布告栏、目录柜、检索工具、监护设备、参考资料以及计算机、复印、扫描等设备。为了方便读者,还要准备与所藏档案相关的文摘资料以及索引、书目、辞典等工具书,供读者随时查阅利用。

（4）制度健全。为了便于用户查阅档案,防止档案遭受损失,确保档案的安全,必须制定阅览室服务人员和用户共同遵守的规章制度。对于发生的违规行为,必须予以严肃处理。

【小案例】

不可或缺的档案阅览室

在某公司的一次内部中层会议上,行政主管汇报了这样一个情况:由于近几年公司规模扩大,设备数量增多,业务与工作量也大增,前来查阅档案的员工很多。由于档案室地方狭小,不便查阅,在允许的范围就让利用者把档案资料借走阅读,有的档案虽然很快还回来了,却发现有不少地方被折了页角,甚至还留下了勾画的痕迹,影响了档案的整体利用。行政主管提出了建立公司档案阅览室的建议。公司领导很重视这个问题,研究后决定将公司的第四会议室改造为档案资料阅览室,添置了必要的设备,还要求档案室管理员专门制定了档案阅览室阅览制度,使档案室具备了提供档案现场阅览的条件,从而解决了档案原件利用中的问题。

3.档案外借服务

档案的外借是指在特殊情况下,档案馆(室)允许利用者将档案原件或副本借出馆(室)利用的情况。为了对档案外借进行控制和管理,档案馆(室)要建立严格的制度,其中包括外借的权限、范围、审批手续、归还手续以及借阅者责任和义务等。

如果建立了电子档案阅览室,可以实现档案电子化原件的调阅,极大地方便了档案利用者的查询。

【小案例】

电子档案阅览室实现原件调阅

2010 年 4 月 18 日,广州市城市建设档案馆电子阅览室正式开放。电子阅览室的原件调阅功能正式开通,标志着电子档案阅览室查询功能的全面实现。目前,电子档案阅览室不仅能够查询档案的各种基本信息,而且可以调阅电子化原件。用户查询时,不仅有精确查询、模糊查询,还允许其使用多条件组合查询,或者使用档案的任何一项信息为关键字进行查询。另外,用户还可以对查询结果进行再检索,给予用户以最大的自由度和便利。在对档案信息的查询过程中,当用户定位到某一档案时,可以调阅档案的电子化原件,即意味着不但可以给用户提供数字化的信息服务,同时还可以提供实体化的信息服务。

4.制发档案复制本服务

档案复制本分为副本和摘录两种类型。副本,是通过摄影、扫描和复印等方式整体"克隆"档案原件,反映了原件的所有部分;摘录是通过手抄、打字、复印等方式,根据利用者的要求"克隆"档案的局部,所反映的是原件中的某个问题、段落或事实等。

档案馆(室)制作档案复制本有两种情况:一种是作为业务建设,普遍将档案原件通过缩微或扫描技术制成缩微胶片或光盘,在阅览室替代原件提供利用;另一种是利用者需要将复制本携带出档案馆(室)阅读或作为凭证等。在这种情况下制发档案复制本,需要由用户提出复制申请,说明复制的理由、内容和份数等,经一定的批准手续后,方能复制。复制本要与原件进行校对,确认无误后需在复制本的边上或背面注明档案原件的编号、档案馆(室)的名称,并加盖公章。

5.制发档案证明服务

档案证明是档案馆(室)根据用户的申请,为证实某件事实在本馆(室)的档案中有无记载和如何记载而开具的书面证明材料。档案证明在解决单位或个人用户权益问题中具有可靠的凭证作用,为此,在制发证明时需要特别注意以下几点:

(1)制发手续——用户申请

具体为利用者提出申请—领导审查批准—查找材料—综合编写—校对—寄发。

在社会生活中,人们往往需要档案部门提供一定的证明文件,以证实某种事实在档案中的记载情况。如诉讼活动中需要出具的证明文件,在晋级、评定职称、离(退)休以及其他活动中需要出具的有关学历、工龄等方面的文件。因此,档案馆(室)制发档案证明既是满足利用者特殊需要的一种服务手段,同时也是档案发挥作用的一种形式。

档案证明必须根据单位或个人的正式书面申请才能制发。在申请书中要写明获取档案证明的目的、要求证明的事项,以及事项发生的时间、地点等基本信息,以便对申请书进行审查和对档案材料进行查找。

(2)制发依据——档案原件

档案证明必须依据档案正本或可靠的抄本来编写。在没有正本或可靠抄本的情况下,才可以根据草案、草稿编写,并在证明书上注明"未经签署""记录草稿"等。所有的档案证明都要注明材料出处和根据。

(3)制发方法——引述原文

档案证明以引述或节录原文为主要方法,如果必须由档案工作人员根据档案内容综合或摘录叙述,则务必保证表述的准确性和真实性,不能擅自对档案材料进行解释说明。

(4)制发标志——加盖印章

档案证明的内容必须针对性强,不能超出申请证明的问题而列入其他材料;文字表达要字斟句酌,确切无误。档案证明写好后,需要认真校对,并加盖档案馆(室)公章才能发出,超过两页(含两页)的,应加盖骑缝章。

【小案例】

×××市×××区档案馆档案证明

〔2018〕1670 号

该证明附件出自本馆×××市×××区革命委员知青办公室 1965 年的档案,档案号为007-019-305-330。

该证明附件共 1 页。

特此证明

×××市×××区档案馆

(公章)

2018 年 10 月 22 日

6.档案咨询服务

档案馆(室)通过口头、书面或网络的形式解答利用者的问题,指导其利用档案信息资源的一种服务方式,就是档案咨询工作。

(1)档案咨询的类型

①事实性咨询,是档案馆(室)解答用户关于特定事实或数据问题的过程。

②知识性咨询,是档案馆(室)解答用户关于检索工具使用、名词术语、历史知识、档案馆(室)情况等方面问题的过程。

③查询性咨询,是档案馆(室)根据用户的需要向其提供专题档案信息的过程。

(2)档案咨询的程序

①接受咨询。当用户提出咨询要求时,应首先了解其咨询的目的、内容、范围及要求等,对本馆(室)承担咨询任务的能力进行评价;确认能够承担任务后,通过登记的方式接受咨询任务。对暂无能力解决的问题,要将问题记录下来,设法为用户寻找解决途径。

②分析问题。为了准确把握用户的意图与任务,在接受咨询任务后,需要对用户的问题进行分析,以确定查找档案的范围和深度,选择适合的工作方法等。

③查找档案。根据对用户问题的分析,去查找档案和相关资料,并将所需信息记录下来,作为解答咨询的依据,或直接提供给用户。

④答复咨询。根据提出问题的深度或范围,答复咨询可以采取现场解答、电话解答、书面解答、提供材料等不同方式。目前各档案馆(室)在官方网站上的专家网络解答是一条很好的解答途径。

⑤建立咨询档案。为了掌握咨询工作的规律、积累咨询的问题和相关资料,不断提高咨询质量,对于咨询过程要进行登记和记录,定期整理、鉴定和分析,建立完整的咨询档案。登记表式样如表9-1所示。

表9-1　档案利用效果登记表

日期		部门		姓名		案卷或 文件题名	
利用目的							
利用效果							

三、 档案的编研工作

≫ (一)编研工作的含义

档案馆(室)的编研工作,是以馆(室)藏档案为主要对象,以满足社会利用档案的需要为主要目的,在研究档案内容的基础上,编辑史料,编写档案参考资料,参加编史修志,撰写专门著述。

》(二)编研工作的内容

从我国现有实践和发展趋势来看,编研工作的主要内容包括以下四个方面:

1.编辑档案史料和现行文件汇编

编辑档案史料和现行文件汇编也称"档案文献编纂",按照一定作者、专题、时间或文种等特征,将档案史料、现行机关文件进行汇编成册,在一定范围内使用或公开出版,属于一次性文献。例如,《中华人民共和国政策法令选编》为重要文件汇编;《日本掠夺华北劳工档案史料集》为专题性档案史料汇编;《中国加入世贸组织法律文件》为现行性文件汇编等。

编辑档案史料和现行文件汇编主要有三个特点:一是原始性。汇编所选录的都是档案原件,并且一般不做文字改动。二是系统性。档案文献汇编都按照专题组成,所选择的档案文件不仅在内容上相互联系,而且通过编排设计已构成一个有机的体系,清晰、客观地揭示事物发展变化的规律。三是易读性。工作人员在编研过程中对文件上的批语、标记进行处理,对于段落、标点、错别字和残缺文字进行校正和恢复,对于人物、事件、典故进行注释等,以便于利用者阅读和理解。

2.编辑档案文摘汇编

档案文摘汇编是档案馆(室)根据一定的专题对档案原文摘进行汇总编辑形成的编研成果。档案文摘是对档案原文的缩写,即以简练的文字概要地揭示档案文件的主要内容,不加任何评论与补充解释,是一种档案的二次性文献形式。如学术论文文摘汇编、科技成果文摘汇编、专题档案文摘汇编等。其特点为信息量大、针对性强、更新及时。

3.编写档案参考资料

档案参考资料是档案馆(室)按照一定的选题,根据档案内容加工编写而成的一种可供人们参考的档案材料加工品。如大事记、组织沿革、专题概要、统计数字汇集等。档案参考资料的编写依据是档案原件,但其表现形式已经改变了档案原件的面貌,属于三次性文献。其特点表现为问题集中、内容系统、概括性强。介乎档案文献与学术论著之间,内容具参考作用,但不指明内容出处。

4.编史修志

编史修志是档案馆(室)以馆藏档案为基础,参加历史研究、编修史书、撰写文章或著作、探索历史发展规律的工作。它可以将档案部门与社会的研究力量结合起来,共同开发出更高层次的档案知识产品。

任务二　组织沿革与大事记的编写

一、组织沿革的编写

》》（一）组织沿革的含义和用途

组织沿革是系统记载一个单位、专业系统或地区的体制、组织机构和人员编制等方面变化情况的一种参考资料。

组织沿革的主要用途：便于查找和研究本地区、本系统、本单位的机构和人员发展变化情况；为国家机关史、地方史、革命史以及各种专业史研究提供组织建设方面比较系统的资料；为档案馆（室）编写立档单位历史考证提供系统的材料；也可以帮助档案利用者了解立档单位的情况，认识档案的价值。

》》（二）组织沿革的种类、内容和体例

1.组织沿革的种类

（1）机关组织沿革，主要记载一个单位及其内部机构和人员的演变情况，如"××图书出版发行总公司组织沿革"。

（2）地区组织沿革，主要记载一定行政区域或行政区域内所属党政群各级组织的设置和演变情况，如"××市行政区域历史沿革"。

（3）专业系统组织沿革，主要记载一定专业系统所属组织的设置和演变情况，如"×××系统组织机构沿革"。

2.组织沿革的内容

组织沿革通常由标题、序言（编辑说明）和正文组成，根据需要可以增加目次和注释。组织沿革正文包括以下内容：

（1）单位、地区或专业系统的历史概况、建制变更情况。

（2）单位的性质、任务、职权范围和隶属关系。

（3）单位内部组织机构的设置和人员编制的变化情况。

（4）单位领导人的任免情况。

（5）单位名称的变更、印信的启用与作废、单位办公地点的迁移等情况。

3.组织沿革的体例

（1）编年法：按照年度记述某一单位、地区或专业系统的组织概况。采用编年法编写组织沿革时，先将材料按年度分开，然后每个年度中再分别记述各方面的情况。

这种方法的优点:每个年度的材料集中,自成体系,全年的情况显示清楚。不足之处:每个方面的情况分散于各年度之中,纵向脉络被切断;有些多年无变化的情况要按年度反复陈述,内容重复。如:

××现代服饰有限公司组织沿革

2008 年

10 月 22 日,经××市工商管理局批准,××现代服饰有限公司正式成立,为股份有限责任公司。公司地址在××市××区××街××号。

公司领导:

总经理:×××

副总经理:×××、×××

员工人数:26 人

机构设置:办公室、销售处、设计处、采购处、生产技术处、财务处

……

2018 年

10 月 22 日,公司迁址到××市××工业开发区××大厦。

公司领导:

总经理:×××

副总经理:×××、×××

员工人数:560 人

机构设置:行政部、市场部、设计部、采购部、生产技术部、人事部、财务部

……

(2)系列法:以组织机构或组织建设问题为线条,形成各个系列。在编写时,首先按照系列,然后再按年度顺序,分别记述其演变的始末概况。

这种方法的优点:能够比较系统地揭示单位、地区或专业系统内部组织机构或组织建设各方面情况的发展脉络,便于读者分项目了解单位、地区或专业系统的演变情况。不足之处:不便于显示各个阶段的组织概况,且有些组织的演变情况比较复杂,不适宜采用系列法。

(3)阶段法:根据单位、地区或专业系统发展变化的特点,将其划分为若干历史阶段,在每个阶段中再分别记述各方面的情况。

这种方法在一定程度上吸收了前两种体例的优点,使时间和系列经纬交织,能够比较清晰地反映组织的演变情况,便于读者阅读和理解。采用这种体例时,应注意根据编写对象的发展特点合理地划分阶段。如:

××电子设备股份有限公司组织沿革

(2002.3—2018.12)

一、××电子设备公司组建时期(1982.3—2018.12)

2002 年 3 月 16 日,经××市政府批准,原××电子元件厂、××电子管厂合并组建××

电子设备公司。

公司领导:

总经理:×××

副总经理:×××、×××、×××

员工人数:635人

机构设置:办公室、人事处、采购处、生产销售处、财务处、后勤处、外联部

……

二、××电子设备公司调整时期(2010.1—2018.12)

2010年1月6日,××电子设备公司实行股份制,更名为××电子设备股份有限公司。

公司领导:

总经理:×××

副总经理:×××、×××、×××、×××

员工人数:1120人

机构设置:行政部、公关部、人力资源部、采购部、生产部、销售部、财务部、投资部、技术部、后勤部

……

≫ (三)组织沿革的编写要求

1.内容全面,材料充分

为能客观、充分地反映历史事实,在编写过程中要注意材料的真实性,因此材料必须经过考证;为体现组织建设的完整与准确,组织建设中的重要内容和主要事实不能遗漏,记述过程中不能出现中断现象。

2.结构合理,条理清楚

为清晰地表现组织建设各方面情况的演变轨迹,在编写过程中,要注意结合实际情况而采用合适的体例和结构。其结构主要包括封页或总题名、编者说明、目录、正文、附录。

3.表现形式多样

为体现条理清楚直观易查,在编写过程中要注意表现形式的运用。通常,记载单位、地区或专业系列的历史渊源、主要职能、性质、任务时使用文字叙述,记载机构、人员变化情况时采用图表示意,记载印信内容时可以直接附上其式样。

二、 大事记的编写

≫ (一)大事记的含义和用途

大事记是按照时间顺序记载一定范围内发生的重大事件和重要活动的参考资料。

大事记的用途主要有以下三个：

(1)帮助单位各方人员了解本单位、本系统、本地区的历史发展和主要情况,掌握一些重要问题的来龙去脉,为有效开展工作服务;

(2)为历史研究人员和史志编修人员提供系统的相关资料;

(3)汇集进行传统教育的素材。

≫ (二)大事记的种类

1.机关大事记

记载一个机关单位在一定时期内的重要活动,如"×××市××单位新中国成立初期大事记"。

2.国家或地区大事记

记载全国或一个地区在一定时期内的重大事件,如"×××区改革开放 20 年大事记"。

3.专题大事记

按照一定专题记载国家或一定地区或一机关单位在一定时期内某一方面的重大事件,如"×××省 1949—1963 年行政区大事记"。

4.个人生平大事记

记载著名人物的生平及重要活动,也称"年谱",如"周恩来年谱(1898—1949)"。

≫ (三)大事记的体例与结构

1.大事记的体例

一般分为编年体和分类编年体两种。

2.大事记的结构内容

主要由大事时间和大事记述两部分组成。此外,还可以根据大事记的规模,设置题名、编辑说明、序言、目录、正文、索引、图表、按语、附录等内容。

(1)大事时间。大事时间的记载必须是准确的年、月、日。如果某条大事的日期不完整或不清楚,经考证后仍无法确定,那么,日不清者,该条目附于月末,称为"是月""本月";月不清者,附于年末,称为"是年""本年";年不清者,一般不加以记载。

(2)大事记述。通过大事记述,能充分反映历史发展的概貌和规律,它是大事记的核心部分。因此,在记述大事时,应注意以下几个问题:

①一条一事。大事记述要求一条一事,不能将若干事件放在一个条目中综述。即使在同一时期内有许多事件需要记载,也应各立条目,或在该日期之下分段记述,以保证条目清晰,便于阅读。例如:

中国共产党大事记(节选)

1994 年　2 月 28 日至 3 月 3 日,全国扶贫开发工作会议在北京召开。

1994 年　3 月 23 日,中共中央召开农村工作会议,全面部署本年度的农业和农村工作。

1994 年　10 月 26 日至 29 日,中共中央在北京召开全国农村基层组织建设工作会议。

1995 年　2 月 24 日至 28 日,中共中央和国务院在北京召开农村工作会议。

1995 年　6 月 6 日至 9 日,国务院召开全国扶贫开发工作会议。

……

②选择反映本质的事件。大事记有一定的种类和范围限定,所选择的事件应该是相对于这一范围的重大事件,并非是所有的重大事件。

③力争做到"大事突出、要事不漏"。在大事记中,不能忽略那些本身虽然不大,但在发展过程中对大事有重要说明和补充作用的事件,即要事。

④观点正确,文字简明。在编写大事记时不能不加分析地按照原文的表述口径记录,而是要站在正确的立场,以辩证唯物主义和历史唯物主义的观点为指导,还历史以本来面貌。大事记叙述的文字要简约、凝练、清楚,除了表述事实所必需的说明性文字外,一般不使用修饰性和描写性的文字。

⑤客观叙述,不予评述。大事记不同于著作,一般不必进行分析或阐述,应将编者的观点寓于条文之中,用史实来说明问题。对于某些具有特殊性或开创意义的事件,可以对其意义和影响作简要介绍。

(3)大事记条目编写方法。条目段落安排形式主要有以下几种:

①首行缩进式。如:

1 月 12 日　××××××公司在北京推出第一款用于中低速领域的能源再生——锐进能源再生电梯,采用创新一代的双重节能科技,是节能环保电梯领域取得的重大突破。

1 月 18 日　××××××公司隆重举行成立十周年纪念活动庆典。隆重举行了种植纪念树、揭幕纪念碑活动,并向本市儿童福利院捐赠电梯,回馈社会对公司的关爱。

②首行悬挂式。如:

1 月 12 日　××××××公司在北京推出第一款用于中低速领域的能源再生——锐进能源再生电梯,采用创新一代的双重节能科技,是节能环保电梯领域取得的重大突破。

1 月 18 日　××××××公司隆重举行成立十周年纪念活动庆典。隆重举行了种植纪念树、揭幕纪念碑活动,并向本市儿童福利院捐赠电梯,回馈社会对公司的关爱。

③首行齐头式。如:

1 月 12 日　××××××公司在北京推出第一款用于中低速领域的能源再生——锐进能源再生电梯,采用创新一代的双重节能科技,是节能环保电梯领域取得的重大突破。

1月18日 ××××××公司隆重举行成立十周年纪念活动庆典。隆重举行了种植纪念树、揭幕纪念碑活动,并向本市儿童福利院捐赠电梯,回馈社会对公司的关爱。

(4)时间标识方式

①年度突出,月日开头。如:

××××××有限公司大事记节选(2017年)

1月12日 ××××××公司在北京推出第一款用于中低速领域的能源再生——锐进能源再生电梯,采用创新一代的双重节能科技,是节能环保电梯领域取得的重大突破。

1月18日 ××××××公司隆重举行成立十周年纪念活动庆典。隆重举行了种植纪念树、揭幕纪念碑活动,并向本市儿童福利院捐赠电梯,回馈社会对公司的关爱。

4月5日 公司中标亚洲第一火车站北京新南站,成为北京奥运重大项目的唯一选定电、扶梯全包供应商。

②年月突出,日期开头。如:

××××××有限公司大事记节选(2017年1月)

12日 ××××××公司在北京推出第一款用于中低速领域的能源再生——锐进能源再生电梯,采用创新一代的双重节能科技,是节能环保电梯领域取得的重大突破。

18日 ××××××公司隆重举行成立十周年纪念活动庆典。隆重举行了种植纪念树、揭幕纪念碑活动,并向本市儿童福利院捐赠电梯,回馈社会对公司的关爱。

任务三 专题概要与统计数字汇集的编写

一、 专题概要的编写

≫ (一)专题概要的含义和作用

专题概要是用文章叙述的形式简要介绍和说明某方面工作、生产、科研或自然现象发展、变化情况的档案参考资料。

通过专题概要的编写能集中、系统地提供有关某一方面的大量信息,为日常工作的查考和历史研究提供有价值的素材。利用者通过对有关专题概要的使用,可以不必再利用档案原件,从而提高档案的利用效率,对档案原件起到保护作用。

≫ (二)专题概要的种类

专题概要种类概括起来,主要有会议简介,如"×××公司第一次职工代表大会会议简介";产品、工程项目、科研项目简介,如"×××农业科技开发公司科研项目简介";地区(机关)综合情况简介,如"××市××区概况";专门问题简介,如"×××县历年户口耕地资料专题介绍"等。

≫(三)专题概要的编写方法与编写要求

1.编写方法

选题:专题概要的选题、选材首先要选择有价值的专题,要选择外界迫切需要、利用率较高的专题;此外要结合档案馆(室)的实际情况,选择馆藏相关档案比较丰富的专题,既要考虑到需要,又要考虑到可能。

拟定提纲:选题后应拟定编写提纲,收集有关的材料,材料的收集应尽可能地齐全完整,防止遗漏重要的材料。专题概要没有固定的模式,可以根据具体需要而设计。

专题概要是以相关档案为基础,经过编辑加工,以编者的语言来叙述某一专题的,其结构体系也是围绕编者的观点展开的,因此,专题概要带有一定的倾向性。

2.编写要求

(1)内容全面,材料翔实

根据专题概要的特点,在编写时应力求将有关专题的来龙去脉、因果始末、经验教训叙述清楚。为此,应事先拟定编写提纲,确定概要的基本框架和内容范围,以保证写作思路的清晰。

(2)夹叙夹议,评价得当

专题概要是以档案等可靠的材料为基础,综合记述有关方面的情况,但它又不是单纯的材料介绍,而是必须对某些问题的性质、意义、结果等作出适当的评价或说明,以使读者了解情况的内涵。因此,我们在写作中除了陈述事实,还需要加入编写者的点评,即可采用叙议结合的方式。

(3)叙述准确,文字朴实

专题概要涉及的范围很广,有些专题的专业性较强,这就要求我们在确定题目后必须学习和了解有关领域的基本知识,以防止在概要的文字中出现常识性或专业性的错误。在概要的初稿完成后,应请有关专家对稿件进行审核,以保证其内容的准确性。同时,专题概要还要求表述朴实、严肃、简明,用语规范。

二、 统计数字汇集的编写

≫(一)统计数字汇集的含义和作用

统计数字汇集是以数字的形式反映一定地区或某一方面基本情况的参考资料,常采用手册的形式,又称"基础数字汇集"。

统计数字汇集的编制,其实质是对分散于档案中的各种统计数字的汇总,对于了解情况、研究问题、总结经验、制订计划、作出决策等各项工作都有很高的参考价值;此外,也可以为今后的历史研究提供必要的素材。

≫（二）统计数字汇集的种类

1.综合统计数字汇集

综合统计数字汇集即系统反映某一单位、地区或专业系统全面情况的统计数字汇集,如"×××市基础数字汇编",包括人口统计、工农业产值、文化教育设施等内容,范围广、篇幅大。

2.专题性统计数字汇集

专题性统计数字汇集即系统反映某一方面基本情况的统计数字汇集,如"××农业基础数字汇集"。相对而言范围较小,因此在编写专题性的统计数字汇集时,应从不同角度、不同需要和目的去确定专题的范围和内容。

≫（三）统计数字汇集的编写要求

1.科学地确定统计指标

统计数字汇集是由一系列的数据汇合而成的,而统计数据所反映的对象及其意义是通过统计指标显示的。因此,在编辑统计数字汇集时,首先应分析和选择那些能够揭示事物本质或发展趋势的统计指标,以保证整个统计数字汇集的实用价值。

2.采集数据准确无误

在来源上,统计数字汇集的各种数据应以权威部门正式公布的数字为准,不能采用估算数据、尚未定论的数据和非正式渠道的数据。如果对档案中记载的数据存有疑问,应认真核实;查证不清楚时,应加以说明。数量的计量单位应统一,如遇有计量单位不一致处,应加以换算或予以说明。

3.进行适当的统计分析

统计数字汇集不是对有关数据的简单汇集,而是要通过数据之间的关系反映事物的发展变化规律。因此,在编辑统计数字汇集时,应对数据进行整理、分析和计算,显示出数据之间的增减变化幅度,为读者提供更加明确的线索。

4.采用清晰的表格式和示意图

统计数字汇集大多数采用表格的形式,也可以采用示意图的方式。采用表格式的统计数字汇集,可以将每年的数据集中制作一份表,按年度排列;也可以先分类,将各个年度相同指标的数据汇成一表,便于对照情况。

统计数字汇集采用表格式,要注意设计好表格式样,使其条理清楚、便于阅读;采用示意图则要注意图形的准确、规范,示意清楚。

任务四　档案展览

　　档案展览是指档案馆(室)根据需要,按照一定的主题,采用平面或立体的展示手法,系统地陈列展示档案原件或复制件的一种提供利用的主动服务方式。

一、　档案展览的形式

　　1.按展览的期限划分

　　按展览的期限划分,有长期性档案展览和短期性档案展览。长期性档案展览内容多为珍贵馆藏、国家或地区重要历史面貌方面的档案史料的展出,例如中国第一历史档案馆的"馆藏珍品陈列展"。短期性档案展览是根据单位的工作需要或者是配合单位的重要活动、纪念日等而举办的,例如公司、学校等组织成立周年庆典时所举办的成就展、回顾展等。

　　2.按展出的内容划分

　　按展出的内容划分,有综合性档案展览和专题性档案展览。综合性档案展览的内容通常涉及一个国家、地区、单位或著名人物全面的情况,例如由西藏自治区档案局和上海市档案局联合举办的"走进西藏——来自档案馆的珍品"。专题性档案展览则是展示一个国家、地区、单位或著名人物某一方面的情况,例如由辽宁省档案馆举办的"让档案为历史作证——日本侵略东北罪证展"。

　　3.按展出的地点和方式划分

　　按展出的地点和方式划分,有固定档案展览、巡回档案展览和网络档案展览。

　　固定展是在档案馆展厅、博物馆展厅或单位展室举办的展览,其特点是展品数量较多、规模较大、展出布局比较复杂。

　　巡回展是档案馆为了扩大档案展览的社会教育面,将档案展品进行流动展示。其特点是选题与群众关系密切,规模不大,展品布置比较简单,方便布展。

　　网络展览是各地综合性档案馆官方网站为了配合宣传教育,在网络上使用多媒体技术进行档案展览的一种方式。其特点是能够长时间提供展览,技术先进,可观性强。

二、　档案展览的特点

　　1.提供利用的场所,提高利用的效率

　　档案展览本身就是提供利用的现场,利用者可以比较集中和系统地得到所需要的材料,甚至可以得到从未见过和难于找到的珍贵材料和线索。

2.展品经过筛选,彰显历史价值

档案展览是经过筛选的典型材料,是最有价值、最吸引人的,它以新颖、形象、鲜明见长,能以档案的原始性、真实性揭示历史事件的本来面目,起到生动的宣传教育作用。

3.充分发挥档案作用,引起社会重视支持

档案展览能显示档案内容的丰富多彩和发挥为社会主义事业服务的作用,从而使人们了解档案的意义,意识到档案财富的宝贵,保护这些历史遗产的必要性,引起社会上对档案和档案工作的重视和支持,以及在工作中广泛利用档案的兴趣。

三、 档案展览的组织

1.确定主题

举办档案展览首先要确定好主题。围绕本单位的重大任务,把握好形势的发展和需求,选择有馆藏基础又能抓住观众关注点或具有宣传、教育意义的主题组织展览。

2.精选材料

档案展览要在有限的空间内将题目所应揭示的内容充分展示出来,因此,展出材料的选择是关键环节。档案展览要求选择正确揭示事物本质和反映历史事件真实面貌的档案,以及最具有典型意义的和具有长远查考利用价值的档案材料。

3.设计格局

档案展览的布局需要根据展出目的,将展品、场地、光线等因素有机地结合起来,既要揭示主题的全貌与实质,又要表现出独到的艺术效果。通常应根据展览主题,将档案文献划分为若干专题,再按照一定的时间或事件顺序进行排列。为了便于观众充分理解展览的主题,主办者还需为展览编写前言、专题提要和介绍等文字材料,将其穿插布置于展品之间,起提纲挈领的作用。

4.保证档案安全

由于档案本身的特殊性,除非特别必要,通常展出的档案大多使用复制品。如果必须展示档案原件,则应采取安全的展出装置加以严格的保护,防止档案损毁和遗失。若展示机密档案,必须经过领导机关批准,并规定参观者的范围。

5.记录与分析展览的实际效果

在档案展览结束后,工作人员要及时作出总结,分析展览的效果与影响及不足之处,为以后的档案展览提供借鉴。

达标训练

知识训练

一、选择题(单项选择)

1.组织沿革属于档案的(   )。

　　A.一次性文献　　　B.二次性文献　　　C.三次性文献　　　D.史志编修成果

2.编写大事记时,对某些不易理解内容的说明,应写入(   )。

　　A.编辑说明　　　　B.序言　　　　　　C.注释　　　　　　D.附录

3.档案工作的根本目的和中心任务是(   )。

　　A.收集归档　　　　B.提供利用　　　　C.整理分类　　　　D.保管工作

4.某人因大学毕业证书丢失而要求其原大学毕业学校档案馆出具毕业证明的行为属于(   )。

　　A.档案的学术利用　　　　　　　B.档案的公务利用

　　C.档案的交流利用　　　　　　　D.档案的普遍利用

5.编写组织沿革,系列法适用于(   )。

　　A.规模较小的机关　　　　　　　B.内部机构比较稳定的机关

　　C.内部机构不太稳定的机关　　　D.内部机构设置复杂的机关

6.组织沿革的编写体例中不包括(   )。

　　A.编年法　　　　　B.阶段法　　　　　C.系列法　　　　　D.评述法

7.浙江省冶金研究所应该将本所情报研究室编辑出版的《冶金情报资料》的样本(   )保存。

　　A.作为资料永久　　B.作为档案永久　　C.作为档案短期

8.(   )是最基本的典藏式档案检索工具。

　　A.全宗指南　　　　B.分类目录　　　　C.案卷目录

9.档案人员对外提供信息服务,其中程度最深的是(   )。

　　A.编研服务　　　　B.咨询服务　　　　C.借阅服务　　　　D.制作档案证明

10.对档案展览描述,错误的一项是(   )。

　　A.围绕某个主题布展

　　B.需要采用一定的艺术手段

　　C.结构由前言、单元、结束语三个部分组成

　　D.档案展览一般不进行巡回展览

二、判断题(判断正确与否并简要阐明理由)

1.一般而言,企业里科技档案的利用频率会更高。　　　　　　　　　　(　　)

2.组织沿革即组织单位领导班子的变化情况概要。　　　　　　　　　　(　　)

3.档案展览属于档案利用工作中很重要的一种。　　　　　　　　　　　(　　)

4.大事记编写可以遵循多事一条的原则。　　　　　　　　（　　）

5.档案机构制作档案证明都要收取一定的手续费。　　　　（　　）

6.我国公民可以凭身份证到档案馆查阅任何一种档案。　　（　　）

7.外国公民不能查阅我国档案馆中的任何档案。　　　　　（　　）

8.档案展览一般会使用档案的复制品实行布展。　　　　　（　　）

9.专题概要是一种利用原始档案编写而成的参考档案。　　（　　）

10.统计数字汇集一般采用手册的形式。　　　　　　　　　（　　）

三、简述题

1.简述档案利用服务的主要内容和对象。

2.简述制发档案证明的程序。

3.简述实施档案展览的步骤。

能力训练

一、阅读下面材料,思考后,说一说。

(一)农民韩大爷为房产问题与自己的远房兄弟闹起了纠纷。律师告诉他,可以上档案馆查档案并开具"档案证明"证明自己的合法权利。

讨论:

1.什么是档案证明? 需要履行哪些手续与程序才能合法取得档案馆开具的档案证明?

2.如果你是档案员,在制作档案证明时应该注意哪些问题,才能使档案证明既规范合法又能够实际解决韩大爷的问题?

(二)一个历史专业的研究生在做毕业论文的过程中,到某省档案馆查阅了几个月的资料。他如饥似渴地翻阅着一摞摞很有价值的卷宗,还抄录了 10 余份中华人民共和国成立前的有关中央统一战线方面的从未公开的档案材料,并用数码相机拍摄下来。不久,他向某家杂志社展示了手中的"宝贝",杂志社编辑颇感兴趣,立即开辟专题公布了这个研究生以个人名义提供的"新发现"。事后,该省档案馆和省档案局经过调查核实,认定该研究生和该杂志社的上述行为属于未经许可擅自公布档案的违法行为,依据《中华人民共和国档案法》及《中华人民共和国档案法实施办法》的有关规定,分别对该研究生和该杂志社处以 800 元和 1 万元的罚款。

讨论:

1.说说案例带给你的启示。

2.为了防范甚至杜绝类似情况的再次发生,档案馆可以采取一些什么办法?

二、阅读下面 3 个任务,分小组,做一做。

(一)某公司由小型企业发展到中型企业,领导也开始重视档案工作的建设,经研究决定要建设一个档案阅览室,以方便公司对档案的利用。公司把这个任务交给了档案管理员小张。

假如你是小张,在设计档案阅览室设置方案时你会考虑哪些因素? 请你设计一个布置科学、预算合理的档案阅览室设置方案交给公司领导审核。

（二）收集所在学校或某实践基地的上一年度大事（提示：可以通过网站或上门调查途径收集），编写一份学校或某实践基地的上一年度大事记。

（三）组织参观一次档案展览，结合所学知识及手头资料积累，以小组为单位选择一个合适的主题，按档案展览要求进行一次档案展览的设计与布置。

要求：

1.能够较好地体现档案展览的内容、形式、特点和要求；

2.根据主题分成若干单元板块，并收集有用资料、照片等；

3.有前言、结束语和单元简介以及图片的文字说明；

4.根据具体的实际现场条件进行档案的布展；

5.进行展览解说。

准备工作：

1.提前发放实训指导书，学生在课余时间去档案馆、博物馆实地参观专题展览，查看有关档案网站上的网上档案展厅，选择布展方式；

2.提供相关的实际案例（纸质的印刷材料）、相关资料等；

3.实训前准备好纸张、展板材料等用品；

4.实训以小组为单位进行。

实施步骤：

1.选择任务，讨论确定档案展览的主题；

2.根据主题收集资料：照片或实物；整理资料并为之分类；

3.编辑文字资料：写出选定主题的前言和单元简介；

4.为展出的所有资料写出简介；

5.确定讲解员，模拟讲解；

6.确定展出地址，并做好布展工作；

7.接待参观并解说；

8.讲评、总结。

成果递交：

1.以小组为单位提交一份档案展览布展设计方案；

2.以小组为单位进行档案展览活动（包括选址布置、给参观者讲解），鼓励学生开展网上档案展览；

3.以小组为单位提交一份PPT材料；

4.以小组为单位提交一份实施报告。

知识拓展

学习资料一　档案利用的权限规定

《中华人民共和国档案法实施办法》明确公布了属于国家所有档案的具体权限,具体如下:

1.保存在档案馆的,由档案馆公布;必要时,必须征得档案形成单位同意或者报经档案形成单位的上级主管机关同意后才能公布。

2.保存在各单位档案机构的,由各该单位公布;必要时,应当报经其上级主管机关同意后公布。

3.利用属于国家所有的档案的单位和个人,未经档案馆、档案保管单位同意或者前两项所主管机关的授权或批准,均无权公布档案。

4.属于集体所有、个人所有以及其他不属于国家所有的对国家和社会具有保存价值的档案,其所有者向社会公布时,应当遵守国家有关保密的规定,不得损害国家的、社会的、集体的和其他公民的利益。

5.各级国家档案馆对寄存档案的公布和利用,应当征得档案所有者同意。

6.利用、公布档案,不得违反国家有关知识产权保护的法律规定。

学习资料二　档案开放起始时间的规定

国家档案局制定的《中华人民共和国档案法实施办法》对档案开放的起始时间作了具体的规定:

1.中华人民共和国成立以前的档案(包括清代和清代以前的档案,民国时期的档案和革命历史档案),自《中华人民共和国档案法实施办法》实施之日起(1990年11月19日)向社会开放。

2.中华人民共和国成立以来形成的档案,自形成之日起满30年向社会开放。

3.经济、科学、技术、文化等类档案,可以随时向社会开放。

上述所列档案中涉及国防、外交、公安、国家安全等国家重大利益的档案,以及其他虽自形成之日起已满30年但档案馆认为到期仍不宜开放的档案,经上一级档案行政管理部门批准,可以延期向社会开放。

项目十
综合档案室建设与管理

学习目标

知识目标
了解企业综合档案室环境；

熟悉综合档案室建设要求；

了解综合档案室管理内容。

能力目标
能够根据具体要求设计综合档案室；

能够进行综合档案室的建设；

能够进行综合档案室的管理。

案例引入

企业综合档案室的建设与管理

某民营工业生产企业随着生产规模的扩大，要改建行政大楼的时候，决定在原有基础上进一步做好综合档案室的建设与管理工作，共投入10多万元，添置和更新了档案管理设备，使档案室的硬件设施达到国家规定标准，整个库房美观整洁。配备了三间约60平方米的档案专用库房，16平方米的查阅室。库房安装了铁门、铁窗栏、双层窗帘，档案库房配有冷暖柜式空调机、温湿度记录仪、灭火器、吸尘器等设备，配备了计算机、针式打印机各一台，有质量较好的档案密集架13组约320.71立方米，并购买了GD2000档案管理系统软件、整理档案所需用具一套，档案卷皮、盒、卷内目录等多种用品。

为加强综合档案室的管理，该企业还根据档案管理规范化、制度化和标准化的要求，进一步健全了档案工作的立卷归档、档案保管、档案保密等制度，加强对企业档案的管理工作。同时，安排专职档案管理员经常参加档案部门组织的档案学习，提高档案管理员的业务素质与工作责任心，为管理好企业档案工作奠定了良好的基础。

【请你思考】

1.案例中的企业对综合档案室的建设与管理非常重视,请你说说档案管理工作对企业的生产经营有什么重要意义。

2.什么是综合档案室? 如何做好综合档案室的建设与管理工作?

理论导读 ···

任务一　综合档案室的建设

一、　综合档案室的含义

综合档案室,是指统一管理本单位全部档案的档案室,负责对普通档案、各种专门档案和特殊载体的档案进行统一的综合管理。

近年来,各单位新型门类档案的数量不断增加,使档案室收藏的档案向多门类发展,许多单一档案门类的档案室逐渐发展成为综合档案室。

二、　综合档案室的创建条件

根据《档案法》《档案管理办法》及《机关档案工作条例》要求,各单位的全部档案应实行集中统一管理。也就是说,各单位的综合档案室要集中统一管理各部门形成的各种载体档案资料,一般由各部门整理、装订完成后,连同目录一起送到档案室集中保管,以备利用。

创建综合档案室要满足以下几个基本条件:

(1)建立与档案工作和任务相适应的档案工作机构,配备相应的专、兼职档案管理人员。

(2)有专门的档案库房和适应档案保管、保护所必需的装具和设施设备。

(3)对本机关形成的文书、科技、会计、专业、音像等各种门类和载体的档案,全部实行了综合实体管理。

(4)建立档案收集、归档、保管、利用等各项制度。

(5)归档保存的各类档案全部进行了系统整理、编目,能适应开展档案利用工作的需要。

三、 综合档案室建设基本步骤

≫（一）综合档案室建设目标分析

（1）规模设置要科学。要求能够容纳目前及未来发展的档案数量，适当考虑前瞻性。

（2）功能设置要合理。库房、档案人员办公室、阅览室等空间的规划要满足本单位档案工作的需求，考虑美观与经济的结合。

≫（二）成立综合档案室领导小组

综合档案室领导小组一般由组长、副组长、成员组成。要确定主管领导人、分管领导人、专职档案管理工作人员以及兼职档案人员。

≫（三）购置综合档案室设备与办公用品

单位档案室可以根据自身工作的需要和现实的经济实力，本着实事求是的态度和合理、有效、实用、节俭的原则进行配置。其基本程序为列出购置清单—提交领导审批—发出询价函—购物验收—入库登记。

四、 数字档案室的建设

近年来，随着我国基层档案工作规范化的推进和社会信息化整体进程的加快，数字档案室已经成为农村、社区和企业等基层单位档案信息化建设的重要目标。原因有三：一是随着信息时代的发展，数字档案室建设是档案信息化的必然要求；二是各个地方的档案部门已把档案数字化作为一项业务建设项目列入常规工作，因此基层单位的档案室目标管理也需要与时俱进，要更上一层楼；三是从档案接收来看，数字档案馆的建设将要求在移交纸质档案的同时移交档案全文电子数据。因此，档案馆进馆序列单位特别是基层档案室开展档案数字化也是档案业务的要求和趋势。

≫（一）数字档案室建设的工作任务与内容

数字档案室建设的工作任务，主要是完成室藏档案永久、长期档案的全文数字化。目前，数字档案室建设刚刚起步，其档案数字化的范围以文书档案为主，有条件的单位可以扩展到业务档案和照片档案等其他档案，或根据需要对短期档案进行数字化。

数字档案室建设的主要内容：

1.档案目录数据库建设

建成室藏各类档案的案卷级和文件级目录数据库，内容包括文书档案、科技档案、会计档案、特殊载体档案和专业(专门)档案。根据需求,建立人事任免、职称评定、荣誉档案专题目录数据库等。

2.档案全文数据库建设

档案全文数据库建设主要指对室藏永久、长期档案;常用、珍贵档案和有长期利用价值的档案进行数字化,包括纸质档案、照片档案、多媒体档案等。全文数据库建设内容不仅仅是局限于档案,还可以包括编研成果材料、有关业务档案等。

3.数字档案和电子档案的接收、保管、利用

对加工(接收)的数字档案或电子档案实行网上移交和接收(不具备网上移交的采用刻录光盘移交),建立科学安全的保管存储体系。实施网上查档工程,提供"查档到桌面"的服务。

4.做好电子文件的归档

一是档案部门将政务网上运行的电子文件通过接口接收到档案局的服务器上,各乡镇和各机关到年底通过政务网档案局电子文件中心将本单位一年来在政务网上运行的电子文件导入自己的档案管理系统进行年度归档。二是做好其他文件的电子文件归档。主要是上级或其他机关发来的未在政务网上运行的文件,要即时扫描转换成电子文件,待年度归档时一并归档。三是对平时形成的未在政务网上运行的文件也要保存好电子文件数据,同样在年度归档时一并归档。最终每年形成有多少纸质档案(照片档案、音频视频档案)就有与其对应的电子文件档案。

≫ (二)数字档案室建设的基本条件

(1)建设数字化档案室要具备必要的软、硬件,必须有档案室单独的计算机和档案管理软件、扫描仪等。

(2)档案人员必须具备一定的计算机操作能力。档案的全文扫描可以在档案局信息技术部门指导下自己进行,也可以委托专门的档案数字化加工单位整批进行,但加工单位必须是档案主管部门认定的具有一定资质和经验的专业单位,以确保档案数字化加工的质量和标准。

≫ (三)数字档案室建设目标

1.实施网上查档工程,提供"查档到桌面"的服务

基层档案室实施档案数字化后,数据应全部集中在档案室的计算机上或本单位的服务器上。查阅档案由档案管理员直接在计算机上查阅、打印。有局域网的单位可将开放的档案通过网络发布,使单位成员在自己的计算机上进入数字档案室界面查阅档案和资料,实现网上查档的最终目标。

2.实现数字档案的在线接收

进馆单位在室藏档案数字化后,应将数据及时通过政务网向档案馆进行移交和备

份。使档案馆能提前拥有进馆单位室藏档案的电子数据,增加档案信息资源,更大范围提供利用;同时也为基层档案室做好数据备份,防止数据丢失。

≫ (四)数字档案室建设中应注意的问题

1.数据库建设要符合技术规范

数据库建设的结构和格式必须在本地执行统一规范。基层档案室的目录数据库建设要按照国家规定的全文文件格式(tif、jpg、doc、txt)进行,全文数据库建设使档案馆在接收后的数据实现可读、可供检索、可导入本馆数据库。

2.档案管理软件要统一

这是数字档案室建设的技术和业务保证,如果档案要移交上级档案馆的单位,应该采用档案部门统一的档案管理软件,实现文档一体化的管理。

3.扫描文件数据与目录数据挂接要加强核对

文件扫描后的数据要与目录数据进行挂接,才能真正建立全文数据库,并进行利用。挂接有专门的软件可以应用,操作便利。但在实际操作中差错较大,不仅影响了利用,而且找错修改相当困难。因此,采取人工挂接方式,对照文件目录逐条逐页进行,在挂接时不仅确保目录与扫描文件的正确对应,而且对著录的文件目录要同时进行校对,发现错误及时修正,避免利用中出现文不对题的情况。

4.数字档案要做好备份

档案室对已经建立好的目录数据和全文数据,不能单独保存在计算机中,应建立科学安全的保管存储体系,及时做好备份。备份的方式可以另外保存在服务器或比较安全的计算机中,并再刻录成光盘等耐久性载体进行双份保存。

五、 综合档案室建设工作的要求

根据《中华人民共和国档案法》《档案管理办法》及《机关档案工作条例》要求,机关全部档案应实行集中统一管理。也就是说,各单位档案室集中统一管理本行政区域内各立档单位形成的各种门类各种载体档案资料。以一个乡镇为例,如江北乡政府档案室就是一个综合档案室,除文书档案外,其他专门档案,如纪检档案、科技档案、会计档案、声像档案等都要接收进档案室。各门类档案要由专业人员整理、装订完成后,连同目录一起送到档案室集中保管,以备利用。

档案室要建立、健全各种规章制度,包括立卷归档制度、档案安全保管制度、借阅档案登记制度、档案保密制度、档案人员岗位责任制等,要做到制度上墙。

综合档案室要求档案装具必须是铁皮卷柜,档案保管要达到"八防",即防水、防火、防光、防尘、防潮、防虫、防鼠、防盗。

任务二 综合档案室的管理

综合档案室建设完成后,接下来就是实施综合档案室的管理工作。

一、 制订档案室档案分类方案

档案管理人员要根据国家相关标准及本单位实际情况制订本单位的档案分类方案,并提交领导审核,以后就必须按照这个分类实施,一般不随意变动。综合档案室档案分类方案范文参考:

某工业公司综合档案室的档案分类说明

为了推进档案管理的统一、规范和标准,促进档案信息综合开发的能力,依据国家《工业企业档案分类试行规则》,结合公司实际,特制订本大纲。

第1条 本大纲适用于本公司所有档案的分类整理、组织案卷、编目和排架管理,以及档案信息系统的分类管理。

第2条 本大纲的分类原则是便于科学管理与开发利用,依据企业功能和机构分工,结合档案内容、形成特点和载体形式,保持档案之间的有机联系。

第3条 本大纲将档案分为九个大类,即文书档案类、产品档案类、科学技术研究类、设备仪器类、基本建设类、会计档案类、职工档案类、声像档案类、实物档案类,并根据需要另设专题档案类。

第4条 本大纲规定了一级类目和部分二级类目代字、专业代字,以及档案编号办法;二级及二级以下类目和编号,各单位可结合实际自定。

第5条 档案分类编号办法:

基本建设档案类文字部分分类编号:

一级类目代字·二级类目代号(工程代号)·三级类目代号(阶段号)·案卷顺序号

基本建设档案分类编号图纸部分:

一级类目代字·二级类目代号(工程代号)·子项代号(车间号)·阶段代号·专业代字·案卷顺序号

其他大类档案分类编号:

一级类目代字·二级类目代号(字)·三级类目代号·案卷顺序号

(设备档案三级类目代号可根据实际情况用设备台号)

第6条 各二级单位可依据本大纲制订实施细则,报综合档案室备案。

第7条 本大纲由综合档案室负责解释。

附:1.档案分类类目代字

2.基建档案图纸专业代字

3.档案分类表(参见表2-4工业企业档案分类表)

附1:档案分类类目代字一级类目代字表

代 字	一级类目名称	代 字	一级类目名称
A	文书档案类	C	会计档案类
P	产品档案类	R	职工档案类
K	科学技术研究类	B	设备仪器类
J	基本建设类	X	声像档案类
W	实物档案类	T	专题档案类

文书档案二级类目代字表

代 字	二级类目代字	代 字	二级类目代字
Q	党群工作	Z	行政工作
G	经营管理	S	生产技术管理

附2:基建档案图纸专业代字

专 业	代 字	专 业	代 字
总图运输	Z	环境保护	H
土建	T	机械	J
给水排水	S	电气	D
采暖通风	F	预算决算	U
电子计算机	DZ	技术经济	E

二、 健全档案室管理制度

注重一系列档案室管理性文件的建立和完善,严格按照规章制度进行档案室的日常管理工作,做好档案室管理制度的上墙工作。

一般档案室基本管理制度包括:档案室管理人员工作职责、档案室档案保密制度、档案室借阅制度、档案库房管理制度、立卷归档制度、档案鉴定与销毁制度、档案移交清单、档案销毁清单等。

档案工作人员岗位职责

1.热爱档案事业,忠于职守,遵纪守法,勤奋学习,具备档案专业知识。

2.负责对本单位文书部门和业务部门形成的各种文件材料的收集、整理、立卷、归档工作进行监督和指导。

3.集中统一管理本单位各种门类载体的档案,积极提供利用,为各项工作服务。

4.在统一领导、分级管理的原则下,负责对本系统和直属单位的档案工作进行监督、指导和检查。

5.按规定向当地国家综合档案馆移交应进馆的档案,向当地现行文件服务中心报送现行文件。

6.积极主动地向上级专业主管部门和档案行政管理部门汇报档案工作情况,接受其监督、检查和指导,并及时于每年10月底以前办理档案登记、年检手续。

7.办理领导交办的其他档案业务工作。

档案保密制度

1.档案工作人员必须树立高度的保密观念,遵守党和国家各项保密制度。

2.凡重大科研成果、发明创造、试验生产的配方和工艺诀窍,本单位党组、行政会议记录,涉及不宜公开的政治机密和有关产权、债务、边界纠纷等档案,应作秘密保管并严格控制查阅范围,需要查阅者,须经本单位主管领导批准。

3.凡未经公布的统计数字,未做结论的干部调配、考察、内部评议,不宜公开的方针政策规定、个人隐私等档案,应做内部管理,不得擅自扩散。

4.凡作秘密和内部管理的档案,应严格履行查阅审批手续,严禁擅自拍照和复制,利用者应严格遵守保密规定,不得泄露党和国家秘密。

5.销毁超过保管期限的档案,应进行鉴定登记造册,经主管领导和有关部门批准后,由两人以上监销,并在销毁清册上签字。

档案库房管理制度

1.为了维护档案的完整与安全,档案库房实行专人管理、专房专用,不得在库房内办公和堆放杂物。

2.档案库房应配备防火、防盗、防虫、防尘、防光、防潮、防高温等基本设施,并做好经常性技术管理,严禁在库房内吸烟、生火,严禁将杂物及食品带进库房,库房周围不准堆放易燃易爆物品。

3.坚持对库内温湿度逐日测记,高温高湿季节,要采取积极措施,降低库内温湿度。

4.定期检查、核对和清理档案资料,发现生虫、长霉、纸张破损、字迹褪色等情况,及时汇报并采取果断措施防治和补救,建立检查记录簿,做好有关情况记载。

5.凡新进档案库房的档案须先消毒,工作人员进入库房应穿工作鞋,并尽量减少进出库房次数和活动时间。

6.接收、移交、借阅和销毁档案资料,要严格执行审批制度,履行登记、交接手续。

7.经常保持库房内外整齐清洁。下班时,要注意锁门、关窗、关灯。机械设备不用电时,要及时关闭电源开关。

档案室安全保卫制度

1.档案室安全保卫工作实行责任制,由分管领导和安全保卫人员分别担负安全保卫的领导责任和直接责任。

2.加强对干部职工的安全意识教育,树立安全第一的思想,严格执行安全保卫的有关规定,确保档案资料的绝对安全。

3.安全保卫人员应定期检查消防安全设施,对运行失灵、过期失效的消防设备应及时报告、及时维修、及时更换,并熟练掌握消防操作技能。

4.安全保卫人员每天下班后应及时检查档案室门、窗、水、电的关闭情况,发现问题及时反映和处理。

5.档案资料库房、阅档室、陈列室等防火重地严禁吸烟和使用明火,严禁存放易燃、易爆物品。

6.严格执行定期检查和进出档案的清点制度,档案库房管理实行专人负责,钥匙应妥善保管,如有丢失应及时汇报并采取措施,非管理人员不得随意出入库房。

7.每次长假前应对档案室进行全面检查,门窗加贴封条,切实消除安全隐患。

档案资料查阅利用制度

1.档案室档案、资料主要供本单位领导和工作人员使用,外单位人员需要查阅,须凭单位介绍信,并经办公室主任同意后,方可查阅。

2.查阅档案、资料须事先填写《档案利用登记表》,未履行登记手续的,档案室不予提供档案、资料。

3.档案、资料一般不借出档案室,特殊情况需要借出时,须经办公室主任或分管领导批准,并办理借出手续,限期归还。档案资料的借出时间,不得超过半个月,确需继续借阅的,必须办理续借手续。

4.查阅档案时,严禁吸烟,严禁在文件材料上画线、打钩、作记号、折角等,严禁涂改和拆、撕档案,违者且造成档案损毁的,依法追究当事人行政、法律责任。

5.查阅档案者有义务将利用效果反馈给档案室,以利探索和总结档案利用工作规律,更好地为各项工作服务。

立卷归档制度

1.本单位各类档案资料,均由本单位文书处理部门和业务部门立卷归档后,移交档案室管理。

2.文书和业务档案于翌年6月底前立卷归档,科技档案在工作任务完成后整理移交,会计档案于翌年3月底立卷,隔年移交。

3.立卷归档的文件材料种类、份数、页数应完整齐全,每份文件的印件与底稿、正件与附件、请示与批复、转发文件与原件不得分开,文电要合一整理。

4.各类档案在装订前,应去掉金属物,取齐下沿和左沿,大张、小页、破损文件应折叠裱糊,文书档案以件为单位采用专用装订卡钉左侧装订。案卷封面书写工整,编号排列规范有序。

5.文书档案归档文件目录永久、长期打印一式三份,短期打印一式二份,除一份装入档案盒内,其余按保管期限,分别用归档文件目录夹装订成册;会计档案报表、账簿、凭证分别建立案卷目录簿,报表须有卷内目录;业务档案应有案卷目录和卷内目录;科技档案须有总目录、分类目录和卷内目录、底图目录、资料目录。

6.本机关的编号文件,应留存两份,一份立卷归档,另一份作《文件汇集》,同时要做好相应纸质文件的电子文件归档工作。

7.坚持每年写好《立卷说明》,立卷人应在备考表上签名。

档案统计、鉴定、销毁制度

1.档案人员必须对单位档案和档案工作的开展情况进行调查研究、统计分析。

2.档案统计内容要健全,主要包括:档案的收进、移出、整理、鉴定、保管数量、利用情况的登记、档案的构成、机构、人员、设施、库房管理等情况的统计。

3.档案统计要正确、及时、科学。如实反映单位档案形成、管理、利用等方面情况,按时上报各种统计报表,不得虚报和伪造。

4.建立档案和档案工作统计台账,经常核实内容、数量、做到账物相符。

5.根据上级档案部门关于档案管理的有关规定,结合本单位对档案利用的实际需求,正确鉴别和判定档案的价值。

6.建立"档案鉴定小组",定期或不定期地对档案进行鉴定,确定不同保管期限,剔除不再有保存价值的档案,做好销毁工作。

7.鉴定人员应本着辩证唯物主义和历史唯物主义的观点,采用逐件逐张审查的方法,不能只看文件标题和案卷目录来判定。

8.经鉴定需要销毁的档案应编制"销毁清单",写出鉴定报告,由鉴定人签字,经有关领导审批后,方可销毁。

9.档案销毁由档案部门负责,会同保卫部门指派两人以上负责监销。

综合档案室消防安全管理制度

为加强消防安全管理,预防和避免火灾对档案的危害,确保档案的安全,根据《中华人民共和国档案法》和《中华人民共和国消防法》,特制定本单位档案消防管理制度。

1.档案消防安全贯彻"预防为主、防消结合"的方针,本着谁主管谁负责的原则,实行严格管理。

2.做好档案消防安全管理,是部门领导、档案人员及有关人员应尽的责任和义务。

3.档案室协助保卫处对档案消防安全工作实施监督管理,监督管理的重点是档案消防安全重点部位。

4.档案室消防安全重点部位,由档案室、保卫处确定,并挂牌明示。

5.档案库房消防安全必须达到下列要求:

(1)档案库房严禁设置在存放易燃、易爆品或带有火灾隐患的场所内。

(2)档案库房门、窗应采用防火门窗,库房门应向外开启。

(3)严禁使用木制卷柜保存档案。

(4)档案库房内严禁使用明火,除照明用电外,严禁使用与档案保护无关的用电设备。

(5)档案库房用电设备安装或线路铺设应当符合防火要求。

（6）档案库房应设置防火标志（牌）。

（7）档案库房应按规定配备相应数量的、有利于保护档案的灭火器材。

（8）档案库房应配备火灾应急照明器材。

6.制定消防安全制度，落实安全防火责任制，定期开展档案消防安全检查，及时整改火险隐患。档案管理人员及有关工作人员应当掌握防火、灭火基本知识和技能，会报火警，会使用灭火器材。

7.档案消防安全重点部位除应达到本办法第六条规定的要求外，应当设火灾（防盗）自动报警装置。

档案室下设消防安全小组

组长：×××

组员：×××　　　×××　　　×××

达标训练

训练一　案例分析

一、训练内容

阅读案例，讨论综合档案室环境的要求。

二、训练目标

主要通过一些具体的训练方法，帮助学生进一步了解和掌握企业档案室的环境，提高学生对档案管理工作的认识。

三、阅读下列案例

档案室环境因素对档案质量的影响

海天塑料制品公司由于条件限制，其档案库房为办公用房，并因公司的规模、效益等问题，又一时解决不了购置通风、降湿、降温设备的问题。在高温、潮湿季节，难以控制微生物问题和病虫害，档案受潮也比较严重。同时，该公司在档案库房的管理方面比较松懈，例如：档案调阅后未能及时归于保管位置；允许非档案管理人员进入库房查找档案，或跟随档案人员进入库房；在档案库房中放置食品；调阅档案不进行记录等。因此，该公司的档案损坏比较严重，并发生过丢失档案的事故。

【分析讨论】

1.这个案例对你有什么启发？

2.结合案例说出档案库房"八防"措施的主要内容，控制档案库房温湿度的方法主要有哪些？

训练二　综合档案室建设方案

一、训练内容

某医药设备公司准备建立一个综合档案室，请你为该单位撰写一份综合档案室建设管理的建设性方案。

二、训练目标

1.通过实训能够科学地选择档案室地址；

2.能够根据具体条件布置档案室；

3.能够正确挑选和使用档案装具、保管材料；

4.能够制定档案室、档案借阅、查阅档案等制度；

5.能够编制档案登记簿、借阅登记表、销毁清单、本单位档案保管期限表等档案管理基础文件。

主要通过一些具体的训练，帮助学生进一步掌握综合档案室的建设与管理工作，能够针对档案工作的现实需要有效实施综合档案室的建设与管理工作。提高学生对档案管理工作的认识。

三、训练方案

某医药设备公司在建立、健全档案工作中，要加强对档案的建设管理工作，决定在办公楼里建设一个综合档案室。假如你是档案员，请你设计一个科学合理的综合档案室建设管理方案。在综合考虑的基础上，具体思考以下几个问题：

1.综合档案室的选址要求是什么？假设你有决定权，你会选择什么楼层的房间？

2.综合档案室的库房在装修时门窗应如何处理？

3.档案库房装修时墙面、地面应选择符合什么要求的材料？

4.档案库房光源的要求是什么？

5.档案阅览室在规划功能与布置时要注意哪些问题？

四、训练成果

1.以小组为单位，提交一份综合档案室建设管理方案（注意考虑上述五个问题的具体细节）。

2.以小组为单位，提交一份实训报告。

知识拓展

档案馆建筑设计规范
（JGJ 25—2000）

1　总则

1.0.1　为适应档案馆建设的需要，使档案馆建筑设计符合功能、安全、卫生等方面的基本要求，制定本规范。

1.0.2　本规范适用于新建、改建、扩建的国家综合性档案馆（以下简称"档案馆"）的建筑设计。

1.0.3　档案馆分特级、甲级、乙级三个等级。不同等级档案馆设计的耐火等级要求及适用范围应符合表1.0.3的规定。

表 1.0.3　档案馆等级与耐火等级要求及适用范围

等　级	特级	甲级	乙级
耐火等级	一级	一级	二级
适用范围	中央国家级档案馆	省、自治区、直辖市、单列市档案馆	地(市)级及县(市)档案馆

1.0.4　位于地震基本烈度七度以上(含七度)地区应按基本烈度设防,地震基本烈度六度地区重要城市的档案馆库区建筑可按七度设防。

1.0.5　档案馆建筑设计除应符合本规范外,尚应符合国家现行有关强制性标准的规定。

2　术语

2.0.1　档案馆 archives

收集、保管、提供利用档案资料的基地和信息中心。

2.0.2　综合性档案馆 comprehensive archives

档案馆的一种类型。收集、保管、提供利用多种门类档案资料的档案馆。

2.0.3　专门档案馆 special archives

档案馆的一种类型。收集、整理、保管、提供利用某一专业领域或某种特殊载体形态档案资料的档案馆。

2.0.4　国家级档案馆 national archives

收藏党和国家中央机构和具有全国意义档案的并经国家档案行政主管部门会同有关部门批准建立的档案馆。

2.0.5　库区 repository

档案库房及为其服务的交通通道占用的区域的总称。

2.0.6　馆区 archive area

档案馆各类业务用房及附属公共设施所占的整个区域。

2.0.7　档案库 storehouse for archives

档案馆中专为存放档案所建的房舍。

2.0.8　查阅档案用房 search room

办理档案查阅手续,存放查阅档案的检索工具和阅览档案等所用的房舍。

2.0.9　利用者 searcher

查阅利用档案的人员。

2.0.10　缓冲间 buffer room

在进入库区或库房的入口处,为减少外界气候条件对库内的直接影响而建的沟通库内外并能密闭的过渡房间。

2.0.11　封闭外廊 closed corridor

在档案库外建的用墙和窗与外界隔开的走廊(一面或多面以及绕一圈的环廊),以减少外界气候对档案库的直接影响。

2.0.12　档案装具 equipment for storing archives

存放档案所用的器具。

2.0.13　主通道 main passageway

档案库内的主要交通、运输通道。

2.0.14　密集架 mobile or compact shelving

可沿轨道行走并能紧密排列、多联组合的装具。

2.0.15　消毒熏蒸室 the fumigation room

用汽化化学药品进行杀虫、灭菌工作的专设房间。

2.0.16　珍贵档案 precious archives

具有重要凭证作用和价值的、不可替代的、年代久远的历史档案。

2.0.17　珍藏库 storehouse for precious archives

存放珍贵档案的高标准的档案库。

2.0.18　母片库 storehouse for master

专门存放缩微母片的档案库。

3　馆址和总平面

3.0.1　档案馆馆址选择应纳入并符合城市规划的总体要求。

3.0.2　档案馆的馆址应符合下列要求：

1.馆址应远离易燃、易爆场所,不应设在有污染腐蚀性气体源的下风向;

2.馆址应选择地势较高、场地干燥,排水通畅、空气流通和环境安静的地段;

3.馆址应建在交通方便、便于利用,且城市公用设施比较完备的地区。高压输电线不得架空穿过馆区。

3.0.3　档案馆的总平面布置应符合下列要求：

1.档案馆建筑宜独立建造、自成体系。当确需合建时,应符合本规范的规定;

2.总平面布置应根据近远期建设计划的要求,宜进行一次规划、建设,也可分期建设;

3.馆区内道路布置应便于档案的运送、装卸,并应符合消防和疏散要求;

4.馆区应留用绿化用地;

5.馆区内应设停车场等公共设施;

6.馆区内建筑及道路应符合无障碍设计要求。

4　建筑设计

4.1　一般规定

4.1.1　档案馆的建筑设计应根据不同等级、不同规模和职能配置各类用房,可由档案库、查阅档案、档案业务和技术、办公和辅助等用房组成。

4.1.2　档案馆的建筑布局应按照功能分区的原则,布置各类用房位置,力求达到功能合理,流程便捷,解决内外相互间的联系与分隔,避免交叉。各部分之间档案传送不应通过露天通道。有温、湿度要求的房间应集中或分区集中布置。

4.1.3 档案馆的建筑设计应使各类档案及资料保管安全、调阅方便;查阅环境应安静;工作人员应有必要的工作条件。馆区建筑主要用房应具有良好的朝向。

4.1.4 查阅档案、档案业务和技术用房设计为四层及四层以上时,应设电梯。超过两层的档案库应设垂直运输设备。

项目十一
档案事务所的创建

学习目标 ···

知识目标

了解档案事务所机构的性质；

了解公司创立条件与相关筹备事务；

熟悉创业计划书撰写要求。

能力目标

能够撰写创业计划书；

能够树立创新意识、培养创业精神；

能够筹备公司成立相关事务。

案例引入 |

综合档案室建设管理项目招标公告

招标编号		截止日期	2010.4.8
招标代理		所在地区	×××省

为使我公司档案工作实现规范化管理，按照国家的相关法律、法规，经公司经理办公会研究，决定对我公司原有档案进行整理，同时开展综合档案室建设管理项目工作，现就本项目进行公开招标，特邀请愿意承担本项目任务的档案事务所或者档案管理咨询与管理公司等单位投标，具体相关事宜公告如下：

1.项目内容

（1）按省档案工作规范化管理标准，对我公司各阶段组织机构变更所产生的文书、基建、声像、实物等档案资料进行系统整理等。

（2）对文书档案整理进行鉴定、销毁、分类、装订、编号、著录、修裱、复制、录入、装盒、打印案卷目录、换卷皮盒、刻录、编制实物目录、陈列等工作。

（3）建立、健全档案管理制度,编撰档案工作规范化达标汇编资料、档案存放示意图等相关档案工作规范化管理制度,编制我公司档案归档范围和保管期限表等。

2.基本要求

（1）要具备从事档案业务管理工作经验以及对企业、设备、产品档案业务熟悉的专业人员团队5~10人。

（2）本项目于2010年10月底前整理完所有的档案,并邀请省档案局于2010年11月前对档案工作规范化管理达省三级标准进行验收。

（3）协助公司对相关专兼职档案人员培训5次以上。

3.投标方式(密封报价)

4.投标须知

（1）报名时间:2010年4月1—7日。

（2）开标时间:2010年4月9日上午10:00在公司行政楼二楼会议室公开开标。

（3）投标方可于2010年4月2—6日到现场勘查。

5.报名地点:×××市×××大道××号×××公司行政楼309室

联系电话:0123-87654321　87654322

联系人:张××　李××

地址:×××市×××大道××号

邮编:123456

【请你思考】

案例中的"档案事务所"或者"档案管理咨询与管理公司"是什么性质的单位? 这些单位基本从事什么业务工作?

理论导读 ···

任务一　认识档案事务所

随着社会的发展,档案逐步受到人们的普遍重视,《档案法》的实施也给档案工作赋予更高的法律依据。但是,档案工作有较强的专业性,而一些中小型企事业单位由于各种不同的原因,档案管理水平在短时间内难以达到要求;一些私营企业虽有档案意识,但苦于精力限制或档案人才的缺乏,无力管理好档案这一重要资源。

为适应市场经济的发展,各级档案行政管理部门的服务领域、服务方式和渠道在进一步拓宽,一些地方出现了新型的档案工作机构——档案事务所,有的地方称"档案寄存中心"或"档案信息服务咨询公司"。

这是一种介于国家各级档案行政管理部门和广大立档单位之间,专门从事档案技术和事务服务,介于保管者和利用者之间的中介机构。

一、 档案事务所的性质

档案事务所是以《档案法》为规范,受国家档案行政管理部门领导的,对立档单位进行档案业务咨询、辅导、档案代管及利用等档案事务工作的一种中介机构。

二、 档案事务所与档案管理体制的关系

《档案法》对我国的档案机构设置及职能作出了明确的规定:国家档案行政管理部门主管全国档案事业并进行统筹规划,组织协调,统一制度、监督和指导;地方各级人民政府的档案行政管理部门主管本行政区域内的档案事业,并对本区域内的机关、团体、企事业单位和其他组织的档案工作实行监督和指导。

档案事务所是受《档案法》制约的、受国家各级档案行政管理部门领导的中介组织,它的职能是对立档单位进行业务咨询、指导、代管立档单位档案并提供利用,以及进行其他的档案事务工作。由此可见,档案事务所与现行的我国档案管理体制并不相悖,相反,正是由于档案事务所的这种中介的、灵活的性质,能够对目前的档案工作起有力的推动促进作用,因而两者是相容的。

三、 档案事务所的作用

(1)代管档案:对广大立档单位的档案(包括待移交、待销毁档案)及本现行文件、资料代为保管,提供较好的保管条件,对立档单位提供利用。市场经济的发展,私营及合营经济飞速发展,产生了大量文件、档案;国营、集体企业的破产、转制都对档案的保管提出了新问题,档案事务所以代管的方式提供保管和利用。代管档案文件资料所有权属于委托代管者。

(2)档案业务咨询、指导工作:一方面,各级地方档案行政管理机构限于人、财、物力,对下辖立档单位的档案管理工作监督指导不够到位;另一方面,私有制形式的立档单位与地方档案行政管理机构并不存在直接的行政或业务关系,而档案事务所可以补其不足,采取主动积极的手段开展业务咨询、辅导。

(3)档案事务所本身的工作就是在宣传档案工作,提高社会档案意识,档案事务所可以开展档案专门工作人员的培训工作,并可在档案专门人才的交流方面起中介作用。

（4）档案事务所可以参与地方志、行业志的编纂工作，可以进行档案信息开发，并进行档案学术研究工作，在现代化管理工作方面进行探索研究。

四、　档案事务所的模式及其优劣

行政型档案事务所在各级地方档案行政机构有明确的编制、经费、人员，负责本地区的各立档单位的档案业务指导及其他档案事务。

它的优点是能够较紧密地结合各级地方档案行政管理，开展档案工作具有一定的基础，关系较顺。缺点是由于编制经费和人员的限制，工作的开展力度有所欠缺。经营性档案事务所实行独立核算、自负盈亏，接受市场调节。这种类型受地方各级档案行政管理部门的领导，与各立档单位之间没有领导与被领导的关系，在开展工作上采取的手段灵活多变，工作能力较前者为强。

在我们的档案管理工作中，档案事务所这一新生事物已经创立并开展了工作，事实证明与其他许多行业事务所，例如会计师事务所、律师事务所、审计事务所等一样，它的建立和发展都是必然的。

五、　档案事务所的运作方式

档案事务所应在各级档案行政管理部门的领导下，由具有较高档案专业职称的技术人员负责，离、退休档案干部及部分档案专业人员组成松散型实体，实行有偿服务，合理收费。

1.服务对象

为档案馆服务。多数县级综合档案馆，由于现代化管理设备不配套，制约着馆藏档案实施现代化管理的步伐，如计算机录入、扫描、缩微等工作很多地方从未开展过。档案事务所的运营，可承担、解决综合档案馆设备不全、人员不足的困难，并为各种所有制企业服务。

目前，我国中小民营企业，很少有配备专职档案干部，他们的档案工作恰好由档案事务所完成，既节省经费，又保证质量，各得其所。为个人服务，公民需用证明解决个人权益，可委托档案事务所办理，免去他们因为对办理程序不清，跑"冤枉路"的烦恼。

2.服务范围

档案事务所的服务范围，可根据各地实际需要而定，一般包括：

（1）立档单位委托的全程档案整理工作，从编制立卷类目开始，完成组卷、卷内排列、卷内目录制作、编页号、裱糊破损文件、抢救不符规定字迹等工作，直至整个案卷的完成。

（2）编制各种检索工具，簿册式、卡片式、机检式等。

（3）档案现代化管理的加工,制订计算机管理方案、软件开发、档案录入、档案缩微、档案扫描等。

（4）档案的寄存,对不具备存放条件的单位或个人,提供以档案馆为依托的寄存库房。

（5）档案用品及装具的销售。

（6）档案的开发利用,为立档单位编辑编研资料,或完成立档单位指定的专题、课题。

（7）为单位和个人提供档案咨询等。

3.对涉密档案的处理方法

在档案中介服务中,会涉及档案保密工作,一些单位和企业都有一些需要保密的档案,如机关单位的重要会议记录、企业的技术秘密、产品配方等,都需要在一定时间内保密。对这部分档案的整理,应由立档单位自己完成,档案事务所在编制整个检索工具时,预留相应的档号,或只提供案卷目录标题,以保证档案全宗的完整,不泄密。

4.管理机制

档案事务所可采用档案管理部门投资人投资等多种形式。在内部实行独立核算、股份制、自负盈亏。在用人制度上,采取聘用制,根据业务量,组织具有档案专业知识的人员,以确保所承担工作的质量。对每项业务工作,还可采用承包的方式,由承包人自行组织人力完成,事务所可根据实际,制订适当的分配比例。总之,建立档案事务所,可以改革档案信息服务方式,更好地使档案这种知识结晶被人们所重视和利用,成为推动社会进步的重要力量。

任务二　档案事务所创业计划

在完成了前面10个档案管理项目工作的学习之后,我们试着自己组建一个团队创设一家档案事务所,为企事业单位与个人提供档案的咨询与管理工作。

要创业,首先要了解创业计划书的写作。

一、　创业计划书的内容

创业计划是创业者叩响投资者大门的敲门砖,是创业者计划创立的业务的书面摘要。一份优秀的创业计划书往往会使创业者达到事半功倍的效果。

创业计划书要求组成优势互补的团队小组,提出一个具有市场前景的产品/服务,围绕这一产品/服务,完成一份完整、具体、深入的创业计划,以描述公司的创业机会,阐述创立公司、把握这一机会的进程,说明所需要的资源,揭示风险和预期回报,并提出行动建议。创业计划聚焦于特定的策略、目标、计划和行动,对于一个非技术背景的有兴趣的人士应清晰易读。创业计划可能的读者包括希望吸纳进入团队的对象、可能的投资人、合作伙伴、供应商、顾客、政策机构。

通常一本创业计划书在前面需要写一页左右的摘要,接下来是创业计划书的具体章节,一般分成十章。

第一章:事业描述。必须描述所要进入的是什么行业,卖什么产品(或服务),谁是主要的客户,所属产业的生命周期是处于萌芽、成长、成熟还是衰退阶段。还有,企业要用独资还是合伙或公司的形态,打算何时开业,营业时间有多长等。

第二章:产品/服务。需要描述你的产品和服务到底是什么,有什么特色,你的产品跟竞争者有什么差异,如果并不特别为什么顾客要买。

第三章:市场。首先需要界定目标市场在哪里,是既有市场拥有的客户,还是在新的市场开发新客户。不同的市场不同的客户都有不同的营销方式。在确定目标之后,决定怎样上市、促销、定价等,并且做好预算。

第四章:地点。一般公司对地点的选择可能影响不那么大,但是如果要开店,店面地点的选择就很重要。

第五章:竞争。下列三种时候尤其要做竞争分析:一是要创业或进入一个新市场时;二是当一个新的竞争者进入自己在经营的市场时;三是随时随地做竞争分析,怎样最省力。竞争分析可以从五个方向去做:谁是最接近的竞争者、他们的业务如何、他们与本业务相似的程度、从他们那里学到什么、如何做得比他们好。

第六章:管理。中小企业98%的失败来自管理的缺失,其中45%是因为管理缺乏竞争力,目前还没有明确的解决之道。

第七章:人事。要考虑现在、半年内、未来三年的人事需求,并且具体考虑需要引进哪些专业技术人才、全职或兼职、薪水如何计算、所需人事成本等。

第八章:财务需求与运用。考虑融资款项的运用、营运资金周转等,并预测未来3年的损益表、资产负债表和现金流量表。

第九章:风险。不是说有人竞争就是风险,风险可能是进出口汇兑的风险、餐厅有火灾的风险等,并注意当风险来时如何应对。

第十章:成长与发展。下一步要怎么样,三年后如何,这也是创业计划书所要提及的。企业是要能持续经营的,所以在规划时要能够做到多元化和全球化,创业计划书是将有关创业的想法,借由白纸黑字最后落实的载体。

创业计划书的质量,往往会直接影响创业发起人能否找到合作伙伴、获得资金及其他政策的支持。怎样才能写好创业计划书呢?要依目标,即根据看计划书的对象而有所不同,比如,是要写给投资者看呢,还是要拿去银行贷款?从不同的目的来写,计划书的重点也会有所不同。

二、 创业计划书模板

》》（一）体例、格式要求

（1）书写体例按照国家科技论文编排标准式样，要求层次分明；

（2）篇幅要求在 3 000~10 000 字；

（3）篇首要附加计划书呈报团队等自然常项要素（自我设计）；

（4）文件标题用宋体初号字；一、二、三号标题分别用宋体 2~4 号字；正文一律用宋体小四号字；

（5）图表要按照国家科技论文编排标准制作。

》》（二）项目内容参考摘要（整个计划的概括，文字在 2~3 页）

（1）宗旨及商业模式。

（2）产品概述。

（3）市场分析。

（4）竞争分析。

（5）财务预测。

（6）营销组合策略。

（7）资金需求及筹措方法。

（8）团队概述。

》》（三）具体内容

1.项目介绍

（1）项目经营宗旨及目标。

（2）项目简介。

（3）项目管理：①管理思想；②管理队伍；③管理决策。

（4）组织、协作及对外关系：①组织结构；②协作及对外关系。

（5）技术及知识产权。

（6）场地与设施。

2.市场分析

（1）市场介绍。

（2）市场机会及环境。

（3）目标市场。

（4）顾客的购买准则。

（5）市场渗透和销售量。

3.竞争分析及策略

(1)竞争者。

(2)技术优势。

(3)价格优势。

(4)竞争策略。

4.产品与服务

(1)对应技术。

(2)产品及服务规划。

(3)未来产品和服务规划。

(4)服务与支持。

5.市场与销售

(1)市场计划。

(2)产品策略:①产品定位;②品牌和商标;③质量和服务;④产品策略的调整。

(3)定价策略:①定价目标;②定价导向;③定价及价格调整。

(4)销售策略:①销售渠道;②销售步骤。

(5)促销策略:①人员推销;②广告宣传;③公共关系。

(6)品牌认证。

6.财务预测

(1)资金的筹集和运用分析:①筹资;②资金投入。

(2)成本、费用与收益分析:①产品成本分析;②期间费用;③产品销售利润。

(3)各种报表的预测:①现金流量表;②预测利润表;③预测资产负债表。

(4)创业获利能力分析。

7.风险分析

(1)市场风险。

(2)政策风险。

(3)财务风险。

(4)质量风险。

8.经营战略

(1)总体战略。

(2)产品及服务战略:①产品发展战略;②服务战略。

9.组织管理战略(略)

三、 档案事务所创业计划书(参考范本)

高新兰台档案事务所创业计划书

高新兰台档案事务所简介:

　　档案事务所是一个新兴的行业,"高新兰台档案事务所"秉承了"专业化、规范化和品牌经营"的服务宗旨,主要接受杭州及浙江其他地区的机关、企事业单位及个人委托进行档案的整理保管以及应用软件的开发工作。主要包括:对私人档案进行指导、鉴定和代为保管;对企业的档案资产进行评估;对相关档案进行划分密级和确定公开范围;受委托开发档案应用软件,切实保护好档案拥有者权利;为社会信用体系中的诚信单位提供符合法律规定的信息,为建立信用档案体系服务。

　　一、立项依据及目的意义

　　(一)立项依据及目的

　　由于第三产业的迅速发展,服务行业的前景良好。档案管理工作对我国经济生活有着重要影响。作为一个新兴行业,其蕴藏的巨大能量和作用越来越引起人们的注目和重视。近年来,随着经济的不断发展,相对的档案事务所也被很多公司青睐,档案事务所为他们提供各种劳务性服务工作,如档案的整理、装订;各种档案目录的抄写、著录、打印;档案的裱糊;破损档案的抢救等。目前,现有档案事务所还不能完全满足杭州及浙江其他地区市场对档案咨询与管理的需求,我们建立档案事务所还是很有前景的。

　　杭州是浙江省的省会,是浙江省政治、经济、文化中心,杭州及周边地区经济的迅速发展为档案事务所提供了大量的业务项目,所以为档案事务所的建立开辟了广阔的前景。

　　(二)公司亮点

　　档案事务所业务基本为档案的咨询与管理、档案应用软件的开发等工作,服务对象为各机关、企事业单位以及公民个人等。

　　(三)公司组织形式

　　公司制组织机构设置如图11-1所示。

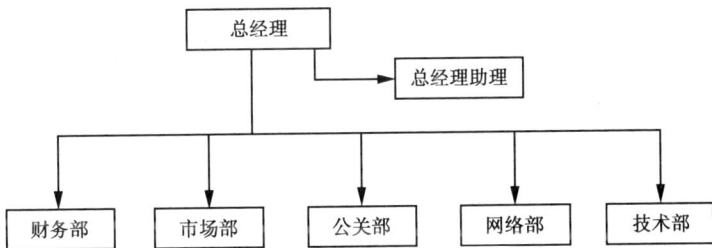

图11-1　公司组织机构图

　　(四)人事方案

　　在用人制度上采取聘任制和临时工制相结合的办法。

　　对少数档案专业技术人员采用聘任制,采用内部晋升与外部招聘相结合的办法来实行。首先,事务所对内部员工进行培训,并且根据其业绩考核进行晋升;其次,通过对外部招聘方式,获得有关档案管理的专业的人才。

　　对事务所的其他人员则实行临时工制,主要开展各种劳务性工作,在工资制度上可根据事务所的经济效益情况采取固定、浮动或计件、包干等多种形式并用。

（1）新人招聘，主要通过与高校建立合作办学的形式，保证事务所后备人员的充沛，同时事务所制订了相应的培训计划：

①对每个新进员工，通过师傅带徒弟的方式实施相关技能的培训。

②定期进行内部培训，使员工不断提升专业知识与技能。

（2）技术、管理高级人才招聘，主要途径有：

①通过行业协会等推荐途径引进优秀的技术、管理人才，直接担任中级以上职务。

②与高等院校合作，聘请高校教授等作为事务所的顾问专家。

③通过招聘等方式引进技术、管理高级人才，高薪聘请使其成为事务所的高级管理层。

事务所针对以上不同人才的培养情况，将在项目完成期内组织挑选优秀的员工进行为期两周的外派培训，进入相关的院校进行专业进修，学习相关技术、管理知识。

（五）考核制度

事务所制订了相应的考核制度，建立短期的任务绩效考核和长期的周边绩效考核两种考核制度。任务绩效考核：是与工作人员的工作产出直接相关，也就是直接对其工作结果的评价。周边绩效考核：是对工作结果造成影响的因素，但并不是以结果的形式表现出来的，一般为工作过程中的一些表现。在考核方法上，定性考核与定量考核相结合，并最大限度地量化各项考核指标，使之易于把握和衡量，从而使考核力求准确。同时实行考核结果与工资奖金分配、人员任用挂钩，强调奖罚兑现，激励员工不断进取。

服务内容与特色：主要是开展档案业务的咨询与管理、应用软件的开发，以及各种档案的劳务性服务工作，如档案的整理、装订；各种档案目录的抄写、著录、打印；档案的裱糊；破损档案的抢救等。事务所开展的档案业务项目均为有偿服务，应根据经济核算的原则制订合理的收费标准。此外，档案事务所还可以开展档案用品的销售等业务。

应该说明的是，我们的档案事务所和近几年档案部门办的以创收为主要目的的各种公司、服务部、经营部等有着较大的区别。前者主要强调开展档案的业务技术指导和档案整理、软件开发的劳务性有偿服务，后者则主要强调物资方面的有偿服务。

二、市场分析

（一）目标市场

在杭州及周边地区的各类机关、企事业单位及个人的档案整理，入馆档案整理，档案保管、应用软件开发等。

（二）市场现状

1.档案事务所产生的背景条件

（1）政治体制改革和政府职能转换是档案事务所产生的先决条件。我国在20世纪90年代的大改革中将政府一部分权力放开，把一部分领域推向社会公众管理，这是大量社会中介机构产生的先决条件,这其中不仅有比较完备、影响较大的律师事务所,也有在经济领域日渐成熟的会计师事务所。不可否认的是,这些事务所都进行了相应的改制,律师事务所从最初的司法部门中独立出来,会计师事务所从政府财政部门中独立出来。如果没有这个大前提,档案事务所包括档案寄存中心这一过渡型的机构恐怕还是很难实现的。

(2)经济体制改革与发展是档案事务所的催生剂。我国自1978年改革开放以来,各种经济形式迅速发展起来,原有的单一的经济形式早被打破,不仅有国有经济、民营经济,还存在着大量的混合型经济形式。我国的档案部门长期以来的服务和管理对象都仅仅局限在党政部门和国有企事业部门,服务面窄,服务水平低,服务条件比较落后,已难以满足社会发展的需要。与这种状况同时出现的却是社会对档案管理的新要求。

①国家机关、国有企事业单位面临档案达标的考核。随着社会的发展,浙江省档案局对机关单位、企事业单位提出了档案达标建设要求与考核。缘于各单位档案管理的标准化、数字化工作艰巨,人手不够,或者缘于档案管理人员不够专业,急需有专门的机构在短时间内专业而规范地完成档案的标准化与数字化建设。

②非国有企业的档案管理需要新建或进一步完善。浙江的民营企业基本走过了粗放经营的阶段,逐步开始关注企业品牌与企业文化的建设。并且在扩大生产规模的时候,产生了并购、重组、部分业务外移的现象,因此有大量的企业需要新建档案室进行档案的规范化管理,或者需要进一步实施档案管理的标准化与现代化建设。

③一些小企业及许多个人不具备保管档案的充分条件。这主要体现在一些小企业生产经营规模小,而档案保管费用又相对比较高,用人单位希望减少管理成本和用人方便,根本就没有档案管理这块工作,这就造成了一些流动人员的档案严重与人脱钩。即便一些企业存在着专门档案管理部门,也往往是办公条件和保管条件特别差,加上国家档案管理部门对其也无直接管理业务,造成档案管理混乱。

在这些新情况下,如果出现档案事务所,并提供价格实惠的优质服务,无疑是个好方法,并且档案部门也可以通过对档案事务所的业务宏观指导来达到对这部分档案的管理。

(3)现有的其他社会服务中介机构的成熟运行,是档案事务所产生的现实依据。我国目前大量存在的律师事务所和会计师事务所及一些房产交易所等,都具备丰富的管理经验、成熟的管理模式、良好的经济效益和良性的运转,为我国加快档案事务所建设提供了参照模式和实践依据。

(4)档案寄存中心的健康发展与合理改制,将是档案事务所发展的动力和希望。目前我国以深圳为代表的档案寄存中心获得社会承认和欢迎,也为建立完备的档案事务所探索出许多宝贵的实践经验。可以相信,随着档案寄存中心的逐步发展与今后的合理体制,档案寄存中心将是档案事务所发展的动力和希望,目前社会各界和档案部门应全力做好档案寄存中心的工作。

2.档案事务所在发展中存在的问题

（1）档案事务所的性质和成立条件无具体依据。目前仅有的关于档案的法律不仅很少，而且内容都比较陈旧，无法适应现在建立档案事务所的发展需要，并且相对的专门立法工作需要更长时间。这种状况将使档案事务所缺乏法律依据，很难获得广大群众和有关部门的支持。因此，为档案事务所定性和明确规定成立条件已是十分必要的工作。

（2）国家档案管理部门目前未对档案事务所的发展及行业管理标准制订详细、科学的方案。档案事务所的产生、发展不仅要有立法机关在法律上的保障，更需要档案管理部门制订出针对本部门行业的方案，这是档案管理部门的具体使命。档案部门有必要针对这种情况建立全国性的行业指导协会，就档案事务所执业人员的资格认证、获取及运转的具体条件和具体责任等情况，向有关立法部门提出积极的建议并参与相关法律的制定。

（3）在全社会大力宣传利用档案的社会意识，积极引导社会公众关心和支持档案事务所事业的建设。

（三）市场分析

1.对有关档案的咨询、指导工作

档案事务所可接受被委托人的请求，就有关档案存在的问题提供咨询服务，解决其保管档案中的问题，是档案中介机构的一项基本工作，也是现阶段档案中介机构的主要服务方式。同时也可同有关单位和个人建立起稳定的协作关系，由档案事务所人员定期或不定期上门指导其档案收集、整理和保管业务，提高其档案保管和利用水平。

2.对企业档案做出定升级、ISO质量论证工作

（1）在我国传统的计划经济管理体制中，国家对企业管得太多，企业各项工作缺乏自主性、独立性和创造性，其中也包括企业的档案工作，随着我国经济管理体制的改革，国家对企业大大放权，由过去的微观管理转为现在的宏观调控，企业自主权有了很大的提高。但同时政府对企业的行政干预依然存在，在企业的档案工作中，这也有所体现，像目前对企业档案工作的检查评比、升级定级、评先奖优等都明显地带有传统行政管理的色彩，这一切都与我国正在进行的国有企业改革中要求减少政府对企业的直接干预背道而驰，使得企业在应对激烈的市场竞争的同时还不得不将一部分精力用于应付这些额外的行政干预，从而部分地削弱了企业的竞争力。但我们也要认识到，如果政府对企业的档案工作完全放开，让企业完全自主地管理本企业的档案，企业就有可能忽视对档案的管理，导致企业档案工作水平的下降，从而损害我国整个档案工作的基础。而档案事务所正是解决这一矛盾的理想方式，政府将以前对企业的档案管理转由档案事务所来协调解决，真正减少对企业的行政干预，让企业完全按照市场方式进行运转，这必将促进我国市场经济体制的完善和发展。

（2）由于激烈的市场竞争，众多企业充分认识到要想提高自己的市场竞争力，必须提高管理水平，提出了"向管理要效益"的口号，企业档案也是企业发展的一项衡量指

标,企业的全面管理必须依靠高等级的企业档案。因此,近年来兴起的对企业管理水平进行控制的 ISO 9000 国际质量标准体系中也包含了档案管理这一部分,但我们注意到,在目前的 ISO 9000 认证工作中,负责检查企业档案工作的 ISO 工作组成员相对缺乏系统的档案专业知识,因此他们的鉴定结果也必将是不全面的;而档案事务所中的执业人员都经过了严格的考核,有相应的专业知识,由他们对企业的档案工作进行综合评定,并为 ISO 工作小组提供更为合理的档案管理方面的意见。

(四)竞争优势分析

1.对企业的档案资产进行评估

档案资产作为企业资产的一部分,在相关单位对企业的资产进行评估时,当然也应对企业的档案资产进行评估,这项工作对企业发展也是极其重要的。现代企业经常面对企业改制、资产重组和体制调整,加上各种企业的成分、模式各不相同,档案行政管理部门很难进行具体指导管理。而这些相对于企业来说又极其重要,档案资产只能通过档案事务所进行资产评估,实现其科学管理和资产价值。例如公司新设时,根据《公司法》规定,股东可以将工业产权、非专利技术作为出资,但其作价出资的金额一般不得超过该有限责任公司注册资本的 20%,根据这一规定,部分股东以其过去工作中形成的工业技术图纸出资,这时就涉及了档案资产的评估,以确保这一部分出资与《公司法》相符;在公司分立时,要签订分立协议、清理财产、清理债务,这时也需要对企业的档案资产进行评估,确定其价值,作为企业整体资产进行清理;企业破产时,根据《破产法》及最高人民法院《意见》的规定,应成立清算组,接管破产企业,清算组包括经贸、财政、土地、银行等相关部门,清算组可以聘任会计师事务所的注册会计师及其他必要的工作人员,因为档案资产是企业破产财产的一部分,因此档案事务所中的执业人员也理所当然地应被包括在清算组成员之内,参与企业破产财产的清算,同时整理档案的费用也应纳入破产费用,优先从破产财产中拨付。

这项工作可以说是未来档案事务所服务的大方向,其效益也必然十分可观。

2.对私人档案进行指导、鉴定和代为保管

私人档案是指人们在私人生活中形成的档案,形成的主体为私人。随着我国人民经济、文化水平的提高,私人档案会越来越多,出于保管和建立、健全的需要,必然要通过档案事务所才能实现对私人档案的指导、界定和代为保管。

3.对相关档案进行划分密级和确定公开范围,切实保护好档案拥有者权利

我国《反不正当竞争法》第十条是这样为商业秘密下定义的:商业秘密是指不为公众所知悉,能为权利人带来经济利益,具有实用性并经权利人采取保密措施的技术信息和经营信息。档案事务所的执业人员由于其职业性质决定了他们能够掌握和了解委托单位大量的资料和信息,其中有些则属于委托单位的商业秘密,如果执业人员泄露了这些商业秘密,就有可能会造成企业的重大经济损失而引起法律纠纷。因此档案事务所工作人员必须要对相关档案划分密级和确定公开范围,在不影响业主利益并征得同意后,将部分档案内容向社会提供开放利用,而对于业主要求保密的部分,档案事

务所执业人员必须采取有效措施,切实地保守这些机密。

4.利用档案事务所的自身优势,为社会信用体系中的征信单位提供符合法律规定的信息,为建立信用档案体系服务

随着我国市场经济的发展,我国现在正着手建立全面社会信用体系。在这个体系中首先就必须要建立有关的社会组织、个人的信用档案,如此庞大、细致而又带有时代特征的社会工程,也十分需要有社会中介机构的介入。可以说,在全社会建立科学、可靠的信用档案体系是档案事务所目前面临的很好的发展机遇。

三、产业描述

(一)现状分析

自1992年9月成立了浙江省的第一批地方性档案事务所以来,全国到目前已有一百多家档案中介机构。浙江和上海的档案中介机构起步较早,规模和数量都较大。除此之外,全国各地也相继成立了档案中介机构,如北京碧海兰台咨询有限公司、安徽晓荣档案信息技术服务中心。

我国档案事务所发展较晚,目前虽在一些地方出现了以咨询管理、应用软件开发业务为主的档案事务所,但还未形成规模,各项制度都未完善。与此同时,我国又出现了一些与档案相关的社会服务组织,如档案寄存中心。这是目前在档案界较为引人注目的一种新型服务方式。档案寄存中心不存在独立性,不是独自承担风险和资金运转的机构,它完全不属于社会服务中介机构,只能说是档案局(馆)对社会服务的一种新形式。

(二)产业生命周期

档案的多样灵活性使档案难分淡季、旺季,有业内人士说1、2月是旺季,也有说7、8月是旺季,其实这几个月份是指档案的年终和年中整理时间。

四、风险评估

风险无处不在,所以良好的对策也应该无处不在,我们不怕风险,只怕没有与之应对的方法。

(一)风险预测

1.管理风险

档案事务所的性质和成立条件无具体依据。目前仅有的关于档案的法律不仅很少,而且内容都比较陈旧,无法适应现在建立档案事务所的发展需要,并且相对地专门立法工作需要更长时间。这种状况将使档案事务所缺乏法律依据,很难获得广大群众和有关部门的支持。国家档案管理部门目前尚未对档案事务所的发展及行业管理标准制订详细、科学的方案。

2.财务风险

档案事务所独立经营,需要自筹资金,自揽业务,自负盈亏。在市场竞争中独立承担财务风险。

（二）风险对策

1.管理风险对策

（1）在全社会大力宣传利用档案的社会意识，积极引导社会公众关心和支持档案事务所事业的建设，建立档案事务所协会。

（2）明确规定档案事务所性质和成立条件，建立注册管理制度。

（3）档案事务所执业人员须执职业资格证。

（4）对档案事务所的业务进行宏观指导。

（5）扩大档案事务所的服务和管理对象，提升服务水平和条件以满足社会发展的需要。

（6）确定适当规模以保证具备保管档案条件。

（7）提供价格实惠的优质服务。

（8）借鉴现有的其他社会服务中介机构的成熟运行模式。

2.财务风险对策

（1）聘请相关离退休人员，寻找市场业务，不断扩大业务量，保证档案事务所收入。

（2）争取档案管理用品的销售资格，扩大额外业务，增强创收能力。

（3）寻找合适机关企事业单位，建立长期的档案服务咨询与管理业务。

（4）积极开拓档案应用软件开发业务。

（5）保证每次服务项目按时保质完成。

五、营销策略

（一）推广模式

面向机关、企事业、个人推广档案事务所，以扩大公司的知名度和人气，从而形成一个良性循环继而带来最大的利益。根据自身的条件和实力可采用以下几种推广手段。

（1）媒体刊登广告（包括电视、报纸、杂志、城市广告牌等）。如果有资金，这是最理想的方法，可以快速地聚集人气，从而缩短赢利期。

（2）网上推广。如群发邮件、论坛发帖。门户网站广告等，这类广告成本较低。

（3）最大限度地寻求政府支持。这样一方面有利于媒体广告、宣传，另一方面可以增强公司的权威性。

（4）参与行业会议。积极参加行业会议，不失时机做宣传，扩大推广公司信息的途径，同时不断增加行业人脉。

（5）经常对服务对象进行档案管理的技术指导与讲座，植入档案管理的理念。

（6）提供优惠政策。对于服务公司的档案整理全都由本事务所负责，给予优惠。

（二）市场计划

根据前期资金的状况和发展的进度，我们计划先在杭州下沙经济开发区进行市场开拓，原因是我们对杭州下沙的市场比较了解，容易开展业务，并且具有地缘关系优势。当然还有一个重要的原因是依托下沙高教园区大量已经毕业的学生集聚在下沙地区,具有很强的人脉优势。

（三）销售渠道

（1）网络渠道。网络具有很高的信息传递的时效性,我们将以互联网为主要的活动市场,充分利用行业论坛,行业网站等场所宣传自己,传递服务信息。

（2）直接销售。派专业人员与各公司接洽,直接推广事务所的品牌。

（3）获得服务项目的投标信息并积极参与。

（四）定价策略

我们将在调查市场和竞争者,以及消费者消费能力等多种因素的基础之上制订价格,遵循"人有我优,人优我低"的定价策略。形成"相同的服务,以价格取胜,相同的价格,以价值取胜"。

（五）管理方式

公司管理上结合高等教育资源,力求随时把握公司运营情况,并对已经出现的异常情况或可能出现的异常情况进行控制和预防。

建立科学的公司管理制度,提高顾客的满意度。公司力求能够全面、及时、准确、有效地为档案用户提供服务。

六、财务需求

1.营运成本

营运成本表   单位:元

项　目	第一季度	第二季度	第三季度	第四季度
办公室租赁费	10 400	10 400	10 400	10 400
档案保管费用	2 000	2 000	2 000	2 000
运营成本(办公用品、日常开销)	5 000	5 000	5 000	5 000
人员工资	80 000	80 000	80 000	80 000
总　计	97 400	97 400	97 400	97 400

2.资产负债表

资产负债表

_____年___月   单位:元

资　产	发生额	负债和所有者权益	发生额
流动资产:		流动负债:	
货币资金	50 000	短期借款	60 000
短期投资	40 000	应付工资	80 000
应收账款		应交税金	50 000
待摊费用	10 000	预提费用	

续表

资　产	发生额	负债和所有者权益	发生额
一年内到期的长期债权投资	50 000	一年内到期的长期负债	
其他流动资产	30 000	其他流动负债	50 000
流动资产合计	180 000	流动负债合计	20 000
长期投资	100 000	长期负债	70 000
固定资产：		负债合计	330 000
固定资产原价	200 000		
减：累计折旧	20 000	所有者权益：	100 000
固定资产净值	50 000	实收资本	100 000
固定资产清理	30 000	资本公积	40 000
固定资产合计	300 000	盈余公积	40 000
无形资产	60 000	未分配利润	30 000
		所有者权益合计	310 000
资产总计	640 000	负债和所有者权益总计	640 000

3.利润表

利润表

_____年____月 　　　　　　　　　　　　　　　　　　　　　　　　　　　单位：元

项　　目	行　次	本月数	本年累计数
一、主营业务收入	1	30	360
减：主营业务成本	4	10	120
主营税金及附加	5	5	60
二、主营业务利润（亏损以"-"号填列）	10	100 000	1 200 000
加：其他业务利润（亏损以"-"号填列）	11	30 000	360 000
减：营业费用	14	5 000	60 000
管理费用	15	10 000	120 000
财务费用	16	5 000	60 000
三、营业利润（亏损以"-"号填列）	18	100 000	1 200 000
加：投资收益（损失以"-"号填列）	19	30 000	360 000
营业外收入	23	20 000	240 000
减：营业外支出	25		
四、利润总额（亏损总额以"-"号填列）	27	200 000	2 400 000
减：所得税	28	1 000	12 000
五、净利润（亏损以"-"号填列）	30	10 000	120 000

任务三 档案事务所创建工作

一、公司成立注册所需的材料

（1）公司法定代表人签署的《分公司设立登记申请书》（到当地工商行政管理局领取）。

（2）公司签署的《指定代表或者共同委托代理人的证明》及指定代表或委托代理人的身份证复印件（本人签字）应标明具体委托事项、被委托人的权限、委托期限（到当地工商行政局领取）。

（3）公司的验资报告4份（需加盖公章）和章程复印件4份（需加盖公章，总公司法定代表人签署）。

（4）公司的税务登记证复印件4份（需加盖公章）。

（5）公司的组织机构代码证复印件4份（需加盖公章）。

（6）公司营业执照复印件4份（需加盖公章）。

（7）公司的银行开户许可证复印件4份（需加盖公章）。

（8）公司营业场所使用证明。提交房屋租赁协议原件或复印件以及出租方的产权证复印件。

（9）公司法人代表的身份证复印件各4份。

（10）公司负责人1寸免冠彩色照片8张及简历1份。

（注：以上各项未注明提交复印件的一般均应提交原件。）

以上提交的复印件均需持原件到登记部门核对，不能提交原件的（身份证、许可证等除外）由公司核对复印件并加盖公章或签名，署名要与原件一致。

登记机关所发的全套登记表格及其他材料提交复印件的，应当注明"与原件一致"并由公司加盖公章（见附1—附4）。

附1:公司设立登记申请书

受 理 号：_____

受理日期：_____

名　　称			
营业场所		邮政编码	
负责人		公司电话	

续表

经营范围	
公司盖章：	被委托人签字：
公司法定代表人签字： 　　年　　月　　日	联系电话： 　　年　　月　　日

注：1.提交的文件、证件应当使用 A4 纸。

　　2.应当使用钢笔、毛笔或签字笔工整地填写表格或签字。

附 2：企业（公司）申请登记委托书

委 托 人：＿＿＿＿＿＿＿＿＿＿＿

被委托人：＿＿＿＿＿＿＿＿＿＿＿

委托事项：＿＿＿＿＿＿＿＿＿＿＿

　　　　　＿＿＿＿＿＿＿＿＿＿＿

被委托人更正有关材料的权限：

1.同意□不同意□修改任何材料；

2.同意□不同意□修改企业自备文件的文字错误；

3.同意□不同意□修改有关表格的填写错误；

4.其他有权更正的事项：＿＿＿＿＿＿＿＿＿＿＿＿＿＿＿＿＿＿＿＿。

委托有效期限，自　　年　　月　　日至　　年　　月　　日

　　　　　　　　　　　　　　被委托人身份证（复印件）

　　　　　　　　　　　　　　　　　　　　　　　　　　　年　　月　　日

　　　　　　　　　　　　　　　　　　　　　　（委托人盖章或签字）

注：1.委托人盖章或签字：有限公司、非公司企业设立登记由股东、出资人盖章、签字（自然人股东）；股份有限
　　公司设立登记由全体董事签字；公司、非公司企业变更、注销登记由本企业盖章。

　　2.被委托人更正有关材料的权限：1、2、3 项选择"同意"或"不同意"并在□中打√；第 4 项按授权内容自行
　　填写。

附3:公司负责人任职证明

姓　名		是否公务员	
职务及产生方式		联系电话	
（身份证复印件粘贴处）		负责人签字： _____ 年　月　日	
兹证明_____具备完全民事行为能力,经正式任命（聘任）为_____的职务。 公司盖章： 公司法定代表人签字：_____			年　月　日

附4:核发《营业执照》及归档情况

执照注册号			核准日期		
执照副本数			副本编号		
打照日期			打照人		
出照日期			出照人		
领照人	签字		发照人	签字	
	日期			日期	
	电话			备注	
	身份证号				
缴纳登记费			缴纳副本费		
发票号码					
归档日期			归档人		
归档情况					

二、 公司刻印公章所需的材料及手续

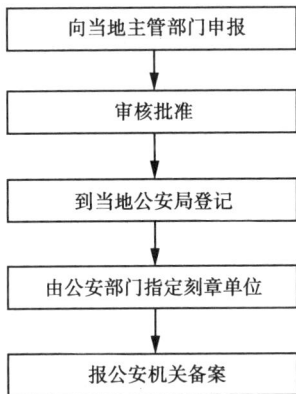

≫（一）公司刻印公章所需材料

（1）公司营业执照正本原件及复印件。

（2）公司营业执照副本原件及复印件。

（3）公司执照复印件和总公司法人身份证复印件。

（4）公司法人身份证原件及复印件。

（5）申请书一式两份加盖总公司公章，同时需法人或负责人亲笔签名，并附所刻印章图形式。

（6）委托书（分公司法人或负责人签名），同时加盖总公司公章和总公司法人签名。

（7）被委托人身份证原件、复印件。

（8）总公司章程原件、复印件。

（二）公司刻印公章手续

```
┌─────────────────────┐
│   向当地主管部门申报   │
└─────────────────────┘
          │
          ▼
┌─────────────────────┐
│       审核批准        │
└─────────────────────┘
          │
          ▼
┌─────────────────────┐
│    到当地公安局登记    │
└─────────────────────┘
          │
          ▼
┌─────────────────────┐
│   由公安部门指定刻章单位  │
└─────────────────────┘
          │
          ▼
┌─────────────────────┐
│    报公安机关备案     │
└─────────────────────┘
```

三、 公司组织机构设置

以某档案咨询与管理公司为例：

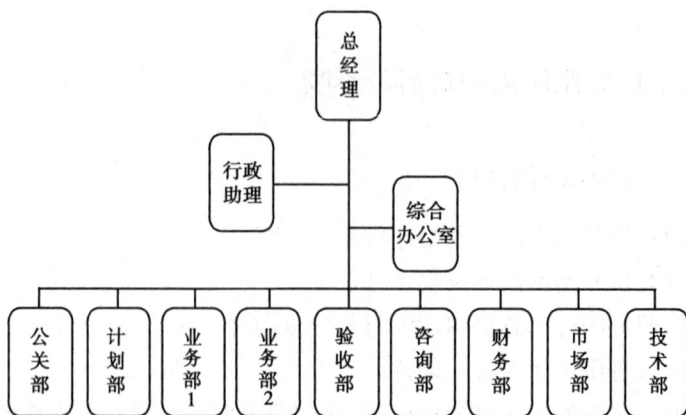

达标训练

知识训练

1.了解我国国家与地方政府创业方面的政策。

2.了解组建创业团队的要求。

3.学会在就业中寻找创业的机会。

能力训练

1.训练内容

组织一个调查团队,撰写一份创业计划书。

2.训练目标

通过写作创业计划书,培养学生的创业意识与创业精神,让学生掌握创业计划书的基本格式与写作要求。

3.训练方案

通读几份不同的创业计划书,根据创业计划书的写作要求,合理组织一个创业团队,通过前期充分的准备工作,各司其职、通力合作,在教师指导下共同完成创业计划书。

4.训练成果

(1)提交一份创业计划书。

(2)组织创业团队进行创业计划的陈述与答辩。

附　录

附录一
文书档案案卷格式（GB/T 9705—2008）

1　范围

本标准规定了文书档案案卷格式的内容构成和基本方法。

本标准适用于按立卷方法整理档案的我国各级各类档案馆（室）和文书处理部门。

2　术语和定义

下列术语和定义适用于本标准。

2.1　文书档案　administrative archives

反映党务、行政管理等活动的档案。

2.2　案卷　file

由互有联系的若干文件组合成的档案保管单位。

3　案卷卷皮格式

文书档案案卷卷皮分两种，一种是硬卷皮，一种是软卷皮。

3.1　硬卷皮格式

3.1.1　硬卷皮外形尺寸

封面尺寸规格采用 310 mm×220 mm。

封底尺寸同封面尺寸。

封底三边（上、下、翻口处）要另有 70 mm 宽的折叠纸舌。

卷脊可根据需要分别设 10 mm、15 mm、20 mm 三种厚度。

用于成卷装订的卷皮，上、下侧装订处要各有 20 mm 宽的装订纸舌（见附录 A）。

本标准推荐使用 250 g 无酸牛皮纸制作案卷硬卷皮。

3.1.2　案卷皮封面项目

封面项目包括：全宗名称、类目名称、案卷题名、时间、保管期限、件、页数、归档号、档号。各项目具体位置、尺寸见附录 B。

3.1.3　封面项目的填写方法

3.1.3.1　全宗名称

全宗名称相同于立档单位的名称。填写全宗名称必须用全称或通用简称。如"中国共产党中央委员会"简称为"中共中央";"中华人民共和国外交部"简称为"外交部";"河北省人民政府人事局"简称为"河北省人事局"。不得简称为"本部"、"本委"、"本省人事局"等。

3.1.3.2   类目名称

类目名称指全宗内分类方案的第一级类目名称。在一个全宗内应按统一的方案分类,并应保持分类体系的稳定性。

3.1.3.3   案卷题名

案卷题名即案卷标题,一般由立卷人拟写。案卷题名应当准确概括本卷文件的主要制发机关、内容、文种。文字应力求简练、明确。

3.1.3.4   时间:卷内文件所属的起止年月。

3.1.3.5   保管期限:立卷时划定的案卷保管期限,一般由立卷人填写。

3.1.3.6   件、页数:装订的案卷要填写总页数,不装订的案卷要填写本卷的总件数。

3.1.3.7   归档号:填写文书处理号,由立卷人填写。

3.1.3.8   档号的编制

封面档号由全宗号、目录号、案卷号组成。

全宗号:档案馆指定给立档单位的编号。

目录号:全宗内案卷所属目录的编号,在同一个全宗内不允许出现重复的案卷目录号。

案卷号:目录内案卷的顺序编号,在同一个案卷目录内不允许出现重复的案卷号。

3.1.4   卷脊项目

卷脊项目包括:全宗号、目录号、年度、案卷号、归档号,其排列格式尺寸见附录C。

3.2   软卷皮格式

使用软卷皮装订的案卷,必须装入卷盒内保存。

3.2.1   软卷皮外形尺寸

软卷皮设封皮和封底,其封皮和封底采用长宽为 297 mm×220 mm 的规格见附录D。

3.2.2   软卷皮封面项目

软卷皮封面项目及填写方法均同硬卷皮格式。封面项目尺寸、位置见附录D。

3.2.3   软卷皮封二项目

软卷皮封二项目包括:顺序号、文号、责任者、题名、日期、页号、备注。各项目具体位置、尺寸见附录E。

软卷皮封二项目的填写方法同4.4卷内文件目录填写方法。

3.2.4   软卷皮封三项目

软卷皮封三项目包括:本卷情况说明、立卷人、检查人、立卷时间,其尺寸位置见附录 J。

软卷皮封三项目的填写方法同 5.3 卷内备考表填写方法。

3.3 卷盒规格

3.3.1 卷盒外形尺寸

采用 310 mm×220 mm（长×宽），其高度可根据需要分别设置 30 mm、40 mm 或 50 mm 的规格。在盒盖翻口处中部要设置绳带，使盒盖能紧扣住卷盒（见附录 F 图 F.1、图 F.2、图 F.3）。

3.3.2 卷盒封面和卷脊格式

卷盒封面为空白面。

卷脊项目包括全宗名称、目录号、年度、起止卷号。

其中起止卷号填写××-××卷，其余项目的填写方法同硬卷皮格式。各项目具体位置、尺寸见附录 G。

3.4 填写要求

填写案卷封面及卷脊时应使用符合耐久性要求的字迹材料，字迹工整。

4 卷内文件目录格式

4.1 目录用纸幅面尺寸

采用国际标准 A4 型（即长×宽为 297 mm×210 mm）。

4.2 页边与文字区尺寸

卷内目录用纸上白边（天头）宽（20±0.5）mm

卷内目录用纸下白边（地脚）宽（15±0.5）mm

卷内目录用纸左白边（订口）宽（25±0.5）mm

卷内目录用纸右白边（翻口）宽（15±0.5）mm（见附录 H）

4.3 卷内文件目录项目

包括：顺序号、文号、责任者、题名、日期、页号、备注。各项目具体位置、尺寸见附录 H。

4.4 卷内文件目录填写方法

4.4.1 顺序号：以卷内文件排列先后顺次填写的序号，亦即件号。

4.4.2 文号：文件制发机关的发文字号。

4.4.3 责任者：对档案内容进行创造或负有责任的团体和个人，亦即文件的署名者。

机关团体责任者可著录统一规范的通用简称，不得著录"本市"、"本局"。个人责任者一般只著录姓名，必要时在姓名后著录对档案负有责任的职务、职称或其他身份，并用"（ ）"表示。联合行文的责任者，应著录列于首位的责任者，立档单位本身是责任者的必须著录，两个责任者之间的间隔用"；"，被省略的责任者用"[等]"表示。

4.4.4 题名：即文件的标题应照实抄录。没有标题或标题不能说明文件内容的文件，应自拟标题，外加"[ ]"号。

4.4.5　日期:文件的形成时间。填写时可省略"年"、"月"、"日"字。时间以 8 位数字表示,其中前 4 位表示年,中间 2 位表示月,后 2 位表示日,月日不足两位的,前面补"0"。

4.4.6　页号:填写每件文件首页所对应的页号;最后一件文件,填写该件起止页号。卷内文件页号应从 1 开始编制通号。

4.4.7　单份装订的案卷应逐件加盖档号章。档号章的位置在每件文件首页上端空白处(见附录 I)。

4.4.8　备注:留待对卷内文件变化时作说明之用。

5　卷内备考表格式

5.1　卷内备考表外形尺寸及页边与文字区尺寸

均同卷内目录(见附录 J)。

5.2　卷内备考表项目

包括:本卷情况说明、立卷人、检查人、立卷时间。各项目具体位置、尺寸见附录 J。

5.3　卷内备考表填写方法

5.3.1　本卷情况说明:填写卷内文件缺损、修改、补充、移出、销毁等情况。立好后发生或发现的问题由有关的档案管理人员填写并签名、标注时间。

5.3.2　立卷人:由责任立卷者签名。

5.3.3　检查人:由案卷质量审核者签名。

5.3.4　立卷时间:立卷完成的日期。

6　案卷各部分的排列格式

6.1　使用硬卷皮组卷,无论装订与否,其案卷各部分的排列格式均是:

案卷封面—卷内文件目录—文件—备考表—封底。

6.2　使用软卷皮组卷,其案卷各部分按下列格式排列:软卷封面(含卷内文件目录)—文件—封底(含备考表),以案卷号排列次序装入卷盒保存。

附　录　A

（规范性附录）

硬卷皮外形尺寸

单位为毫米

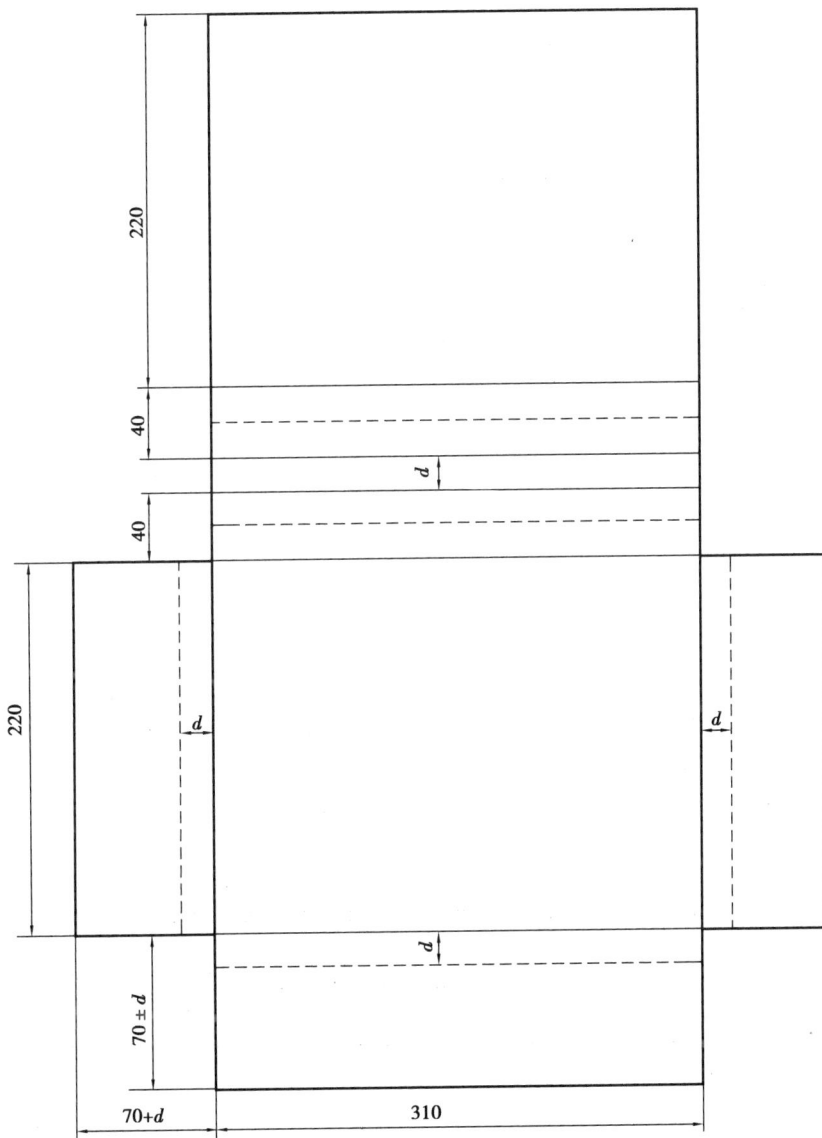

比例：1：2

$d=10\,mm，15\,mm，20\,mm。$

附　录　B
（规范性附录）
硬卷皮封面项目

单位为毫米

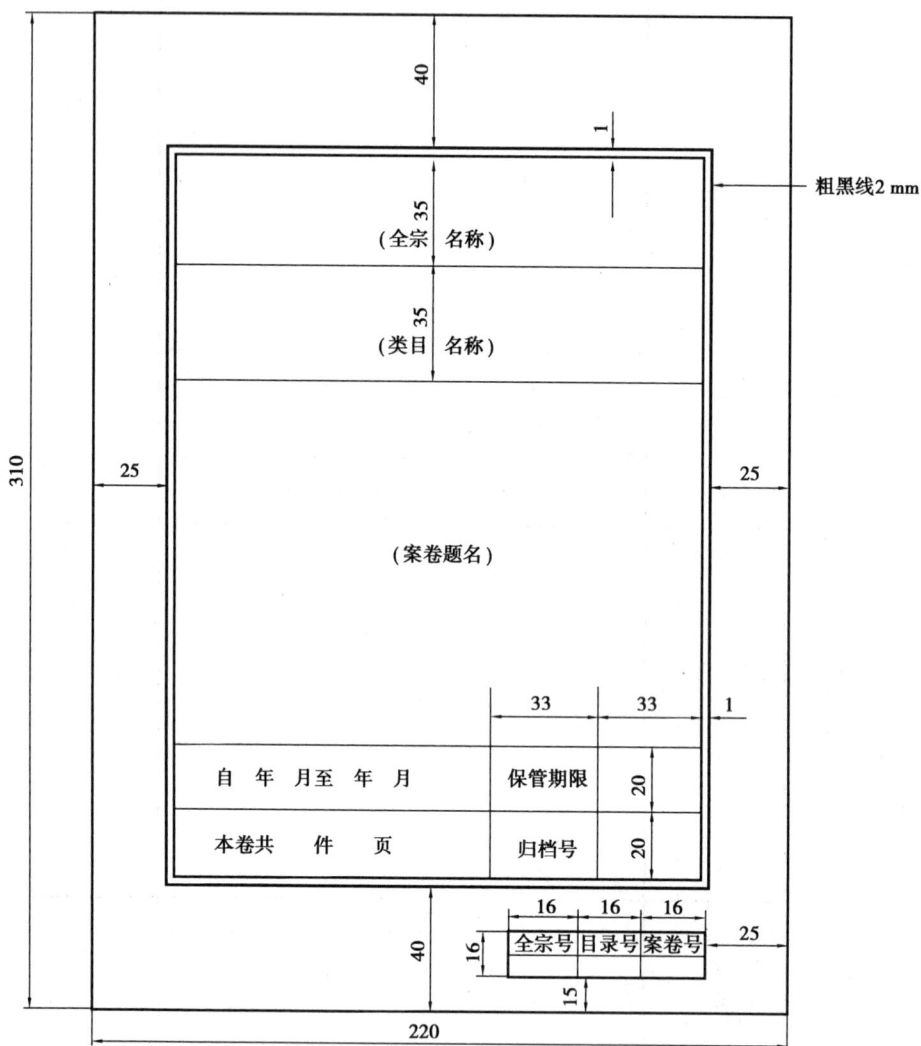

比例：1∶2

附 录 C

（规范性附录）

硬卷皮卷脊项目

单位为毫米

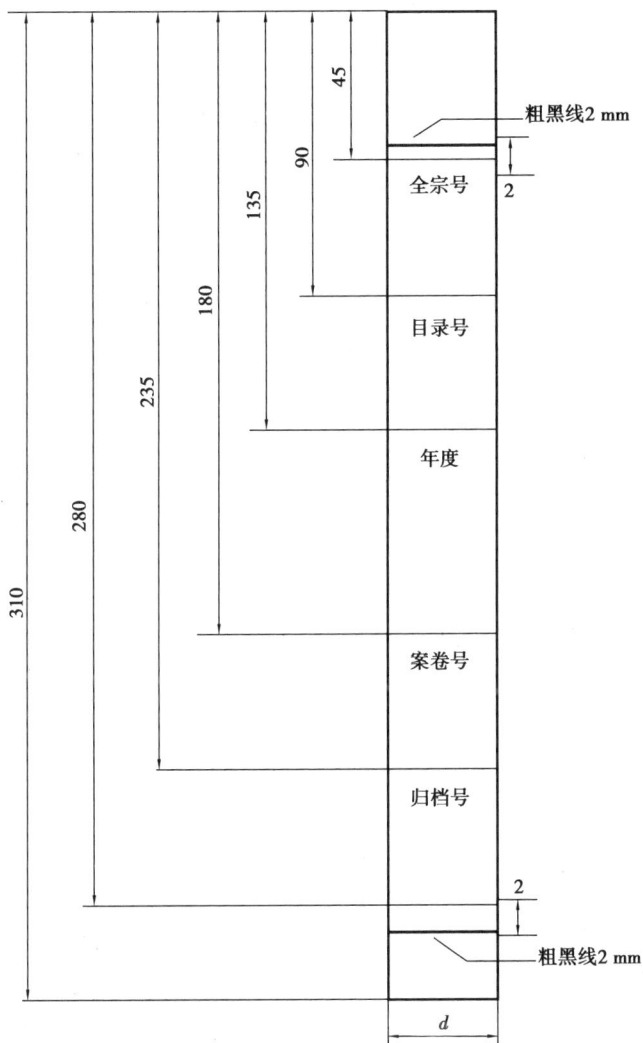

比例：1:2

d=10 mm，15 mm，20 mm。

附　录　D
（规范性附录）
软卷皮封面项目

单位为毫米

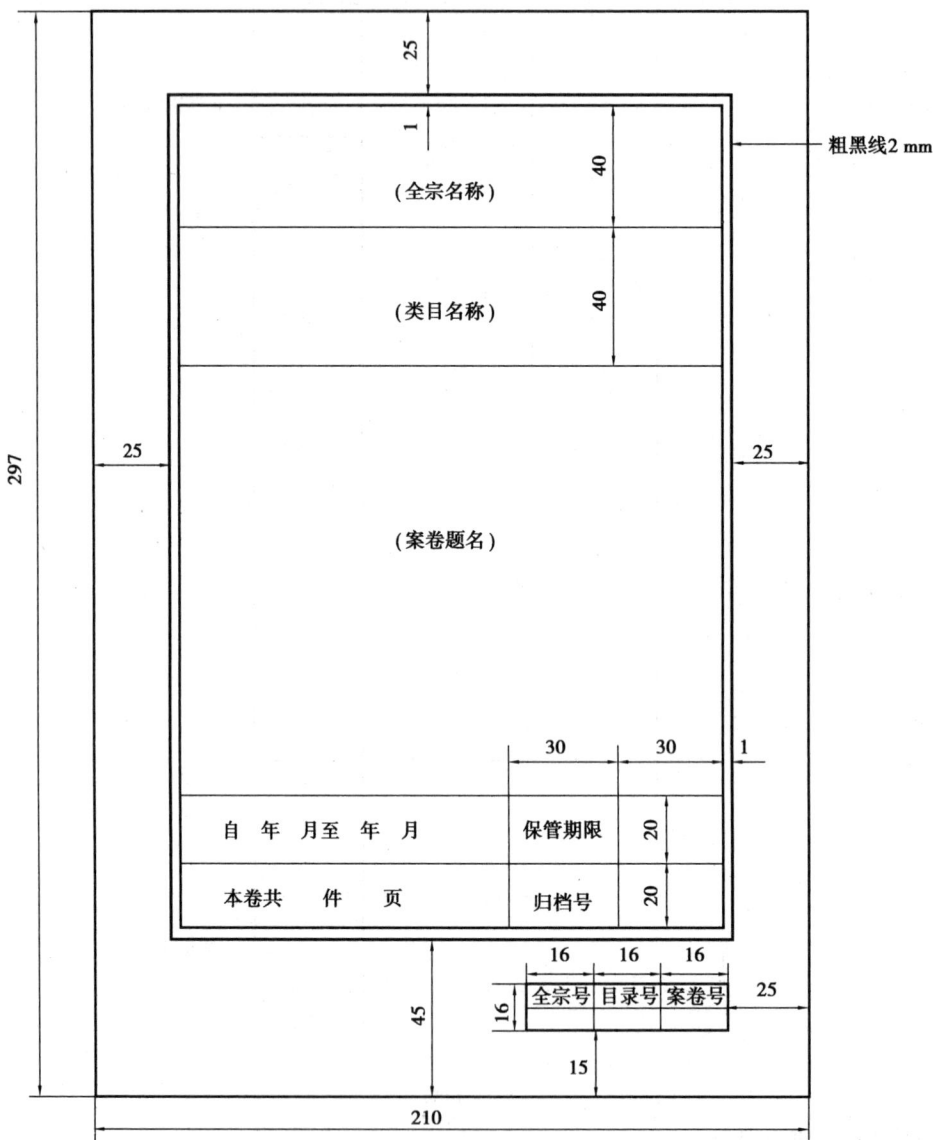

比例：1∶2

附 录 E

（规范性附录）

软卷皮封二项目

单位为毫米

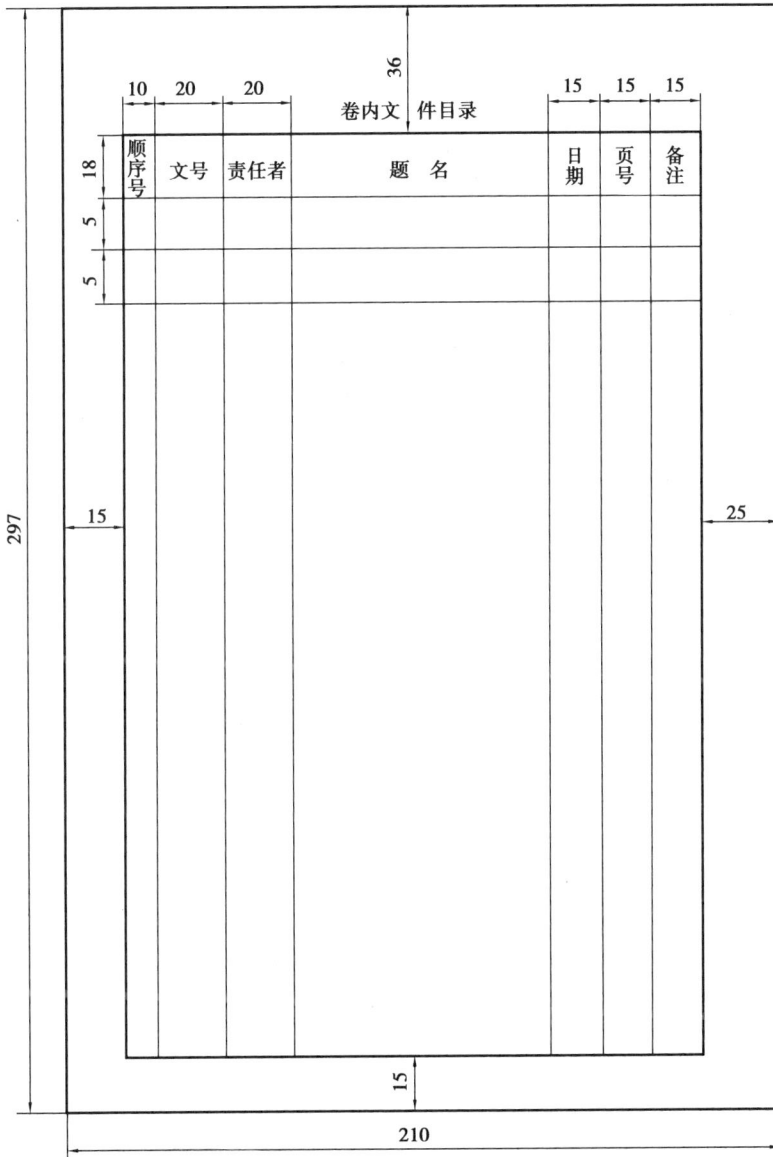

比例：1 : 2

附 录 F
（规范性附录）
卷盒规格

单位为毫米

布绳

220

50

220

布绳

布绳

50

16 50 310 50

442 布绳

比例：1:2

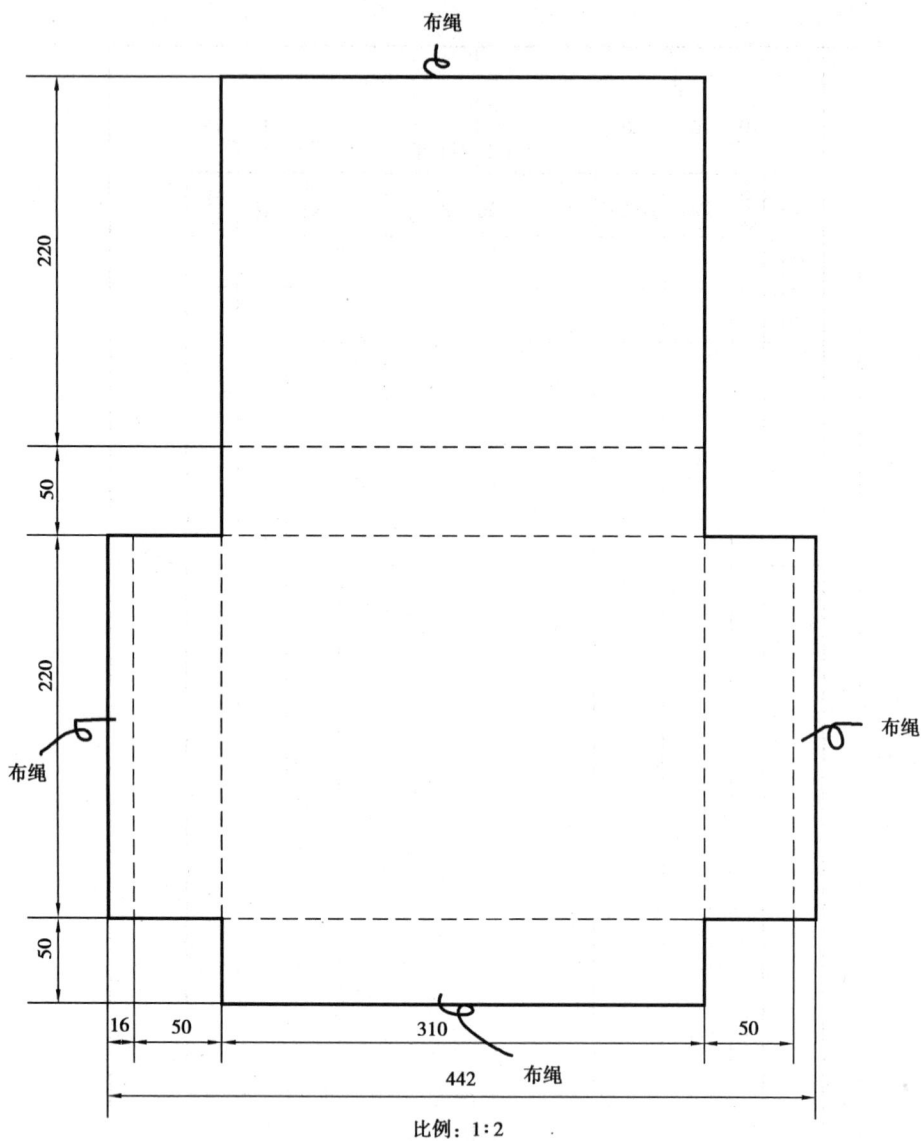

图 F-1 卷盒外形尺寸

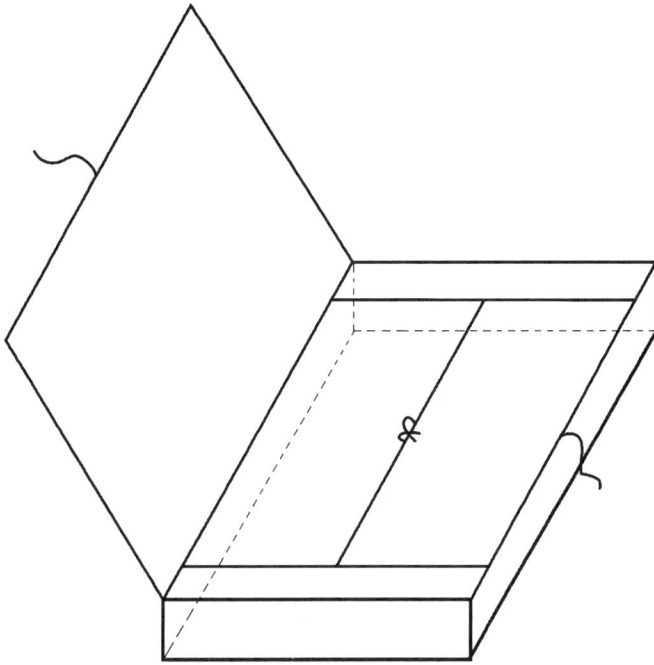

图 F-2　卷盒打开形态

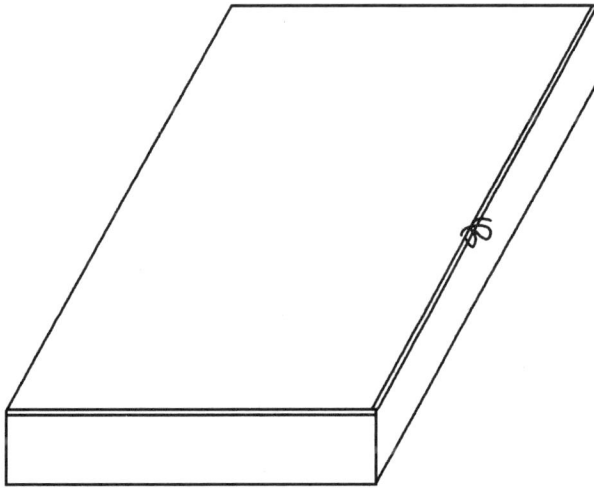

图 F-3　卷盒关闭形态

附 录 G
(规范性附录)
卷盒卷脊格式

单位为毫米

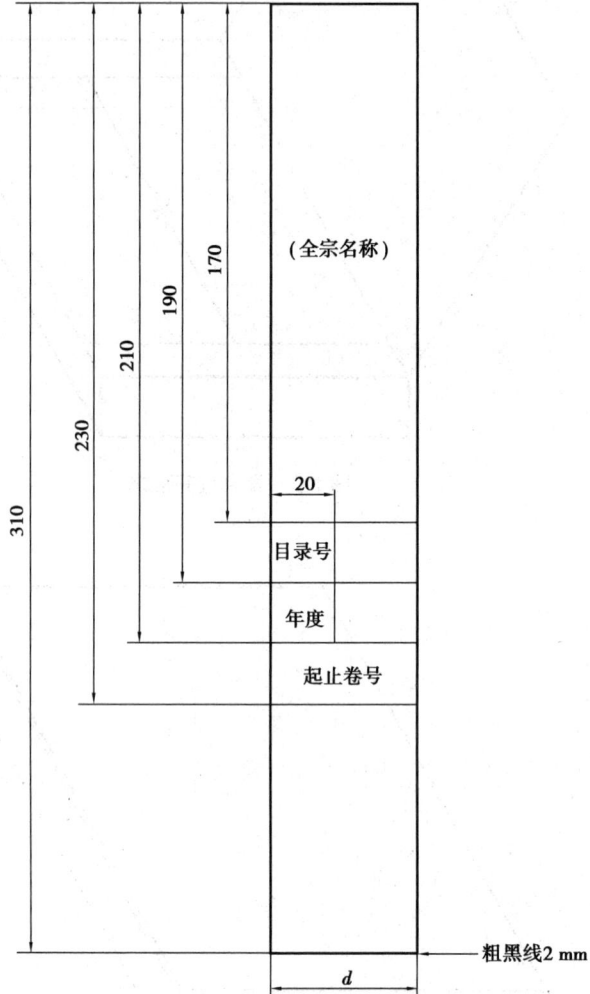

比例：1∶2

d=50 mm，40 mm，30 mm。

附　录　H

（规范性附录）

卷内文件目录格式

单位为毫米

顺序号	文号	责任者	题　名	日期	页号	备注
			卷内文件目录			

比例：1：2

附 录 I

（规范性附录）

档号章格式

单位为毫米

全宗	目录号/年度	案卷号	件号

4 × 15

比例：1：1

附　录　J

（规范性附录）

卷内备考表格式

单位为毫米

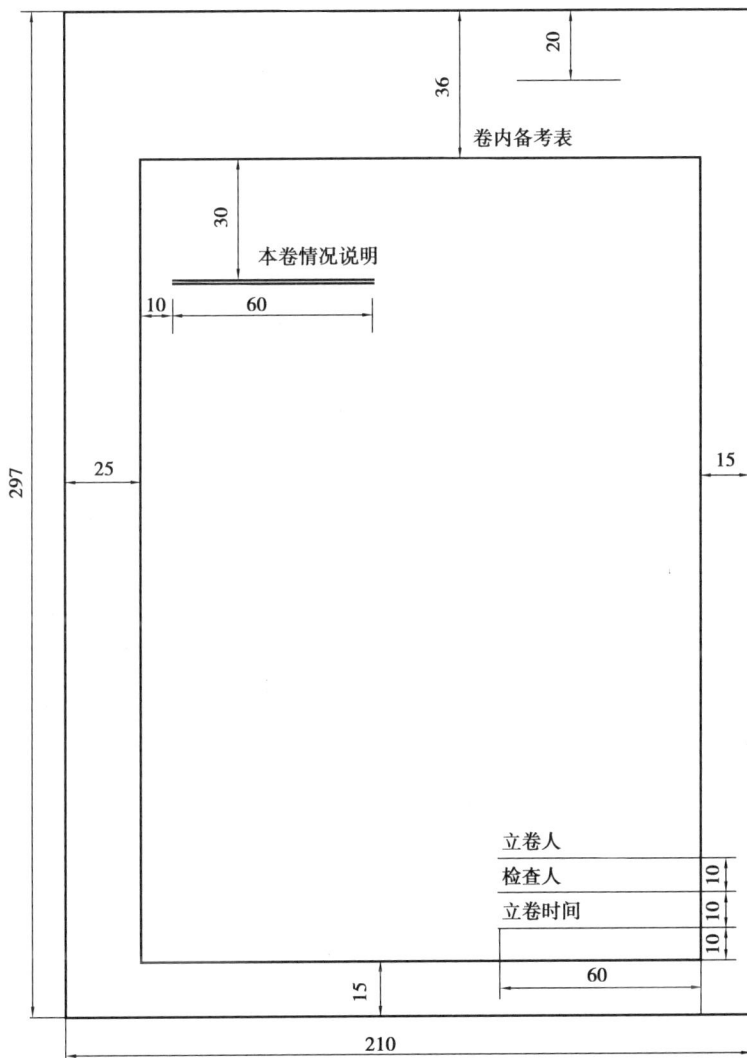

比例：1：2

附录二
企业文件材料归档范围和档案保管期限规定

国家档案局令
第 10 号

《企业文件材料归档范围和档案保管期限规定》已经国家档案局局务会议审议通过,现予公布,自 2013 年 2 月 1 日起施行。

局长 杨冬权
2012 年 12 月 17 日

企业文件材料归档范围和档案保管期限规定

第一条 为便于企业正确界定文件材料归档范围,准确划分档案保管期限,促进企业依法经营和规范管理,根据《中华人民共和国档案法》《中华人民共和国档案法实施办法》,制定本规定。

第二条 本规定所指的企业文件材料是指企业在研发、生产、服务、经营和管理等活动过程中形成的各种门类和载体的记录。

第三条 各级档案行政管理部门依照企业资产关系分别负责对企业文件材料归档范围和档案保管期限表编制工作进行业务指导和监督。

第四条 企业文件材料归档范围是:

(一)反映本企业在研发、生产、服务、经营、管理等各项活动和基本历史面貌的,对本企业各项活动、国家建设、社会发展和历史研究具有利用价值的文件材料;

(二)本企业在各项活动中形成的对维护国家、企业和职工权益具有凭证价值的文件材料;

(三)本企业需要贯彻执行的有关机关和上级单位的文件材料,非隶属关系单位发来的需要执行或查考的文件材料;社会中介机构出具的与本企业有关的文件材料;所属和控股企业报送的重要文件材料;

(四)有关法律法规规定应归档保存的文件材料和其他对本企业各项活动具有查考价值的文件材料。

第五条 企业下列文件材料可不归档:

(一)有关机关和上级主管单位制发的普发性不需本企业办理的文件材料,任免、奖惩非本企业工作人员的文件材料,供工作参考的抄件等;

(二)本企业文件材料中的重份文件,无查考利用价值的事务性、临时性文件,未经会议讨论、未经领导审阅和签发的文件,一般性文件的历次修改稿、各次校对稿,无特殊保存价值的信封,不需办理的一般性来信、来电记录,企业内部互相抄送的文件材料,本企业负责人兼任外单位职务形成的与本企业无关的文件材料,有关工作参考的文件材料；

（三）非隶属关系单位发来的不需贯彻执行和无参考价值的文件材料；

（四）所属和控股企业报送的供参阅的一般性简报、情况反映，其他社会组织抄送不需本企业办理的文件材料；

（五）其他不需归档的文件材料。

第六条　凡属企业归档范围的文件材料，必须按有关规定向本企业档案部门移交，实行集中统一管理，任何个人不得据为己有或拒绝归档。

第七条　企业档案的保管期限定为永久、定期两种，定期一般分为30年、10年。

第八条　永久保管的企业管理类档案主要包括：

（一）本企业设立、合并、分立、改制、上市、解散、破产或其他变动过程中形成的文件材料，本企业董事会、监事会、股东会的构成、变更、召开会议、履行职责和维护权益的文件材料；

（二）本企业资产和产权登记、评估与证明文件材料，资产和产权转让、买卖、抵押、租赁、许可、变更、保护等凭证性文件材料，对外投资文件材料；本企业资本金核算、确认、划转、变更等文件材料，企业融资文件材料；

（三）本企业关于重要问题向有关机关和上级主管单位的请示、报告、报表及其复函、批复，有关机关和上级单位制发的需本企业办理的重要文件材料，行业协会、中介机构等对本企业做出的重要决定、出具的审计、公证、裁定等重要文件材料，本企业与其他组织和个人形成的重要合同、协议及补充协议等文件材料；

（四）本企业发展规划、战略决策、重大改革、年度计划和总结文件材料，内部管理制度、规定、办法等文件材料；

（五）本企业机构演变，人力资源管理的重要文件材料；本企业涉及职工权益的其他重要文件材料；企业文化建设文件材料；

（六）本企业经营管理工作的重要文件材料；

（七）本企业生产技术管理工作的重要文件材料；

（八）本企业行政管理工作的重要文件材料；

（九）本企业党群工作的重要文件材料；

（十）新闻媒体对本企业重要活动、重大事件、典型人物的宣传报道；

（十一）有关机关和上级主管单位领导、社会知名人士等重要来宾到本企业检查、视察、调研、参观时的讲话、题词、批示、录音、录像、照片及企业工作汇报等重要文件材料；本企业参与国家和社会重大活动的重要文件材料，本企业职工参加省级以上党、团、工会、人大、政协等代表大会形成的重要文件材料；

（十二）本企业直属单位、所属、控股、参股、境外企业和机构报送的关于重要问题的报告、请示和批复等文件材料。

第九条　定期保管的企业管理类档案主要包括：

（一）本企业资本金管理、资产管理的一般性文件材料，本企业涉及职工权益的一般性文件材料；

（二）本企业部门工作或专项工作规划，半年、季度、月份计划与总结等文件材料；

（三）本企业召开会议、举办活动的一般性文件材料，发布的一般性公告；

（四）本企业经营管理工作的一般性文件材料；

（五）本企业生产技术管理工作的一般性文件材料；

（六）本企业行政管理工作的一般性文件材料；

（七）本企业党群工作的一般性文件材料；

（八）本企业关于一般性问题向有关机关和上级主管单位的请示、报告、报表及有关机关和上级主管单位的复函、批复，有关机关和上级主管单位、行业协会制发的需本企业贯彻执行的一般性文件材料和对本企业出具的一般性证明文件，本企业与其他单位和个人形成的一般性合同、协议文件材料；

（九）直属单位、所属和控股企业一般性问题的请示、报告、来函与本企业的批复、复函等文件材料；

（十）本企业参与国家和社会活动的一般性文件材料，本企业职工参加省以上党、团、工会、人大、政协等代表大会形成的一般性文件材料；本企业接待重要来宾的工作计划、方案等一般性文件材料。

第十条　企业经营管理、生产技术管理、行政管理、党群工作等管理类档案保管期限见附件。

第十一条　本规定的管理类档案保管期限为最低期限，各企业在具体划分时可选择高于本规定的期限。

第十二条　企业产品生产和服务业务、科研开发、基本建设、设备仪器、会计、干部与职工人事等文件材料的归档范围和档案保管期限，按国家有关规定、标准，结合企业实际执行。

第十三条　企业应归档纸质文件材料中，有重要修改意见和批示的修改稿及有发文稿纸或文件处理单的，应与文件正本、定稿一并归档。

企业对于无相应纸质或确实无法输出成纸质的电子文件应纳入归档范围并划分保管期限。

企业对归档的电子文件的元数据要进行相应归档。

第十四条　多个企业联合召开的会议、联合研制的产品、联合建设或研究的项目、联合行文所形成的文件材料，原件由主办企业归档，其他企业将相应的复制件或其他形式的副本归档。

第十五条　企业应依据本规定和国家及专业相关规定，结合本企业生产组织方式、产品和服务特点，编制本企业的各类文件材料归档范围和档案保管期限表。企业应按资产归属关系，指导所属企业根据有关规定规范各类文件材料归档范围和档案保管期限表的编制并审批所属企业的文件材料归档范围和档案保管期限表。

第十六条　中央管理的企业（包括国务院国有资产监督管理委员会监管中央企

业、金融企业、中央所属文化企业等)总部的文件材料归档范围和管理类档案保管期限表,报国家档案局同意后执行。

地方国有企业总部编制的文件材料归档范围和管理类档案保管期限表,报同级档案行政管理部门同意后执行。

第十七条　企业资本结构或主营业务发生较大变化时,应及时修订和完善文件材料归档范围和档案保管期限表。

第十八条　企业在编制文件材料归档范围和档案保管期限表时,应全面分析和鉴别本企业形成文件材料的现实作用和历史价值,统筹考虑纸质文件材料与其他载体文件材料的管理要求,准确界定文件材料的归档范围和划分档案保管期限。

第十九条　本规定适用于在中华人民共和国境内注册设立的企业,在境外经营的企业,由企业总部参照本规定提出实施要求;科技事业单位可参照执行。

第二十条　本规定由国家档案局负责解释。

第二十一条　本规定自 2013 年 2 月 1 日起施行。

附件:

企业管理类档案保管期限表

序号	归档范围	保管期限
1	本企业设立、变更、解散过程文件材料	
1.1	本企业筹办和设立的申请文件材料、政府相关部门批准设立本企业的相关文件材料	永久
1.2	本企业设立登记相关证照、证照变更登记文件材料	永久
1.3	本企业章程送审稿、批准稿及正式文本	永久
1.4	企业合并、分立、改制、上市、破产、解散或其他变更公司形式等过程中形成的文件材料	永久
2	本企业董事会、监事会、股东会构成及变更等方面的文件材料	
2.1	本企业董事会、监事会、股东会构成及变更文件材料,发起人协议	永久
2.2	董事会、监事会、股东代表大会会议形成的文件材料	
2.2.1	会议通知、议程、报告、决议、决定、公报声明、记录、领导人讲话、总结、纪要、讨论通过的文件材料、参加人员名单	永久
2.2.2	讨论未通过的文件材料	10 年
2.3	董事、监事、股东履职和维护权益过程形成的文件材料	
2.3.1	重要的	永久
2.3.2	一般的	30 年
3	本企业资本登记、资本变动、融资文件材料	

续表

序号	归档范围	保管期限
3.1	国有资产管理部门对本企业国有资本金核算、确认、划转、变更的文件材料	永久
3.2	其他非国有组织或机构资本对本企业投资、投入核算登记、确认文件材料	永久
3.3	本企业证券和股票发行、增资扩股、股权变更等文件材料	
3.3.1	上市辅导和准备阶段形成的文件材料	
3.3.1.1	评估报告、审计报告、承销商出具的核查意见,股票发行上市辅导汇总报告、发行人律师意见书、律师工作报告、股东大会决议、董事会通过的资金运用方案决议、固定资产投资项目建议书、招股说明书及发行公告(含财务报告、盈利预测报告)	永久
3.3.1.2	与中介机构签订的上市辅导协议、尽职调查材料	30 年
3.3.2	发行申请书、证监会核准文件材料、审核过程中提出的审核反馈意见	永久
3.3.3	股票发行申请报告及证券交易所的批复、发行方案、股票发行定价分析报告、路演推介文件材料	永久
3.3.4	上市推荐书、上市公告书、确定股票挂牌简称的函	永久
3.3.5	股票首次发行过程中形成的其他文件材料	
3.3.5.1	重要事项	永久
3.3.5.2	一般事项	30 年
3.3.6	股票增发、配股文件材料	永久
3.3.7	增资扩股文件材料	永久
3.3.8	股权转让文件材料	永久
3.3.9	债权融资文件材料	永久
3.4	本企业股东、股权登记文件材料	永久
3.5	本企业融资工作中形成的其他文件材料	
3.5.1	重要事项	永久
3.5.2	一般事项	30 年
4	本企业资产管理文件材料	
4.1	资产权属证明文件材料	

序号	归档范围	保管期限
4.1.1	本企业土地、房屋、基础设施等不动产产权登记文件材料,重要的技术装备、设备等固定资产登记文件材料,自然资源的所有权、使用权、收益权等申请、批准、登记的文件材料	永久
4.1.2	本企业拥有的商标权、专利权、著作权、计算机软件、商业秘密、技术诀窍等知识产权创造、申请、审批、登记、运用、保护和管理中产生的文件材料	永久
4.1.3	本企业特许经营权证文件材料,本企业资质认证、商誉评估、信用评级等文件材料	永久
4.1.4	本企业其他固定资产和无形资产权属文件材料	永久
4.1.5	本企业境外资产与产权权属文件材料	
4.1.5.1	重要的	永久
4.1.5.2	一般的	30 年
4.2	本企业资产与产权转让、买卖、抵押、租赁、许可、变更、清算、评估、处置、注销等资产变动文件材料,因产权变动所致职工身份变化的材料	永久
4.3	本企业其他债权、债务登记文件材料	
4.3.1	重要的	永久
4.3.2	一般的	30 年
4.4	境内、外投资文件材料	
4.4.1	投资企业董事会、股东会文件材料、投资企业的财务报告、红利分配文件材料,股权证、转让协议等股权管理文件材料	永久
4.4.2	本企业在并购、参股、股权受让、基金业务及债权型投资等投资业务中形成的其他文件材料	
4.4.2.1	重要的	永久
4.4.2.2	一般的	30 年
5	本企业总经理办公会、党政联席会会议文件材料	
5.1	通知、议程、报告、决议、决定、公报声明、记录、领导人讲话、总结、纪要、讨论通过的文件材料,参加人员名单	永久
5.2	讨论未通过的文件材料	10 年
6	本企业召开的工作会议、专题会议的文件材料	

续表

序号	归档范围	保管期限
6.1	请示、批复、通知、名单、日程、报告、讲话、总结、决议、决定、纪要、媒体宣传报道、录音录像	
6.1.1	重要的	永久
6.1.2	一般的	30 年
6.2	代表发言、经验交流文件材料、简报	10 年
7	本企业承办的大型展览会、博览会、论坛、学术会议、国际性会议的文件材料	
7.1	请示、批复、申办和筹办组委会组建文件材料、主要活动安排、议程、名单、主报告(原文及译文)、辅助报告(原文及译文),领导人贺词、题词、讲话、会徽设计、简报、新闻报道	永久
7.2	代表发言、经验交流	30 年
7.3	委员会、分会会议和学术会议的讨论记录,会议代表登记表、接待安排	30 年
8	有关机关和上级主管部门领导、社会知名人士检查、视察、调研本企业工作时形成的文件、工作汇报、录音录像等文件材料	
8.1	重要的	永久
8.2	一般的	30 年
9	本企业向有关机关、上级主管单位的请示、报告与有关机关、上级主管单位批复、批示	
9.1	重要事项	永久
9.2	一般事项、无批复重要事项	30 年
9.3	无批复的一般事项	10 年
10	本企业收到的有关机关、上级主管单位等相关机构制发的文件材料	
10.1	涉及本企业经营管理重要事项和其他重要事项的文件材料	永久
10.2	与本企业经营管理等工作有关的一般性文件材料	10 年
11	本企业与金融机构、中介机构及其他组织和个人来往文件材料	
11.1	本企业非资本经营业务中与银行、保险、证券、基金管理等金融机构业务往来的文件材料	
11.1.1	重要事项	永久
11.1.2	一般事项	30 年

序号	归档范围	保管期限
11.2	本企业非资本经营业务中与会计、审计、法律事务所等机构往来文件材料	
11.2.1	重要事项	永久
11.2.2	一般事项	30 年
11.3	本企业与所属境外企业和机构业务往来文件材料	永久
11.4	本企业与其他单位或个人发生业务关系形成的文件材料	
11.4.1	本企业签署的战略合作协议、重要谈判的合同协议	永久
11.4.2	本企业签署的长期合同或协议及其补充件	
11.4.2.1	重要的	永久
11.4.2.2	一般的	30 年
11.4.3	本企业签署的短期合同或协议及其补充件	
11.4.3.1	重要的	30 年
11.4.3.2	一般的	10 年
11.5	本企业对其他单位或个人的资信调查、客户管理等文件材料	
11.5.1	重要的	30 年
11.5.2	一般的	10 年
11.6	本企业对外发布的公告、公示等文件材料	
11.6.1	重要事项	永久
11.6.2	一般事项	30 年
12	直属单位、所属和控股企业的请示、报告、函与本企业的批复、复函等文件材料	
12.1	重大问题	永久
12.2	一般性问题	30 年
13	本企业经营决策、建设项目(含境外项目)管理、企业管理、资本经营、财务、物资管理、产品与服务业务管理、市场开发与营销、产品与服务销售管理、售后服务管理、客户信息、信誉、统计等管理工作文件材料	
13.1	经营计划、决策文件材料	
13.1.1	本企业中长期规划、纲要,重要的经营决策文件材料	永久

续表

序号	归档范围	保管期限
13.1.2	本企业年度计划、任务目标、总结、统计文件材料	永久
13.1.3	本企业半年、季度、月份等计划、总结、统计文件材料	10 年
13.1.4	本企业、所属和控股企业的经营目标责任书、业绩考核评价文件材料	30 年
13.2	建设项目工作文件材料	
13.2.1	建设项目工作规划、计划、总结等文件材料	永久
13.2.2	建设项目工作制度、办法、规定等文件材料	永久
13.2.3	项目前期立项、规划、论证、设计、招投标、协议、合同、申请、审批等文件材料	永久
13.2.4	项目检查、竣工验收、重要的专项报告、审批意见	永久
13.3	企业管理文件材料	
13.3.1	企业管理规划、计划、总结、实施方案、制度、规定、办法等	永久
13.3.2	企业管理方案实施、检查验收文件材料	30 年
13.4	资本经营工作文件材料	
13.4.1	资本经营工作规划、计划、总结、条例、制度、办法、规定、决定等	永久
13.4.2	资本经营工作通知、纪要、记录、调研报告	30 年
13.5	财务工作文件材料	
13.5.1	财务管理制度、规定、办法、总结	永久
13.5.2	财务管理工作计划、报告、通知	30 年
13.5.3	固定资产新增、报废、调拨文件材料	30 年
13.5.4	生产财务和成本核算文件材料	永久
13.5.5	资金管理、价格管理、会计管理文件材料	永久
13.5.6	本企业税务登记、交纳、减免、返还等工作文件材料	永久
13.5.7	本企业经营盈亏情况报告、报表	
13.5.7.1	重要的	永久
13.5.7.2	一般的	30 年
13.5.8	本企业财务预、决算报告	永久
13.6	物资管理文件材料	

续表

序号	归档范围	保管期限
13.6.1	物资管理工作制度、规定、办法	永久
13.6.2	物资台账、统计报表	30 年
13.6.3	物资分配计划、记录	10 年
13.6.4	物资采购审批手续、招投标文件材料、合同、协议、来往函件,物资保管台账、出入库记录等	
13.6.4.1	重要物资的	30 年
13.6.4.2	一般物资的	10 年
13.7	产品与服务管理文件材料	
13.7.1	产品与服务发展规划、计划、总结等	永久
13.7.2	产品与服务管理制度、办法、规定等	永久
13.7.3	调查研究文件材料	
13.7.3.1	产品与服务市场调查、技术调查、考察、预测报告、调研综合报告	10 年
13.7.3.2	产品与服务的技术、经济可行性研究报告,市场需求分析报告、收益预测分析报告	30 年
13.7.4	产品与服务决策文件材料	
13.7.4.1	产品与服务发展建议书、技术建议书、协议书、委托书、合同等	永久
13.7.4.2	专题分析报告、专题会议纪要	30 年
13.7.4.3	研制或开发计划、方案及方案论证报告	30 年
13.7.5	阶段评审文件材料	30 年
13.8	市场开发与营销	
13.8.1	市场营销工作总结、制度,营销组织、市场网络建设、境外市场拓展、品牌建设等文件材料	永久
13.8.2	市场营销工作规划、计划等	30 年
13.8.3	产品销售计划文件材料,产品订货会、市场分析和用户调查文件材料	30 年
13.8.4	产品市场推广、营销宣传等文件材料	30 年
13.8.5	业务开办、产品上市或终止的申请、报备、批复等文件材料	永久
13.9	销售管理文件材料	
13.9.1	销售管理制度、规定、办法,销售合同、协议、函件	永久

续表

序号	归档范围	保管期限
13.9.2	售后服务文件材料	30 年
13.10	客户信息及资信调查文件材料	
13.10.1	重要客户的	永久
13.10.2	一般客户的	30 年
13.11	企业认证、达标等活动的呈报、审批文件材料,企业获得的资质、信誉证书方面的文件材料	永久
13.12	企业形象宣传文件材料	永久
13.13	统计工作文件材料	
13.13.1	统计工作制度、规定、办法,综合性统计报表	永久
13.13.2	生产、技术、经济统计报表及分析文件材料,工业普查报表	永久
13.13.3	一般性统计分析文件材料	30 年
14	本企业生产组织、质量管理、能源管理、设备管理、安全、环保、计量管理、科技管理、信息化管理、标准、图书情报等管理工作文件材料	
14.1	生产组织工作文件材料	
14.1.1	生产组织工作制度、办法、总结等	永久
14.1.2	生产组织工作规划、计划、报告	30 年
14.1.3	生产作业计划编制、执行及调度工作文件材料	10 年
14.1.4	生产调度会议记录	30 年
14.1.5	生产活动分析文件材料	10 年
14.2	质量管理工作文件材料	
14.2.1	质量工作条例、制度、规定、总结,质量体系建设、运行及管理文件材料,产品创优获奖证书	永久
14.2.2	质量工作规划、计划、措施	30 年
14.2.3	产品质量检测、化验、试验文件材料	30 年
14.2.4	全面质量管理工作形成的文件材料	30 年
14.2.5	质量异议处理、事故分析及处理文件材料,质量认证、检查、评比文件材料	永久
14.2.6	产品召回、理赔等文件材料	永久
14.3	能源管理工作文件材料	

序号	归档范围	保管期限
14.3.1	能源管理工作规定、总结	永久
14.3.2	能源管理计划、统计报表,能源消耗定额管理文件材料	30 年
14.3.3	节能工作文件材料	30 年
14.4	设备仪器管理工作文件材料	
14.4.1	设备仪器管理工作制度、规定、办法、总结等	永久
14.4.2	设备仪器管理工作规划、计划等	30 年
14.5	安全生产工作文件材料	
14.5.1	安全技术管理制度、办法、总结,自然灾害、生产安全事故抢救、调查、处理文件材料	永久
14.5.2	安全技术管理规划、计划、通报、会议记录、安全体系建设文件材料等	30 年
14.5.3	安全、消防教育、应急演练活动文件材料	10 年
14.6	环境保护工作文件材料	
14.6.1	环境保护工作制度、总结,环保调查、监测、分析文件材料	永久
14.6.2	环境保护工作规划、计划	30 年
14.6.3	环境影响评价书,环保污染防治措施、总结、报告,污染事故抢救、调查、处理文件材料	永久
14.7	计量管理工作文件材料	
14.7.1	计量工作制度、规定、办法、总结等	永久
14.7.2	计量工作规划、计划等	30 年
14.7.3	计量设备、仪器、器具定期检查记录	10 年
14.8	科技管理工作	
14.8.1	科技管理工作制度、总结,新产品开发、科技攻关项目、科技成果管理、技术引进文件材料	永久
14.8.2	科技发展规划、计划、办法等	30 年
14.8.3	技术革新与合理化建议文件材料	10 年
14.8.4	学术交流活动文件材料	10 年
14.9	信息化管理工作文件材料	
14.9.1	企业信息化管理制度、总结等文件材料	永久

续表

序号	归档范围	保管期限
14.9.2	信息化发展规划、计划、办法等	30 年
14.9.3	企业信息化总体设计方案,信息系统设计、开发、实施过程评审文件材料	30 年
14.9.4	信息系统运行维护、数据管理、安全保密等的方案、记录、报告	30 年
14.10	标准管理工作文件材料	
14.10.1	标准工作制度、规定、办法、总结,企业基础标准、技术规范、管理标准、工作标准、生产技术规范编写、评审、发布文件材料	永久
14.10.2	标准工作规划、计划等	30 年
14.11	图书、情报工作文件材料	
14.11.1	图书、情报工作制度、规定、办法、总结	永久
14.11.2	图书、情报工作规划、计划等	30 年
15	本企业组织机构设置、人力资源、文秘、机要、档案、保密、保卫、综合治理、信访、法律、外事、风险管理、内控与审计、社会责任、基本建设管理等管理工作文件材料	
15.1	本企业组织机构设置、撤并、名称变更、岗位职责设计、人员编制、印信启用和作废等文件材料	永久
15.2	人力资源管理工作文件材料	
15.2.1	人力资源规划、工作计划、制度、办法、决定、报告等	永久
15.2.2	企业人员录用、转正、聘任、调资、定级、停薪留职、辞职、离退休、死亡、抚恤、安置等文件材料	永久
15.2.3	干部和职工的任免、升降、奖惩、考核、职称评聘等方面的文件材料	永久
15.2.4	老干部、离退休人员管理有关文件材料	永久
15.2.5	企业人员薪酬、待遇等劳动人事管理文件材料	永久
15.2.6	企业签订的劳动合同	永久
15.2.7	企业先进单位、劳动模范、先进工作者的文件材料	
15.2.7.1	本企业及省部级(含)以上表彰、奖励的	永久
15.2.7.2	其他表彰、奖励的	30 年
15.2.8	对本企业有关人员的处分文件材料	
15.2.8.1	受到警告(不含)以上处分的	永久

续表

序号	归档范围	保管期限
15.2.8.2	受到警告处分的	30 年
15.2.9	本企业人员参加社会保障、医疗保险、商业保险、住房公积金、劳动保护、职业安全、医疗卫生、计划生育等文件材料	永久
15.2.10	企业职工培训工作文件材料	
15.2.10.1	重要的	30 年
15.2.10.2	一般的	10 年
15.2.11	职工调动工作的行政、工资关系的介绍信及存根	永久
15.2.12	职工名册	永久
15.3	文秘、机要、档案、保密工作文件材料	
15.3.1	文秘、机要、档案、保密工作制度、规定、办法、总结等文件材料	永久
15.3.2	文秘、机要、档案、保密工作规划、计划文件材料	30 年
15.3.3	档案开发、编研成果，档案移交清单、销毁清册	永久
15.3.4	保密资格认证方案、申请、审查、批准文件材料	30 年
15.3.5	保密工作检查方案、通知、结论、通报等文件材料	30 年
15.4	安全保卫工作	
15.4.1	安全保卫、民兵、预备役工作规划、计划、总结、报告、报表等	30 年
15.4.2	保卫部门的安全检查、调查方案、记录、通报	30 年
15.4.3	自然灾害防范、交通管理文件材料	30 年
15.5	综合治理工作文件材料	
15.5.1	重要事项	永久
15.5.2	一般事项	30 年
15.6	信访工作文件材料	
15.6.1	重要事项	永久
15.6.2	一般事项	30 年
15.7	法律工作文件材料	
15.7.1	五年普法规划、年度计划、规章、制度、办法等	30 年
15.7.2	法院判决书、调解书等诉讼和仲裁等文件材料	永久
15.7.3	一般法律事务工作文件材料	30 年

续表

序号	归档范围	保管期限
15.7.4	案件、纠纷、行政处罚、复议文件材料及公证事务中结论性材料	永久
15.7.5	案件、纠纷、行政处罚、复议文件材料及公证事务中调查、协调过程形成的文件材料	30年
15.8	外事工作文件材料	
15.8.1	国际交往中发表的公报,签订的协议、协定、备忘录,重要的会谈记录、纪要等	永久
15.8.2	出访考察、参加国际会议、接待来访等外事活动、出访审批文件材料	永久
15.8.3	产品进出口审批和办理手续、执行日程、考察报告等一般性文件材料	30年
15.9	风险管理、内控、审计工作文件材料	
15.9.1	风险管理、内控、审计工作制度、总结,审计意见、审计报告、专项审计通知、报告、批复、结论、调查与证明等文件材料	永久
15.9.2	风险管理、内控与审计工作方案、计划、报告、纪要等	30年
15.9.3	内部控制管理手册、风险识别、评估、控制等过程形成的文件材料,重大风险评估报告,风险管理体系建设文件材料	30年
15.10	社会责任工作文件材料	
15.10.1	本企业社会责任报告	永久
15.10.2	参与和投入社会公益、慈善、捐赠事业的记录文件材料	永久
15.10.3	赈灾、扶贫、献血、拥军优属等文件材料	永久
15.11	本企业的史、志、年鉴、大事记、组织沿革等编研成果,本企业编辑出版的书、报、刊等出版物	永久
15.12	本企业编制的简报、工作信息	30年
15.13	本企业编制的通报、情况反映、参考资料等	10年
15.14	基本建设管理文件材料	
15.14.1	基本建设工作管理制度、规定、办法、总结	永久
15.14.2	基本建设工作规划、计划,专项工作通知等文件材料	30年
16	本企业党、团、工会等党群工作文件材料	
16.1	企业党员代表大会、职工代表大会、共青团代表大会	
16.1.1	请示、批复、批示、通知、名单、议程、报告、领导人讲话、选举结果、会议记录、讨论通过的文件、决议、纪要、公告等文件材料	永久

续表

序号	归档范围	保管期限
16.1.2	大会发言、交流、会议简报	10 年
16.1.3	重要的贺信、贺电,筹备工作、选举工作中形成的文件材料,小组会议记录、会务工作安排、总结等文件材料	10 年
16.1.4	讨论未通过的文件材料	10 年
16.2	党委会、党委常委会、工会委员会、工会会员代表大会、共青团常委(扩大)会,党群机关办公会会议文件材料	
16.2.1	通知、议程、报告、决议、决定、公报声明、记录、领导人讲话、总结、纪要、讨论通过的文件、参加人员名单	永久
16.2.2	讨论未通过的文件材料	10 年
16.3	党务综合性工作	
16.3.1	各项条例、规章制度、办法,工作计划、总结,"三重一大"等重要专项活动工作通知,报告,重要调研文件材料、党务工作大事记等	永久
16.3.2	情况反映、工作简报及一般文件材料	30 年
16.4	组织工作	
16.4.1	党员干部考察、考核、任免、政审决定等	永久
16.4.2	入党、转正、退党、转入、转出等决定及党员名册,党团组织关系的介绍信及存根	永久
16.4.3	党委(党组)组织工作规章制度	永久
16.4.4	党群机构设置、调整、人员编制等方面决定及通知	永久
16.4.5	党费收支文件材料	30 年
16.4.6	党员学习教育等活动形成的文件材料	
16.4.6.1	重要的	永久
16.4.6.2	一般的	10 年
16.4.7	党员统计年报	永久
16.5	企业宣传统战工作报告、会议纪要、调研、计划、总结文件材料,民主党派人员名单登记、活动记录、精神文明建设方面文件材料	
16.5.1	重要的	永久
16.5.2	一般的	30 年
16.6	纪检与监察工作	

续表

序号	归档范围	保管期限
16.6.1	纪检与监察工作的规定、决定、通报、通知、会议记录、纪要、计划、总结	永久
16.6.2	党风廉政反腐工作文件材料	30 年
16.6.3	违纪案件立案报告、调查依据、审查结论、处理意见等文件材料	
16.6.3.1	重大案件	永久
16.6.3.2	一般案件	30 年
16.7	工会、女工、共青团工作规划、年度计划、总结、规章制度、决定、通知、会议记录	永久
16.8	职工民主管理、表彰先进、劳保福利、职工维权、工会会费与财务管理文件材料、工会统计年报、工会会员名册	永久
16.9	女工工作、劳动竞赛、文体活动、计划生育等方面文件材料	
16.9.1	重要的	永久
16.9.2	一般的	10 年
16.10	共青团组织发展、劳动竞赛、表彰先进、团费管理、文体活动等文件材料	
16.10.1	重要的	永久
16.10.2	一般的	10 年
16.11	民间团体工作,民政协调工作中形成的文件材料	
16.11.1	民间团体设立、变更、撤销等的请示、批复、章程等文件材料	永久
16.11.2	民间团体活动过程形成的文件材料	
16.11.2.1	重要事项	30 年
16.11.2.2	一般事项	10 年
17	本企业其他事务管理文件材料	
17.1	企业接待工作计划、方案,重要来宾有关的照片、录音、录像、题词、讲话、批示等	
17.1.1	重要的	永久
17.1.2	一般的	30 年
17.2	企业住房房产分配、出售、出租工作文件材料	永久
17.3	企业职工承租、购置企业房产的合同、协议和有关手续	永久

续表

序号	归档范围	保管期限
17.4	新闻媒体对本企业重要活动、重大事件、典型人物的宣传报道	永久
17.5	企业文化建设文件材料	
17.5.1	企业文化建设方案	永久
17.5.2	企业文化建设其他文件材料	
17.5.2.1	重要的	永久
17.5.2.2	一般的	30 年
17.6	企业纪念、庆典活动文件材料	
17.6.1	重要的	永久
17.6.2	一般的	30 年
18	各种非纸质载体、介质及实物形式的文件材料	
18.1	无法输出纸质的或无纸质的二维、三维、数据库类电子文件	
18.1.1	重要的	永久
18.1.2	一般的	30 年
18.2	各种有保存价值的实物	
18.2.1	重要的	永久
18.2.2	一般的	30 年
18.3	其他各种非纸质载体、介质文件材料	
18.3.1	重要的	永久
18.3.2	一般的	30 年

参考文献

［1］张虹.档案管理基础［M］.4 版.北京：中国人民大学出版社,2019.

［2］徐彦,戈秀萍,何柳.文书工作与档案管理［M］.4 版.大连：东北财经大学出版社,2017.

［3］赵映诚.文书工作与档案管理［M］.3 版.北京：高等教育出版社,2013.

［4］吴广平,向阳.档案工作实务［M］.2 版.北京：北京大学出版社,2013.

［5］周保志,彭克加.美国、加拿大人事劳动制度要览［M］.郑州：黄河水利出版社,1999.

［6］杨冠琼.当代美国社会保障制度［M］.北京：法律出版社,2001.

［7］邓绍兴.人事档案学［M］.北京：中国青年出版社,1990.

［8］韩玉梅.外国现代档案管理教程［M］.北京：中国人民大学出版社,1995.

［9］胡果文,周敏凯,李晓路.中外人事制度比较［M］.上海：上海社会科学院出版社,1989.

［10］郑励志.日本公务员制度与政治过程［M］.上海：上海财经大学出版社,2001.

［11］张仲仁,翁航深.美国档案文件管理［M］.成都：四川省社会科学院出版社,1987.

［12］潘晨光.国外人力资源发展报告［M］.北京：中国林业出版社,1998.

［13］陈琳.档案管理技能训练［M］.2 版.北京：机械工业出版社,2015.

［14］刘萌.文书与档案管理［M］.2 版.北京：电子工业出版社,2014.

［15］缪惠.信息工作与档案管理［M］.合肥：合肥工业大学出版社,2005.

［16］陈兆祦,和宝荣,王英玮.档案管理学基础［M］.北京：中国人民大学出版社,2005.

［17］陈武英,王立维.档案管理学简明教程［M］.3 版.杭州：浙江大学出版社,2012.

［18］冯惠玲,刘越南,等.电子文件管理教程［M］.2 版.北京：中国人民大学出版社,2017.

［19］楼淑君.企业行政工作实训［M］.北京：北京大学出版社,2013.